新时代全国高等院校体育学系列教材·**专业课**

体育教学案例分析与详解

（第二版）

主　编　李　海　　裘　鹏

副主编　吴晓华　　郑　森　　徐　剑

　　　　潘　玥　　赵　宁

北京体育大学出版社

策划编辑　潘　帅
责任编辑　李光源
责任校对　郝　彤
版式设计　谭德毅

图书在版编目（CIP）数据

体育教学案例分析与详解 / 李海等主编 . -- 2 版
. -- 北京 : 北京体育大学出版社 , 2024.1
ISBN 978-7-5644-3954-5

Ⅰ . ①体… Ⅱ . ①李… Ⅲ . ①学校体育—体育教学—教案（教育）Ⅳ . ① G807.4

中国国家版本馆 CIP 数据核字（2023）第 233918 号

体育教学案例分析与详解（第二版）
TIYU JIAOXUE ANLI FENXI YU XIANGJIE（DI-ER BAN）　　李海 等　主编

出版发行：北京体育大学出版社
地　　址：北京市海淀区农大南路 1 号院 2 号楼 2 层办公 B-212
邮　　编：100084
网　　址：http://cbs. bsu. edu. cn
发 行 部：010-62989320
邮 购 部：北京体育大学出版社读者服务部 010-62989432
印　　刷：三河市龙大印装有限公司
开　　本：787mm × 1092mm　1/16
成品尺寸：185mm × 260mm
印　　张：15.5
字　　数：339 千字
版　　次：2014 年 6 月第 1 版　2024 年 1 月第 2 版
印　　次：2024 年 1 月第 1 次印刷
定　　价：50.00 元

前言

学校体育教学非常特殊、直观，要想有一个好的教学过程和效果，掌握方法很重要。在学校体育教学过程中，体育教师的言谈举止、学生的喜怒哀乐在学校运动场地中尽显无遗，这个特点也对我们体育教师提出了更高的要求。如何转变传统的灌输式教学方法，真正体现以学生为中心的理念，激发学生参与运动的热情？如何深化运动技术教学，使学生在体验快乐的基础上学有所获？如何规范课堂常规，合理组织学生练习？一系列问题都需要我们认真思考。

教学时间有限，而知识是无限的。在有限的时间内让学生学到更多的知识与技能，需要我们在体育教学过程中掌握正确的方法。这个方法就是提纲挈领、举一反三、融会贯通，即将体育教学中的规律找出来，然后通过不同的案例来加深理解，进而转换成自己的经验总结，最后做到融会贯通。

体育教学改革正在深化，昔日那“两声哨响一个球，老师学生都自由”的课堂已经成为了历史，一去不复返了。若再存有得过且过的“放羊式教学”念头，在竞争如此激烈的当今社会，会被快速淘汰。不进则退，不预则废。放眼学校体育各项工作，我们可谋求前进的视角众多，既有效果立竿见影的运动训练，也有彰显校园文化的大课间，还有热热闹闹的课外活动，这些都是学校体育活动的必需，但不可否认的是，课堂教学才是体育教师真正的家园。

一名有水平的体育教师，一定是有理想、有事业心、有上进心的体育教师。在完成日常教学工作的同时，我们需要开展教学的自我反思，需要向老教师学习，需要对各种经验进行总结，只有这样才能不断成长。本书中对大量的生动案例进行了分析评价，期望能够为体育老师取得更好的教学效果提供些许帮助。

本书由李海编写第一章、第二章、第三章，裘鹏编写第四章的第一节和第二节、第五章，徐剑编写第四章的第三节和第四节、第六章的第一节，郑森编写第四章的第五节和第六节、第六章的第二节，潘玥编写第七章的第一节，赵宁编写第七章的第二节，吴晓华编写第七章的第三节。李海、徐剑对全书进行了最后统稿。

由于作者的水平有限，书中必然有许多不当之处，在此，敬请各位读者对相关问题给予批评与指正。让我们一起积极探索，认真思考，共同为体育教学事业贡献一份绵薄之力！

武汉体育学院体育科技学院
李海
2013 年 12 月

目录

第一章
学校体育教学目标与设计

第一节 体育教学目标

体育教学目标是指在一定时空条件下，体育教师与学生预期达到的教学效果和标准。体育课程的教学改革总是围绕着教学目标的确定而进行的。体育教育学的目标是不能自然实现的。同样的教学内容，由于所赋予的教学目标不同，在教育学过程中施加的影响不同，所产生的教育学效果也不同，甚至有质的差异。

一、体育教学目标的制定

（一）制定具体而明确的教学目标对教师的教学具有重要意义

（1）要求教师十分认真思考要帮助学生去实现的变化。

（2）帮助教师识别不重要的目标并辨认出遗漏的目标。

（3）明确表达的目标能帮助教师确定学生的适当位置。

（4）有助于挑选达到这些目标所需的方法、材料与实验。

（5）清晰表述的教学目标提出了评价学生成绩的最直接方法。

（6）有助于确保教师之间、师生之间、教师和家长之间的交流。

以上是布卢姆等人对教育学目标制定意义的研究结论。这对于帮助教师正确认识和估量教学目标制定在教学活动中的地位是非常有益的。

教学目标的制定是由教师根据有关教学文件及教学具体实际进行的，是一项技术性很强的工作。马杰（Robert F.Msger）1962 年指出，规范的行为目标必须是具体的、明显的行为目标，完整地将它写出来包括四个要素：谁（即学习者）；做什么（即要求的行为）；做到什么程度（即要求的行为的水平，也就是可以接受的行为的标准）；在什么条件下（即特定、限制的、影响可接受的行为的条件）。加涅（Gagne）1965 年总结了马杰等人著作中所描述的高度的特定性，把教学目标的表述分解为四种基本成分。

（1）表述包含了指明引起作业的刺激情境的词汇。

（2）有一个指明可观察的行为的行动词语或动词。

（3）有一个术语指明行动指向的对象（有时只是暗指）。

（4）有一组短语指出作业的特征，用以判断作业的正确性。

克拉克（Leonard H.Clark）和斯塔尔（Irving S.Starr）1976 年指出，制定教学目标时应注意：

（1）写明每一项一般的行为目标，用一般的术语描述所要求的行为，诸如理解、明白、知道等。

（2）一定要把每项行为目标（无论是一般的还是具体的）描述成学生的行为，而不是教师的行为。

（3）一定要把每项行为目标（无论是一般的还是具体的）描述成学生的最终行为，而不要写成教材、学习过程或教学程序。

（4）一定要把每项行为目标的水平规定得恰如其分。

（5）一定要以描述最终行为的具体行为目标的实例来规定每一项一般的行为目标，而最终行为将说明什么时候目标已经达到。

（6）一定要有一个关于具体行为目标的充分的抽样来说明每项比较一般的目标是否已经达到。

（7）一定要使行为目标包括复杂的、高级的认识和情感目标，因为这些目标写起来困难，所以往往被省略掉。

（8）一定要使每一项行为目标只包含一项学习成果，而不是几项学习成果的组合。

戴玻（Dembo）1981 年指出，教学目标的制定应包含下列三要素：行为动词、情境或条件、表现水平或标准。并应考虑下列各原则。

（1）适应性。适用所教学之范围。

（2）代表性。以逻辑顺序代表所教学之范围。

（3）可行性。学生能力可及。

（4）一致性。与学校教育目标相符。

（5）符合学习原理原则。以上研究观点，对于教师掌握教学目标制定技巧提供了有益的启示。

（二）制定体育与健康课程教学目标的依据

制定体育与健康课程教学目标，应从教育的总目标、课程性质、理念、课程项目自身的特点、学生实际、场地气候等方面加以考虑。

1. 依据“健康第一”的指导思想

《中共中央国务院关于深化教育改革全面推进素质教育的决定》明确指出：“健康体魄是青少年为祖国和人民服务的基本前提，是中华民族旺盛生命力的体现。学校教育要树立健康第一的指导思想，切实加强体育工作……”这是课程教学改革的重要指导思想，培养学生的健康体魄是体育与健康课程的主要目标。因此，体育教学目标的设计要充分考虑健康的目标，把关注学生的身体健康、心理健康和社会适应的三维健康观化为体育课堂教学目标，在体育课堂上来实现，从而促进学生的整体健康水平的提高。

2. 依据体育与健康课程目标

体育与健康课程目标共包括五个方面。

（1）增强体能，掌握和应用基本的体育与健康知识与技能。

（2）培养运动兴趣和爱好，形成坚持锻炼的习惯。

（3）具有良好的心理品质，表现出人际交往的能力与合作精神。

（4）提高个人健康和群体健康的责任感，形成健康的生活方式。

（5）发扬体育精神，形成积极进取、乐观开朗的生活态度。

这五个目标构成了体育与健康课程的整体目标，在这一整体目标的指导下，形成了学习领域、水平领域、体育教学和体育课堂教学的目标体系。体育教学目标是按照体育与健康课程目标并结合学习领域目标、水平领域目标而综合制定的。因此，必须依据体育与健康课程目标来设计体育教学目标和体育课堂教学目标，从而实现体育教学目标的科学化、系统化。

3. 依据青少年学生身心发展的特征和不同需要

学生是体育教学的主体，体育教育只有以学生的身心发展特点和规律为依据，同时结合学校的具体情况和学生学习、生活、锻炼的具体条件来制定体育教学目标，这样的教学目标才是科学的、可行的。学生的身心特征具有一定的阶段性和个体差异性，由于这种阶段性和个体差异，也就决定了学生在各个阶段的不同需要。因此，应根据学生在各个年龄阶段的身心特征和不同需要来确定不同阶段的教学目标。

4. 依据体育教学资源

体育教学资源包括很多，但主要还是教师、学生及场地、器材。教师和学生是体育教学过程中人的要素，而场地、器材则是物质要素，两样缺一不可。人的要素在一段时间内是相对稳定的，但物质要素是随时可以改变的，只要有投入或研制、开发器材就可以达到目的。俗话说“巧妇难为无米之炊”，如果没有足够的体育设施作保障，任何目标都很难完成。因此。在制定体育教学目标时，必须结合教师和学生及学校现有体育场地、器材资源或自己开发的器材资源的具体情况，才能确保所制定的教学目标得以实现。

二、体育教学目标的分类

教学目标应包括多个水平、多个层次。西方心理学家在教学目标分类上的研究值得我们借鉴。

（一）西方心理学家对教学目标的分类

美国体育学者安纳利诺根据布卢姆的教学目标分类学将体育教学目标分为四类：身体

领域（机体发育）、运动领域（精神肌肉发育）、认知领域（智能发展）、情感领域（社会、个人情感的发展）。

近年来，有人根据布卢姆的教学目标分类，把体育教学目标做了如下分类。

（1）知识领域的目标：①知识，这是最低水平的认知学习结果。②领会。③运用。④分析。⑤综合。⑥评价。这是最高水平的认知结昊。

（2）动作技能领域的目标：①整个身体的运动。②协调细致的动作。③非语言交流的动作。④语言行为。

（3）情感领域的目标：①接受。②反应。③价值化。④组织。⑤价值与价值体系的性格化。

（二）体育与健康课程标准的教学目标分类

体育与健康课程是对原有课程进行深化改革，突出健康目标，强调通过身体运动的课堂教学，在掌握运动技术、技能、知识的同时，来达到对人的教育培养，促进健康目标的实现，从而增强学生的身心健康，促进其全面健康发展，实现课程的教学目标。

《义务教育体育与健康课程标准》（以下简称《课程标准》）根据“健康第一”的指导思想，适应社会需求、素质教育和学校、学生的实际情况，结合课程特点构建了五个领域、三个层次的课程目标体系。三个层次的递进关系为：

课程目标——领域目标——水平目标。

《课程标准》以目标的达成来统领教学内容和教学方法的选择。各地、各校和教师可以选择多种不同的内容、采用多种不同的形式和方法去达成课程学习目标。

体育与健康课程的目标体系包括运动参与、运动技能、身体健康、心理健康、社会适应五个方面。这一目标体系充分体现了体育与健康课程以身体练习为主的特点和身心、心理、社会的三维健康观。在实施《课程标准》时，要全面关注五个学习领域的目标，特别要加强对心理健康和社会适应这两个心理的学习领域的研究，以促进课程目标的实施。

（1）增强体能，掌握和应用基本的体育与健康知识和运动技能。

发展学生与健康有关的体能，挖掘运动潜能，提高运动中的安全防范能力，提高运动欣赏能力，获得在野外环境中的基本生存技能，获取现代社会中体育与健康知识的方法，掌握体育与健康的基本知识和运动技能。

（2）培养运动的兴趣和爱好，形成坚持锻炼的习惯。

学生根据自己的兴趣爱好和不同需求，根据学校实际情况、条件，选择个人喜爱的方法参与体育活动。通过学习，学会体育学习的基本方法，逐渐形成终身锻炼的意识和习惯。

（3）具有良好的心理品质，表现出人际交往的能力与合作精神。

学生在和谐、平等、友爱的运动环境中感受到集体的温暖和情感的愉悦；在经历挫折和克服困难的过程中提高抗挫折能力和情绪调节能力，培养坚强的意志品质；在不断体验进步和成功的过程中增强自尊心和自信心，在集体的运动参与过程中表现出良好心理品质、人际交往的能力与合作精神。

（4）提高对个人健康和群体健康的责任感，形成健康的生活方式。

通过体育与健康的学习，学生将理解个人健康与群体健康的密切关系，建立起对自我、群体和社会的责任感；学会尊重和关心他人，形成现代社会所必需的合作与竞争意识，形成健康的生活方式。

（5）发扬体育精神，形成积极进取、乐观开朗的生活态度。

在参与运动、学习技能的过程中，培养良好的体育道德和集体主义、社会主义、爱国主义精神，形成积极进取、乐观开朗的生活态度。

体育与健康课程标准的目标分类，创造性地构建起全新的课程目标体系，以健康为最终目的，体现了教学目标的多元化，强化了体育教学的多功能作用，使教学目标具有整体性、系统性、层次性，为课程目标的实现提供了切实可靠的实施依据，在教学实践中要正确认识理解与准确把握体育与健康课程的目标体系。

第二节　体育教学目标设计

一、体育教学目标设计的原则

体育教学目标设计的正确与否，直接关系着体育教学质量与效果。要想设计出科学合理的体育教学目标，必须遵循一定的原则。

（一）科学性原则

体育教学目标的科学性是指教学目标要符合不同阶段学生身心发展的特点，有效地促进学生的生长发育。体育教学目标的科学体系包含五个方面。

（1）要体现体育学科的特点。

（2）要全面，即包括认知、情感、动作技能、身体素质和健康素质诸多领域的目标。

（3）要根据教材的特点，突出重点和难点。

（4）要具体、可操作。

（5）难度要适中，所设计的目标应该是大多数学生通过一定的努力能够达到的。

（二）灵活性原则

体育教学目标的设计尽管是面向大多数学生的，但由于不同学生体育基础和能力等方面存在一定的差异，因而目标又必须有一定的灵活性。这就要求教师要尽可能将教材按难度设立不同等级，确保每个学生都能根据实际水平达到相应的等级。

（三）整体性原则

体育课堂教学目标的指标是单元目标和课时目标。在编制体育课堂教学目标时，首先要把握学校教育目标和体育课程目标，从整体出发，充分反映学校教育目标和体育课程目标的总体要求，并注意处理好一般和具体的关系。

（四）可测评性原则

体育教学目标的设计是用比较科学、标准的逻辑语言来描述的，这种描述一般比较抽象，比较难以确定评价标准。这就要求在实际操作中，所制定的体育教学目标不能用笼统模糊的语言来描述，必须有一定的量化指标，并可以通过一定的内容和方式比较客观地进行评价和检测。

（五）长期目标与短期目标相结合原则

美国心理学家霍格（Hogur）和格里（Gree）认为，“长期目标应同短期目标相结合。所设定的目标不应该直接指向终极目标，相反，长期目标应该分解成短期的子目标。当子目标被一一实现后，就自然加大了实现长期目标的可能性”。他们研究的成果表明，长期目标与短期目标相结合具有其合理性，因为短期目标能够给学生以期望，调动学习的积极性，长期目标给学生以遥远感，长期使用长期目标会破坏学生的学习兴趣。

上述体育教学目标设计的原则，是设计体育教学目标之前必须了解和掌握的，它对体育教学目标的设计具有方向性指导作用，对提高体育教学质量与效果具有非常重要意义。

二、体育教学目标设计

体育教学目标是制订体育教学计划的核心工作，是体育教学的出发点和归宿，决定体育教学发展的方向，它的设计正确与否，直接关系着体育教学质量与效果。教学目标设计应注意遵循以下基本要点。

（一）整体系统

教学目标是包括各种层次的具体目标在内的整体系统，制定教学目标应该注意系统把握、整体协调。制定各具体教学目标时，应首先对该目标明确定位，使制定的具体教学目标不致孤立片面，而是教学目标整体系统中的一个有机组成部分。各项教学标应当呈现出互相联系、互相支持的关系。

（二）目标细化

教学目标要分解成细致的操作目标，才可使教学目标的要求落到实处。教学目标的细目分解直接关系教学效果的优化和教学质量的提高，每个教师都应具备细目分解教学目标的能力。

（三）表述正确

为使制定的教学目标能够直接指导教学，不致产生歧义，且便于检测评估，就必须将教学目标作确切表述，以明晰地表述预期结果的外显变化。如“学生能正确掌握动作”这一目标可进一步阐述如下：“学生通过练习，体验动作方法，逐步掌握正确动作。”

（四）难度适宜

制定的教学目标要难度适宜，发挥激励功能。所谓难度适宜，是指学生经过努力可以达到的程度。学生之间有一定的差异。对于同样的教学目标，学生达到的程度不同。因此，教师在确定教学目标时，应了解学生的学习实际，实事求是地制定教学目标。适度的教学目标可以激发强烈的学习动机，调动学生的学习积极性。一旦达成目标，可使学生体验成功的愉悦感，发展其各种能力。

《课程标准》实施以来，选用教材内容以后，根据课程标准要求，如何制定教学目标，运用合理的教学组织形式、联系方式，通过课堂教学来体现课程基本理念、实现课程价值、课程目标，使学生达到各领域水平目标，是体育教师所要解决的实际问题。下面以排球教材为例，根据水平四目标要求和学生实际及场地、器材等情况，制定以下教学目标。

1. 分析教材，制定五个领域的目标

（1）运动参与领域目标。使学生能够主动参与教学内容的学习，运用排球运动的各种基本内容形式积极参与课内和课外锻炼，引导学生合理安排锻炼时间，知道其意义和作用。

（2）运动技能领域目标。了解排球运动的基本技术、战术知识和竞赛规则，用合理、安全的方法进行运动，在练习或比赛中避免粗野和鲁莽动作，观看并讨论不同形式的比赛，利用各种不同条件的场地，安全地进行排球运动（如：在野外平坦的土地、草地、沙滩）。

（3）身体健康领域目标。通过多种形式、内容的练习，发展学生的体能，认识和理解排球运动锻炼对身体形态、机能发展的影响，了解锻炼后的饮食卫生、能量补充对身体的影响和作用。

（4）心理健康领域目标。通过排球运动，了解心理状态对健康的影响，逐步增强自尊和自信，学会调控情绪的方法（如肌肉放松、自我暗示、呼吸调节、作息安排），形成克服困难的坚强意志品质（如知道适合的目标、自我评定、了解可能遇到的困难并加以克服）。

（5）社会适应领域目标。通过练习和比赛，使学生能够建立和谐的同学关系，具有良好的合作精神和体育道德。简单了解我国排球运动方面取得的荣誉和一些有教育意义的名人的事迹，进行民族荣誉、国家荣誉、自我健康发展的教育。

2. 选用技术动作内容，确定大体的教学目标

教学内容和教学目标见表 1–1。

表 1-1　教学内容和教学目标

课时	教学内容	教学目标
1、2 节	1. 移动和垫球 2. 小场地的垫球或比赛	1. 激发学生学习的兴趣，积极参与的行为 2. 了解、初步掌握技术，逐渐形成同学、师生间良好的合作精神 3. 了解简单的规则
3、4 节	1. 移动和垫球 2. 下手发球 3. 小场地垫球（可结合发球）的游戏或比赛	1. 培养学生学习的兴趣，积极主动参与的行为，树立自信心 2. 学习掌握动作技术方法 3. 遵守规则、尊重对方，初步建立和谐的人际关系
5、6 节	1. 正面上手发球 2. 传、垫球，或结合发球的比赛	1. 学习掌握动作技术方法 2. 发展速度、灵敏、协调等身体素质和应变能力 3. 学会用安全的方法运动，遵守规则、尊重对方，主动练习，学生间的合作越来越默契
7、8 节	标准或小场地比赛（运用各种合理的技术）	1. 充分发挥学生的自主性、创造性，发展运动能力 2. 培养学生组织和参加比赛的能力，熟悉简单的规则，遵守规则，公平竞赛 3. 在比赛中避免粗野动作，杜绝不文明行为，形成良好的体育道德，培养良好的心理素质 4. 结合我国排球运动成绩，增强上进心和荣誉感

3. 以第八次课为例，制定本课的教学目标

本节课采用排球运动中传球、垫球、发球等基本技术的综合练习，及以上技术在教学比赛中的应用，利用教学活动体现对学生在身体、心理和社会适应方面的目标要求。

（1）使学生掌握基本的排球技能，进一步了解和掌握比赛的基本知识。

（2）充分体现学生的主体地位和教师的指导作用，培养学生的运动兴趣、积极主动的实践与能力。

（3）培养团结协作、勇于进取的顽强作风和胜不骄、败不馁的意志品质，正确对待胜负的良好心理品质。

教学目标确定后，在教学过程中，可以根据实际的情况（主要是学生）及时灵活地进行调整，为学生的学习、活动、锻炼、合作等方面提供更大、更宽松的空间，以利学生在体育与健康课程的教学中更多地受益。

三、体育教学建议

（一）地方和学校课程实施方案的制定

1. 正确认识与把握体育与健康课程目标体系

《课程标准》以目标的达成来统领教学内容和教学方法的选择。各地、各校和教师可以选择多种不同的内容、采用各种不同的形式和方法去达成课程学习目标。

体育与健康课程的目标体系包括运动参与、运动技能、身体健康、心理健康、社会适应五个方面，这一目标体系充分体现了体育与健康课程以身体练习为主的特点和身体、心理、社会的三维健康观。在实施《课程标准》时，要全面关注五个学习领域的目标，特别要加强对心理健康和社会适应这两个学习领域的研究，以促进课程目标的实施。

2. 结合各地实际情况制定地方课程实施方案

我国地域辽阔，地区间差异很大，为了便于各地根据本地域的实际情况实施《课程标准》，《课程标准》对教学内容并没有做出明确、具体的规定。各省、自治区、直辖市教育行政部门应根据《课程标准》，并结合本地区的具体情况，制定出本地区的课程实施方案，报教育部备案并在本地区范围内组织实施。

3. 针对各校实际编制学校课程制定教学方案

根据各省、自治区、直辖市实施国家课程方案，各校应相结合当地课程资源、本校特点和学生的兴趣爱好，认真编制符合本校实际的教学方案并组织实施。

在制定教学方案时，应注意以下几点。

（1）根据五个学习领域的目标制定学年教学目标。在确定学年教学目标时，既要有运动参与、运动技能和身体健康的目标，也要有心理健康和社会适应的目标。

（2）根据“健康第一”的指导思想以及学校场地、器材的条件来确定每个学年的教学内容及各项教学内容的所占比例。

（3）根据年级教学目标和教学内容的安排制订年度教学计划。

（4）根据年度教学计划制订学期教学计划和单元教学计划。

（5）根据学期教学计划和单元教学计划制订课时计划。

（二）教师教学方案的制定

1. 根据学习目标的要求来选择和设计教学内容

《课程标准》构建了本门课程的学习目标体系和评价原则，对完成课程目标所必需的内容和方法只是提出了一个大体范围，各地、各校、教师和学生都有相当大的选择余地。另外，由于《课程标准》对学生体育和健康方面的要求比较具体，教师必须全面地学习和领会《课程标准》精神，理解每个学习领域各水平目标以及达到水平目标的学习要求，从地区、学校和学生的实际出发，以学生的发展需要为中心，而不是以运动项目或教师为中心来选择和设计教学内容。

2. 选择教学内容的基本要求

根据各个学习领域的领域目标和水平目标，以及体育与健康课程的基本理念，教学内容的选择要符合以下要求：

（1）符合学生身心发展、年龄和性别特征。

（2）运动型活泼，能激发学习兴趣。

（3）具有健身性、知识性和科学性。

（4）对增强体能、增进健康有较强的实用性。

（5）简单易行。

为了适应学生的身心特征，提高学生的学习兴趣，可以对一些竞技运动项目进行适当的改造，如简化规则、降低难度等。同时，也可以根据实际情况，在课堂教育中引入一些学生喜爱的新兴运动项目。在民族地区或其他有条件的地区，还应该挑选、整理一些民族民间体育活动项目引入课程教学，以增加学生对民族传统文化的了解程度和自豪感。

3. 确定教学内容时数比例的原则

体育与健康课的课时，7 ~ 9 年级相当于每周 3 学时，但《课程标准》没有规定各个学习领域内容的时数比例。在制订教学计划时，可以根据以下原则来确定教学内容的时数比例。

（1）实践性原则

本课程是以增进学生身心健康为主要目的的实践性课程，要保证绝大多数教学时间用于体育活动实践。只有让学生经常参与体育活动，他们的身体才能得到很好的发展，心理健康水平和社会适应能力才能得到进一步的提高。要避免用过多时间在课堂上给学生讲授体育与健康知识的现象。在充分保证体育实践课的前提下，也可以安排一定时数的室内教学来讲授体育与健康的有关知识。

（2）灵活性原则

应按照教学内容的性质、作业和难易程度安排教学时数，并根据学生达成学习目标的情况，及时调整教学时数和进度。

（3）综合性原则

每一堂课的教学都应指向多种教学目标。教学中不仅要重视学生运动技能和知识的掌握，更要关注学生的心理发展和社会适应能力的提高。教师要创设一些专门的情景，以保证心理健康和社会适应学习目标是实现。

4. 教学内容的组合和搭配

体育与健康课的教学，可采用教学单元的形式进行。7 年级以上可多采用单一教学单元进行教学，即一个单元一个教学内容，这样有利于集中时间，使学生较全面地掌握运动技能。每个单元的教学时数不宜太少，小单元多内容的学习方法一般不利于运动技能的掌握和身体的发展，也不利于学习兴趣的提高。高中阶段的单元教学时数可更长一些，如专项选择课可以半学期或一个学期为一个教学单元，也可考虑按校运会或校内联赛的周期来安排教学。

（三）教学组织形式的选择

1. 班级教学与分组教学

体育与健康课教学可根据需要采用全班练习，分组练习等形式。在分组的形式上，可以按相同的水平分组，也可以按不同水平分组。分组可以相对稳定，也可以根据教学需要随时调整。采用什么分组形式来进行教学，要根据学生的需要和教学条件而定。

7 ~ 9 年级，特别是高中，可按年级男、女生分班上课，学习某些内容（如健美操等）

也可以考虑采取男、女合班上课的形式，以激发学生的兴趣和表现欲，活跃课堂气氛。高中生可根据自己的条件和兴趣选择学习内容，按年级分专项班进行上课。其他分组形式有选项式分组、友伴式分组、帮教式分组、按兴趣爱好分组以及上课的随机分组、同质分组（以技能水平或体能水平较为接近为分组依据）、异质分组（以技能水平或体能水平差异、学习能力差异为分组依据）等。也可以打破年级界限，按学生实际达到的水平层次进行分组等形式，都可以酌情选用。体育教师也可以发挥自己的创新能力，创造独特的组织教学形式。

中学阶段也可以根据自愿和兴趣的原则让学生组成课外体育俱乐部或锻炼小组，将课内学习和课外锻炼结合起来，以利于满足学生的兴趣爱好和促进运动技能水平的提高。专项的选择可以一年重新选择一次，以便使学生获得多种运动体验，并在多种体验的过程中发现、发展自己的运动天赋和特长。课外体育俱乐部或锻炼小组应由学生自己决定其组织形式、活动内容、时间和负责人，教师应对课外体育俱乐部或锻炼小组进行指导。学校可以组成由教师指导、学生自行管理的学生体育协会，统一协调和管理全校学生课外体育俱乐部、锻炼小组的活动。

2. 组织教学的灵活性

在教学中，要根据学生的情况区别对待，避免那种不管学生是否已经掌握学习内容，只按计划安排上课的机械做法。在学习一项内容时，如有的学生已较好地掌握了该项内容的动作，可以在教师的指导下练习其他动作，或让其协助教师指导别的同学练习，以便调动学生学习的积极性和主动性。

（四）教学方案的改革

在注意选择适当的教学组织形式的同时，必须高度重视教学方法的改革。

1. 加强学生学法的指导

教学过程是师生交往、共同发展的互动过程。只研究教师的教法，不重视学生学法的研究和探索，不利于调动学生的积极性，也不利于提高教学质量。因此，要注重学生的学法研究，引导学生学会学习。

（1）提高学生自学、自练的能力。教师要指导学生学会看图和根据动作示意图进行模仿练习，提倡学生在模仿中学习，并鼓励他们提高自学、自练能力。

（2）教师要给学生营造合作学习的氛围。在学生自学、自练的基础上，可以组成学习小组，让学生互相观察、相互帮助、相互纠正，使学生在合作学习的氛围中，提高发现错误和改正错误的能力，不断提高动作质量，并在合作学习过程中发展交往能力。

（3）教师要为学生提供机会，培养他们的创造力、竞争力以及迎接挑战的能力。在教学过程中，有些教学内容教师可以只提要求，不教方法，让学生自己去尝试学习。

（4）通过布置适当形式的课外作业，培养学生的锻炼习惯以及对社会健康问题的责任感。

（5）有条件的学校的教师可以发挥信息技术的优势，指导 7 年级（含）以上的学生收集和综合信息，使信息技术成为学生的学习工具。

（6）发扬教学民主，经常听取学生的意见，与学生一起研究和改进教学方法，让学生以适当的方式对教学过程和结果进行评价。这样既可以把学习的智慧和力量融入教学过程中来，又可以使师生在互动的过程中加深理解，不断改进教学工作。

2. 加强教学研究，提高教学质量

由于《课程标准》大大拓宽了原来体育课的学习领域，这对担任体育与健康课的老师提出了更高的要求，完全沿袭原来体育课的教法显然不能满足《课程标准》的要求。如何在教学中加强对学生心理健康和社会适应能力的关注，促进学生运动兴趣的保持和良好行为习惯的养成，是教师应该特别注意研究的重点。

第三节　体育教学目标案例与评价

一、体育教学总目标例解

中学阶段的教学可根据学生自制力和理解力迅速增强的特点，采用有效的教学方法，促进学生运动习惯的形成和学习能力的提高。同时，要加强对新的教学内容和方法的研究，以进一步提高教学效果。

（一）体育课堂教学目标例析之一

体育课堂教学目标实案信息见表 1–2。

表 1–2　体育课堂教学目标实案信息一览表（一）

教学目标	发展体能	运动技能	心理健康	社会适应	运动参与
授课学生：初二男生授课老师：戴 ××	（无）	在基本掌握珍珠球运动规则与方法的基础上，学习传接球技术，帮助学生明确运动方法并合理运用	通过自主而有效的学习帮助学生建立自信心	在学习和比赛中加强学生的合作意识和集体意识	通过启发引导激发学生的参与热情

首先，该教学目标制定得比较齐全，除了没有体能目标之外，其他目标面面俱到，但是，除了运动技能目标之外，可以说其他三个目标适应于任何的课，没有结合珍珠球运动的特殊性来制定心理健康与社会适应、运动参与目标；其次，运动技能目标制定得不够具体，缺乏一定的操作性和可评价性；最后，本次课没有交代教学单元的课次，因此很难做出准确的判断。

对该节课的教学目标提出以下修改建议：①具体说明该课是教学单元的第几次课；

②增加发展体能的目标，因为该课中珍珠球的传抢球、攻防球和教学比赛较多，对促进学生的身体素质如灵敏性、技巧性和学生身体的跑动能力等有良好的影响；③运动技能目标可以根据传接珍珠球技术写的更加具体些，如进一步明确传接珍珠球中的一些技巧，既结合珍珠球技术教学的重难点来展开；④结合珍珠球运动深入分析该项目在初中学生心理与交往方面的功效，如体验合作玩球的乐趣、增强小组合作意识等。

（二）体育课堂教学目标例析之二

体育课堂教学目标实案信息见表 1–3。

表 1–3　体育课堂教学目标实案信息一览表（二）

教学目标	发现体能	运动技能	心理健康	社会适应	运动参与
授课老师：系××	（无）	通过自主探究学习，掌握助跑抛掷实心球的方法，且动作协调，用力顺序准确	学习乐于参与教学互动，勇于克服困难，勇于创新，自信自强，愿意充分展示自己的爆发力和由此产生的力量之美	（无）	理解抛实心球的锻炼价值，自主选择适合自己的练习方法，提高自身投掷能力

第一，该教案没有说明教学单元的课次，所教的学生层次。第二，该教学目标比较简化，省去了发展体能与社会适应目标。的确，该运动项目主要为个人运动项目，可以不写社会适应方面的目标内容，但在教案中却又明确安排了两个重要的小组合作学习环节（共 20 分钟），因此省去这方面的内容似有不妥。第三，该项目对于发展学生的上肢力量较好，因此也应把它写入。第四，从具体内容来看，运动技能目标太抽象，只是提出掌握助跑抛掷实心球方法，没有提到具体的技术要求。事实上，抛掷实心球对于初中学生来说是有较高的技术要求，他们的投掷基础是什么？这节课的学习重点是什么？难点是什么？这些问题也应该考虑在内。只有综合以上各因素，才能制定具体的细化的运动技能教学目标。第五，运动参与与心理目标仍然太笼统，只是泛泛而谈。

（三）体育课堂教学目标例析之三

体育课堂教学目标实案信息见表 1–4。

表 1-4 体育课堂教学目标实案信息一览表（三）

教学目标	发现体能	运动技能	心理健康	社会适应	运动参与
单元课次：第一课 授课学生：初二学生 授课老师：毛 ××	发展学生灵敏、协调素质，提高自我保护能力	学习手倒立滚翻的自我保护方法，体验头手倒立异位形体感受，了解技术原理，建立粗略的动作概念	与同伴合理分配角色，表现出良好的体育道德和合作精神，安全地进行体育活动	（无）	（无）

这节课教学目标确定得比较到位；教学课次、授课学生表述清晰；语言表达比较简洁，略去了运动参与目标；把社会适应与心理健康目标合二为一；比较准确表达了发展体能目标；运动技能目标也定得比较具体，如深入到具体技术的细节“手头倒立形体异位形体”等。

但其中有些小问题还是值得注意：第一，动作技能目标中的“体验头手倒立异位形体感受”应该是一种心理状态，而不是具体的技术，放入心理目标范围较为妥当；第二，运动技能目标中的“了解技术原理”还是太笼统，不够具体，可结合教案中的具体教学手段和具体技术要求（五点、四点、三点支撑圆滑滚动，低头团身收腹快滚等）来写，这样写出来的运动技能目标就更加具体、更加细化了。

二、课时教学目标的案例

（一）案例：快速课时教学目标

（1）认识目标：大部分学生了解游戏“抗洪抢险”的方法。

（2）技能目标：发展学生速度、耐力、力量、灵敏等身体素质。

（3）感情目标：通过教学，培养学生不怕苦、不怕累、团结协作、遵守纪律的优良品质。

（二）案例：合作游戏、趣味投篮课时教学目标

（1）认识目标：通过教学，了解游戏的价值及创编规律；能正确陈述篮球投篮动作概念；适应自然、社会的重要性。

（2）技能目标：通过教学，使学生主动学会投篮的技术、方法，在不断地练习中形成能力；发展学生的身体柔韧性、协调能力及快速移动的能力。

（3）感情目标：使学生在情景氛围中，学会合作、学会评价、学会想象；体验运动的乐趣、成功的喜悦。

（4）个性发挥：培养学生不怕挫折、顽强拼搏、迎难而上的精神；能在课堂内自觉、自律、自强，并且不缺乏个性张扬。

（三）案例：双杠课时教学目标

（1）初步掌握学习双杠跳上成分腿坐→分腿坐前进一次技术动作。
（2）发展学生上肢和腰腹肌力量，提升奔跑能力，提高动作的协调性。
（3）培养学生的团结协作精神。

（四）案例：韵律操课时教学目标

（1）通过韵律操的练习，学会韵律操的动作以及方法。
（2）培养学生主动参与活动的积极性和兴趣性，发展灵敏、协调和弹跳力以及节奏感和自我控制能力。
（3）学习创编游戏的方法，发展学生的创造力和实践力，通过游戏的提高在快速奔跑中越过障碍的能力。
（4）培养勇敢、果断和克服困难的精神，增强相互交往与合作意识。

（五）案例：短棍简化套路第一段课时教学目标

（1）使 90% 的学生会短棍简化套路的第一段动作。
（2）学会短棍的几种新游戏方法，培养学生学习武术的兴趣。
（3）通过游戏创造一种愉悦的运动环境，使身心得到放松。

（六）案例：持轻物投远课时教学目标

（1）通过运用主题式教学，创设情境，激发学生积极参与学习锻炼的兴趣。
（2）让学生掌握正确的投掷姿势，发展上肢力量及身体协调、灵敏素质。
（3）培养学生机智、勇敢的意志品质和团结协作的集体主义精神。

（七）案例：跨越式跳高课时教学目标

（1）使学生初步掌握跨越式跳高的完整技术动作，发展学生的弹跳力。
（2）促进学生的学习重要性和竞争能力，培养个性，发展学生的创新能力。
（3）通过游戏启发学生思维，开发学生智力，培养学生团结合作的优良品质。
（4）通过练习，学生达到水平二的能力。

（八）案例：羽毛球正手侧身扣杀球课时教学目标

（1）初步掌握羽毛球正手侧身扣杀球的技术动作。
（2）发展学生的灵敏、力量等身体素质。
（3）培养学生树立终身体育的思想，勇于创新的优良品质。

（九）案例：健美操课时教学目标

（1）创编健美操的方法、鱼跃前滚翻的动作方法。

（2）发展学生的协调、柔韧、灵敏等身体素质，提高学生注意力、自控力。

（3）培养同学间团结协作、互相帮助及勇敢顽强的意志品质，提高安全意识及社会适应能力。

评析：

教学目标就是一节课的纲领性文件，它是教师上课思路与上课任务的集中体现。以上几个案例，设计合理、接近学生、切合实际，不但有知识、技能目标，而且有协同合作与表现精神与个性发展目标。教学目标既全面覆盖又关注了个体差异，还起到了统领教学内容的作用。

三、运动技能目标例解

课堂教学目标是体育教学目标中的最小单位，也是更具操作性的目标之一。新课改以来，运动技能目标没有实质上的变化，只是在用词上有了一些变动，以往用的较多的是“掌握”。

（一）理论剖析

目标是我们预期要达到的一种实然状态。就像射击一样，靶子就是我们需要的目标，如果失去了靶子，我们就会失去自己的方向，而射中靶子的环数就是检验我们行为的结果，也是评价目标实现的根据。体育课堂教学虽然没有像射击一样那么明显地呈现目标的明确性以及结果的清晰度，但其中隐含的道理是相同的，这也是事物存在的一般规律。

就课程目标而言，运动技能目标最为重要，其他目标皆由此展开，但运动技能目标也是最难以把握的一个目标：从宏观角度来看，它涉及了单元教学目标，学期教学目标、学年教学目标、学段教学目标，学生基础、场地器材条件，教师教学水平等相关因素；从微观角度分析，它又直接涉及到运动技能目标的准确性、科学性、逻辑性。因此要制定一个相对合理的课堂教学运动技能目标实为不易。本书主要从微观角度来分析运动技能目标的内部构成与要求。

有关体育教学目标内部要素的问题，美国著名体育教学论专家西登拓扑认为：具有指导性的体育教学目标应该包括达成什么样的课题，在什么条件下达成课题，用什么标准来评价三个内容。毛振明教授根据此原理并结合体育教学特点展开分析了体育课时教学目标的制定方法，很值得一看与学习。笔者结合课堂教学运动技能目标来分析它的基本构成。

运动技能目标构成的逻辑起点：“谁？”“在做什么？”“做得怎么样？”笔者取三者的英文开头的第一个字母组成目标构成的三要素模式：WWH（W 代表 WHO；W 代表 WHAT；H 代表 HOW）。由于课堂教学采用的是班级授课制，我们需要从更具体的含义与层面来分析（表 1–5）。

表 1–5　运动技能目标 WWH 模式一览表

运动技能目标	W	W	H
通俗说法	谁?	在做什么?	做得怎么样?
书面表达	主体	行为	评价
班级授课背景	多少人	条件、难度	定量：数量指标 定性：技术含量
以单手肩上投篮为例	50% 的学生	条件一：原地 条件二：单手 条件三：肩上	1. 定性目标：掌握技术情况 （1）整个动作目标：熟练掌握该技术 基本掌握该技术 粗略掌握该技术 （2）过程细节目标：掌握每个技术某个细节 2. 定量目标：技术的运用情况 优秀：10 中 8；良好：10 中 6；及格：10 中 4
运动技能单元最终目标表述	通过教学，使 95% 左右的学生熟练运用单手肩上投篮技术，投篮时达到 10 中 8 的命中率		
运动技能单元某课目标表述	通过教学，使 50% 的同学基本掌握单手肩上投篮技术，使 90% 的学生掌握手型、身体上下肢的协调用力等，进行投篮时达到 10 中 3 的命中率		

运动技能目标应根据运动技能各个阶段和单元教学的重点来确定，即每次课的技术教学重点作为运动技能目标制定的依据。有时可能两次课的重点是一样的，但学生掌握该重点的人数可以不同，如第一次课有 25% 的学生掌握，第二次课则是提高到 85% 的学生掌握。

（1）仔细研究学情。学生情况不同，我们选择的技术要点也不同，学生基础差，技术要低一些；基础好，技术要点可以高一些。

（2）利用分层教学提高教学效果。由于学生的学习基础不同，那么在教学中所采用的教法与策略也应有所区别，特别是对于一些学习体育困难的学生，因为他们跟不上教师一般的学习节奏，如果继续教学，那么他们可能会因为学习的失败而失去信心，因此教师要比较关注他们的学习情况，可以利用一些体育特长学生帮助他们学习，也可以采用特殊的练习方法帮助他们建立练习的成功感，还可以降低练习的高度、难度、距离、强度等。

（3）利用分层管理方法，发挥学生骨干与小组长的作用。在班级教学中，教师只有一名，而学生少则三四十名，多则五六十名，因此教师的指导力量是极其有限的。那么学生靠什么来学会正确的动作技术，依赖教师的正确示范仅仅是一个途径，因为教师的示范不可能永无休止。因此必须依靠另一手段维持学习的过程，这个手段就是学生之间的观察与模仿，这也是集体的学习行为的一种方式，但无序地观察与模仿和有组织地观察与模仿其效果是截然不同的，因此我们的教学更应该关注并把各类学生有机地组织起来进行模仿学习，这样才能加快学习的进度，避免由于教师单方面示范的局限性，有效发挥集体的力量，使更多的学生掌握运动技术。

（二）应对策略

1. 运动技能目标必须要具体——具体说明教案在单元教学中的课次，深入运动技术细节要制定出恰当的、明确的、具体化的、有可操作性的运动技能目标，就需要解决如下三要素：WWH。如何才能解决这三个要素呢？①组致分析学情，了解学生的年龄特征、个性特点、身体素质；②分析学前基础（以前学生没有接触过要教学的内容）；③研究该内容单元教学的第几次课，不同的课次，其教学的重点与核心也不同，因此同一教学内容、不同的课次，运动技能的要求与目标也是各异的：④教师必须认真吃透教材，结合本科次教材内容重点来制定课堂教学运动技能目标。

2. 运动技能目标必须要贯彻——有配套的教学方法与手段

运动技能目标的制定不只是空洞的，但以往很多教师忽视了这个环节，往往认为目标归目标，教学归教学，总认为制定目标只是完成写教案的一个必要环节，草草完成了这个环节就应付了事，至于能不能实现这些目标，怎么实现这些目标就不是他们的事了，从而造成了目标与具体教学相互脱节的现象，也同样造成了目标空洞无力、泛泛而谈。因此我们必须关注这个严重的问题。要妥善解决这个问题，我们需要继续做好以下几个方面。

（1）教法与手段的安排与运用直接关乎运动技能目标达成度，因此教师应根据运动技能具体教学兼顾学校的场地器材条件来设计具体的教学方法与教学手段，其目的是解决运动技术教学的重点与难点问题，同样也是为实现课堂教学运动技能目标服务的。

（2）教学方法与手段的安排是否合适直接关乎运动技术学习的有效性，有许多新老师由于对运动技术理解不到位，教法的认识也仅仅停留在教科书上，在实际教学中，不会因材施教、灵活变通，经常出现只管实施教法与手段、不顾教学效果的现象。因此体育老师要学会吃透教材、钻研教法、相互学习、总结经验，只有这样才能不断提高运动技术问题的诊断能力、分析能力、解决能力等，提高运动技术教学目标达成的有效性。

3. 运用技能目标必须能评价——对学生运动技术的学习作出评价与反馈

能否使目标具有现实性，一个很重要的环节就是检验目标达成度。如前所述，设置目标仅说明了课堂教学要解决的问题，其次是我们在教学设计中安排了具体的教学手段，使预设的目标“有血有肉”，但不是所有的教学手段都是有效的，因为教学效果的影响因素很多，有教师教学水平、教学艺术、学生锻炼的积极性、学生的运动情绪、场地器材等等。通过一节课的完整教学，能否达成预期的课堂教学目标，需要一个评价的手段去检验。如果缺少这个环节，那么有关课堂教学目标和教学设计的各种前期准备与努力有可能落空。

教师的反馈与评价方式各有不同，既有课后的评价、课中的评价，又有集体评价、个别的评价。而教师课中的即时评价对于运动技术的学习是至关重要的，这也是体育学习的特殊性所在，学生的学习效果也在不断接受来自教师与同学正确信息的反馈得以实现，因此体育教师要对学生行为作出即时的判断、评价、指点。但要做到评价与反馈信息的准确、真实、及时，更需要体育教师正确把握运动技术要领、技术重点与难点及关键技术。

课后运动技能的反馈评价更是不可或缺的，因为这时的反馈与评价可以充分结合预设的运动技能目标做一个最后的小结，若运动技能目标达成情况较好，那么教师课堂教学的实效性就较理想；若运动技能目标达成情况较差，那么就要做好教学反思工作，寻找教学失误的落脚点，总结经验，为今后的教学提供可靠的依据，提高教学质量与制定运动技能目标的水平。

学生经过课堂教学，运动技能的达成情况可以如上所述的指标进行评价——有多数的学生掌握课前预设的运动技术重点，该技术的运用情况如何（如定点投篮 10 中 5 等）。

4. 运动技能目标需要有差异性——根据不同的学生层次进行分层教学、差异教学

在班级教学中，由于人数多，学生差异较大，特别是每个学生对运动技术的体验不同，成效也必有所差别，体育老师在贯彻大众化的教学手段之后，要细心观察不同层次学生的反映，并应因材施教，实施不同的教法与手段，才能有的放矢，既满足水平较高学生的需求，也兼顾水平中等以下学生的需要。

（三）案例与分析

1. 案例与分析之一

运动技能目标实案信息见表 1–6。

表 1–6　运动技能目标实案信息一览表

教案基本信息	教学内容	单元教学课次	教学重点难点	运动技能目标
教师：嵇 ×× 教学对象：初中一年级男女混合 学生人数：52	篮球行进间单手投篮和行进间双手或单手低手投篮 发展身体的各种练习，技巧；复习前后滚翻	（无）	（无）	在充分调动学生兴趣、发挥学生主动合作学习、积极参与学习的过程中，使 80% ~ 90% 的学生能基本掌握篮球行进间投篮动作技术，90% ~ 95% 的学生基本掌握技巧前后滚翻动作

分析：

（1）该课由于没有说明“篮球行进间单手投篮”单元教学的课次，因此无法判断该课的运动技术教学重点。行进间单手投篮对于初中一年级学生而言并不是一个很简单的动作。另外，对于一些基础较差的学生，特别是女生更有一定的难度，经常会产生“走步”、动作不协调等现象。因此在进行单元教学时，应确定好该内容的教学学时与课时数，并在此基础上根据学生的具体情况明确各个课次的运动技术教学的重点与难点，这样才能比较具体地制定该课的运动技能教学目标。因为确定教学内容在单元教学中的课次与该课次的教学重点难点是研制体育课堂教学运动技能目标的首要前提。

（2）先看第一个教学内容的运动技能目标：“使 80% ~ 90% 的学生能基本掌握篮球行进间投篮动作技术”。这个目标中提到“80% ~ 90% 的学生”与本书中提出的在目标中说明学生的数量相吻合；在其后也提到“基本掌握”一词，说明了掌握运动技能的程度。但是由于之前该教案没有说明该课时单元教学的课次，因此无法判断该运动技能目标写法的准确性。我们可以作以下的推测与设想：若该课是单元教学的最后一次课，那么这样的写法还是可以接受的，因为一个单元教学能让“80% ~ 90% 的学生能基本掌握篮球行进间投篮动作技术”已属不易，但若不是最后的课，则该写法有些不妥，因为每次课都应该有

自己的运动技术教学重点，而不仅仅描述一个完整的运动技术，如第二次课，它的运动技术教学重点可定位于“认识行进间投篮节奏，掌握一大二小，三高跳的步法”，而第三次课的运动技术教学重点可定为“正确掌握接球时机，配合脚步节奏完成低手上篮”。因此每节课的运动技术教学重点是不同的，运动技能目标也是不同的，我们在制定运动技能教学目标时需要结合每节课的运动技术教学重点，这样制定出来的目标才是具体的、可行的。

（3）再来看第二个教学内容的运动技能目标“90% ~ 95% 的学生基本掌握技巧前后滚翻动作”。与前一个目标相对照分析，可以认为该教学内容可能是复习课或最后一次课，因为“90% ~ 95% 的学生”比例极高，没有前期的良好学习与巩固，根本不可能达到这么高的比例。但若不是最后一次课，那么这样的表述还是不妥的，因为它没有结合具体课次的运动技术要点来阐述运动技能教学目标。

（4）从第二个教学内容的学习层次角度分析，既然前后滚翻是最后一次复习课，那么篮球行进间上篮动作的学习应该为以学习课型为主，因为这样的搭配比较合理。如果两个内容都是新授课，学生的学习会感觉疲劳；如果两个内容都是复习巩固课，那么在学习方式的搭配上会是一种浪费。既然如此，篮球行进间上篮的运动技能目标就不应该定位于“80% ~ 90% 的学生能基本掌握篮球行进间投篮动作技术”，这样的表述是不合适的。

（5）由于该课没有显示教学重点难点，所以，给制定该课的运动技能教学目标带来了一定的困难。

2. 案例与分析之二

运动技能目标实案信息见表 1–7。

表 1–7　运动技能目标实案信息一览表

教案基本信息	教学内容	单元教学课次	教学重点难点	运动技能目标
教师：黄 ×× 教学对象：初中二年级 学生人数：28	1. 队列、队形组合 2. 拉丁健美操	第二次课	（无）	学习拉丁健美操（二），发展学生协调性和节奏感，培养学生自主、合作和创新学习的能力

分析：

（1）该课程虽然说明了是第二次课，但还是没有说明共几次课，这样的做法对授课老师本人而言也许没有太大的问题，但对于看课的人来说，则不利于理解教学内容的整个过程。

（2）在运动技能目标中，该教师只写了学习的内容“学习拉丁健美操（二）”，并没有深入分析教学内容的重点与难点；“发展学生协调性和节奏感、培养学生自主、合作和创新学习的能力”并不是运动技能的目标，“协调性和节奏感”属于身体素质内涵，而“自主、合作和创新学习的能力”是一种实践的能力，与运动技术教学相关性不大。

（3）由于该课没有显示教学重点难点，因此给制定该课的运动技能教学目标带来了一定的困难。

3. 案例与分析之三

运动技能目标实案信息见表 1–8。

表 1–8　运动技能目标实案信息一览表

教案基本信息	教学内容	单元教学课次	教学重点难点	运动技能目标
教师：徐 × 教学对象：高二年级女生 学生人数：36	1. 投掷 4——（2） 2. 跳竹竿舞 5——（3）	第二次课	重点：手腕、手指对球出手瞬间方向、速度的控制 难点：根据目标的位置调整适宜的投掷出手角度和力度	基本掌握掷轻物的动作技术，并能联系生活设计练习方法

分析：

（1）该课说明了具体课次，也标明了总课时，这个方面比较规范。

（2）该教案对于投掷内容的重点与难点确定得不错（但没有跳竹竿舞的重点与难点），但是运动技能目标并没有结合运动技术教学的重点、难点来展开，因此运动技能目标也只能是泛泛而谈，描述得不够准确与具体，何况这是 4 课时教学单元中的第二次课，确定该课的运动技能教学目标时，不能只是简单地描述一个整体的动作技术"基本掌握投掷轻物的动作技术"，而应该结合教学内容的重点。

（3）令人感到疑惑的是该课只写了投掷内容的运动技能目标，而没有写跳竹竿舞的运动技能目标。

四、运动参与目标的有效性与例解

"运动参与"是学生在体育课程教学中学习体育知识、运动技能、锻炼身体方法，形成体育道德作风的重要途径。通过学习丰富多彩的体育内容，领会形式多样的方法，激发和培养学生的运动兴趣，使学生在体育学习中体验到乐趣和成功，引导学生逐步形成体育锻炼的意识和习惯。但是"参与"到底是个什么样的概念呢？它的含义是指以第二或第三方的身份加入、融入某件事之中。这样的解释是最初步、最浅层的。因此我们有必要对"运动参与"的具体理论含义和实践操作进行深入讨论，为广大体育教师撰写教案中的运动参与目标提供参考。

（一）理论剖析

参与类型的划分是一个比较复杂的问题，根据不同的标准可以划分不同的类型：①根据参与的行为状态，分为自主参与、动员参与和消极参与。②根据参与的数量，分为个体参与与集体参与。③根据参与的持续性，分为间断参与和持续参与。

1. 运动参与的行为状态

（1）自动参与

自动参与是指学生在自身利益的驱动下，自主地介入体育运动之中。自动参与的学生有自觉意识并与自己的利益（运动兴趣）的特殊性联系在一起，或者说如果自己不参与，那么就不能使自己的利益在活动中得到体现，因而他们往往主动介入体育课堂教学各种活动之中。自动参与不但要求学生能意识到自己的兴趣爱好，而且要求学生有运动参与的技能与知识。同时，自动参与也是建立在学生对自己力量有信心的基础上，建立在对体育教师信任的基础上，认为自己只要积极参与，老师就能在一定程度上满足自己的利益和要求。但是，在所有年纪的体育教学过程中，自动参与体育教学活动的人数总是少数。

（2）动员参与

动员参与是指学生因受他人鼓动而参与体育教学过程，比如老师号召、同伴鼓动、媒体的宣传等。在动员参与的条件下，参与的学生或者是没有意识到自己的利益，不认为运动参与有什么好处，他们也不会主动介入体育教学各种活动。

（3）消极参与

消极参与是指对体育活动的参与漠不关心，或者是具有消极意义上的参与行为。人们为什么对体育课漠不关心呢？一是先前的经验造成，感觉体育课并没有带来十分愉快的体验；二是运动参与无法考评，自己不积极参与，体育成绩照样合格，是一种搭便车行为。

就参与的行为状态而言，自动参与在班级教学中属于少数人，他们这些人对于体育课程的认知较好，对体育活动有很好的情感体验，对各种体育活动包括体育课堂教学有较浓厚的兴趣，对上课的体育老师也没有抵触的情结，因此他们参与的积极性较高，无须教师使用各种激励措施便可主动投入到课堂教学各项活动之中，也能积极配合教师的各项活动。

除了一些少数主动参与体育教学的学生之外，大部分学生对体育课堂教学存在一定的偏见，这就印证了那句时常挂在批评者嘴边的话“学生喜欢体育活动但不喜欢上体育课”。其中的缘由很复杂，在此就不再赘言了。回到原来话题，大部分学生需要体育教师动员，才能激发学生参与体育教学活动的积极性，这也是体育教师必须要考虑的问题，即了解学生喜欢什么样的教学内容，喜欢什么样的教学方式、组织形式，喜欢什么样类型的教师个性与风格等等问题。这些问题本身也是各学科所要面临与解决的真实而棘手的问题。通过各学科老师课前的思索与努力，加之课程教学本身的约束力，大部分学生在老师的动员、激励与启发下，会有意识地调整自身的思维与行为，比较配合地参与到体育课堂教学的各项活动中来，并完成课堂教学所给予的基本任务。

当然，一个班级中难免有个别极其不配合的学生，这些学生在老师的动员与激励下还是无动于衷，对体育课抱有抵触的情结，或对老师有对抗情绪，这些学生对于各项活动内容都是消极参与。但作为教育工作者的体育老师不能放弃他们，需要深入学生内心深处，了解他们的真正需求，并发挥他们的特长，扬长避短，如此才能慢慢消除他们的对抗情绪，使其逐渐融入体育课堂教学的大家庭之中，变消极为积极，变被动为主动。

2. 运动参与的数量

如前所述，班级教学本身就是一种集体行为。从理论上分析，课堂教学本身就需要班级学生的集体参与。但是在实践教学过程中，由于班级人数众多，在各项活动中难免有些学生积极参与，有些学生消极参与。这个问题实际上与前一个问题是直接关联的。

3. 运动参与的持续性

这是一个参与的维持问题，涉及的因素较多：首先是学生的年龄因素。年龄较小的学生因注意力集中时间较短，他们参与一项活动的持续时间也必然很短，如果不及时变化活动的内容，势必会产生枯燥乏味的状况，此时的运动参与效果也就差了。其次是教师安排的教学方法、手段等是否符合学生的实际需要，如果满足并适合学生，那么运动参与维持的时间就会延长。还有课中安排的运动强度与量、学生的体力、学生的意志力、场地器材安排等因素都会对学生运动参与的持续性产生重要的影响。

（二）对策建议

1. 运动参与目标必须要具体——从参与的层面细化运动参与目标

运动参与具体内容见表 1–9。

表 1–9　运动参与具体内容一览表

运动参与 目标考察指标	参与态度	参与积极性	投入程度	参与持续程度
等级	愿意、接受 无所谓 不愿意、拒绝	主动、积极 随大多数 被动、消极	全神贯注 不避不趋 马马虎虎	自始至终 变化不定 半途而废
举例（排球传球）	愿意参与排球运动	主动积极参与各项传球练习	在练习过程各个环节中很投入	能努力克服困难，自始至终高质量地完成传球练习
运动参与目标描述的格式示例	通过本课的____特殊激励方法，85% 的学生能主动积极并维持参与____教学活动之中			
整合的运动参与目标（排球传球为例）	本课通过游戏法、激励法、变换法等方法，调动 95% 的学生学习排球传球的积极性并维持热情			

2. 运动参与目标必须要贯彻——有配套的方法、组织与手段

目标是人们预期达到的境地，无论既定什么目标，都预示着可以通过努力去实现它。可是有目标却形同虚设，那是毫无意义的。在体育课堂教学中，运动技能目标被认为是体育教学的核心目标，相对而言容易引起人们的注意，而运动参与目标却容易被忽视，虽然在目标制定中也能提到并具体阐释，但是在实际操作过程中由于实施的方法，手段、策略与运动技能目标全然不同，因此在体育课堂教学具体设计过程中会忽视或淡化它，造成了形同虚设的状况。

为了避免以上问题的产生，我们需要找到一些具体实施方法以实现目标的达成。如前

所述，运动参与目标涉及了参与者的态度、积极性、投入程度与投入的持续状态，那么达成这个参与目标，势必与教师所采用的方法手段不同而异，如教师采用的游戏法激发学生的学习热情、投入的力度；教师采用不断变换练习法维持学生的参与练习的积极性；教师采用合作学习法来促进学生之间的观察、交流与交往；教师采用了民主集中管理制度方法促进学生个性的发挥、师生共同参与活动的气氛；等等。这些方法与手段直接与学生的参与程度与兴趣维持程度相关，但与运动技能目标所采用的教学方法却有很大的不同。

总而言之，体育教师在制定了运动参与的目标之后，必然要考虑到采用特殊的方法与手段，以确保其目标的顺利实现。

3. 运动参与目标必须能评价——及时反馈与课后评价

在对学生运动参与进行反馈时，我们需要了解具体的形式与方法。

（1）口头表扬与批评

口头表扬具有激励学生运动参与的作用，教师应多发现学生的长处，并通过集中表扬的形式肯定学生的行为，这对于学生个人而言，在众人瞩目之下能得到教师的赞许，会在很大程度上激起运动参与的热情与延长维持热情时间。

批评本是一种教育的方法，该方法在形成良好的课堂气氛中能起到一定的作用，但由于它含有负面词性，许多的老师非常忌讳，这是一个对“批评”不公正的态度。因为没有规矩不成方圆，特别在班级教学这个大家庭中，学生的需求各异，若以失去课堂应该有的秩序来满足学生各自的需求，那是很不值得的，若如此，势必又回到那种“放羊式”的教学状态，这是谁都不愿意看到的。

简单地说，表扬就是对学生的行为肯定，批评就是对学生行为的遏制。适当的表扬与批评是体育教师调节学生运动参与的良好方法，但表扬与批评需要建立在教师细微的观察与客观的分析基础上，否则有失公允，会造成学生的不公平情绪，与教师的初衷适得其反。

（2）言语暗示与身体语言暗示

如果说表扬与批评是一种直接提醒的方式，那么暗示则是一个隐形的提示。有时教师为了维护学生的自尊心，在学生出错的情况下，可以采用暗示的形式。暗示可分为语言暗示，它的作用是通过语音间接提示学生的行为表现；还有身体语言的暗示，它的作用更加隐蔽，主要通过眼神、手势、脸部表情、身体姿势等方式提醒学生，这些方式都可以在某种程度上对学生的行为起到肯定或否定的作用。

（3）说服与鼓励

在学生出现练习不感兴趣或维持时间较短的情况时，教师就需要采用说服教育的方式使学生重新激发参与的热情，这也是教育工作者应该做的分内之事。没有教不好的学生，只有不会教的老师，由于每个学生的需要和基本状况不同，难免有些学生对某些活动不感兴趣，或者在进行身体活动一段时间之后出现相对疲劳的现象，这是非常正常的，但作为老师而言，理应不能听之任之，而是要善于调整他们的心态，以理服人，说服并鼓励学生继续从事教学活动。

（4）树立榜样

在班级教学过程中，有时榜样的作用是无限的，我们可以把优秀运动员作为学生学习的榜样，激励学生的爱国主义热情，激发学生勇敢、刻苦、顽强拼搏的精神。同样，在班级中也可以树立榜样，让他们与榜样的行为做对照，反思自己的行为，从而纠正自己的过错行为。

如前所述，目标应该具有可评价性，一堂课上完了，对运动参与目标如何做出客观的评价呢？笔者认为运动参与的评价视角与方法可以从两个方面来进行。

①教师层面。

在课中激发与调节运动参与的方法手段运用情况。它可以理解为过程与方法，虽不是运动参与的结果，但却直接影响着学生运动参与的状态。

②学生层面。

定量指标，如上课的出勤率与表现：迟到、早退次数；课堂常规违规次数；学生积极投入各种活动所占比例。

定性指标，如学生参与运动的即时状态：参与态度、参与积极性、各练习的投入程度；学生参与运动维持状态；参与持续程度。

（三）案例分析

1. 案例与分析之一

运动参与目标实案信息见表 1–10。

表 1–10　运动参与目标实案信息一览表

教案基本信息	教学内容	单元教学课次	教学重点难点	运动参与目标	心理健康目标
教师：胡 ×× 教学对象：小学四年级男女混合	羽毛球与加速跑	（无）	手臂前后摆动、快跑 起跑与加速之间的衔接	积极主动参与加速跑和游戏的学习活动，并向同伴展示所学	以较高的热情参与活动，并在活动中表现自我

分析：

（1）该教案书写比较规范，虽缺少单元教学的课次（这是很多教案中的通病），但教案中其他的项目比较齐全。特别是教学重点与难点落位较准确。教学目标也是按照课程的目标写的面面俱到。

（2）在运动参与目标中提到了“积极主动参与加速跑和游戏的学习活动”，说明了学生参与学习的一种状态。“向同伴展示所学”应该说也是一种积极参与的态度，如果我行我素，那么也就没有必要向同伴展示所学结果。但这方面的内容涉及了集体心理的内容，放在心理、社会适应能力方面阐述较好。

（3）从理论上分析，运动参与本身是一个心理的过程，无论是主动还是被动，积极还是消极，愿意还是抵抗，都表明了学生学习的一种情绪或心理状态，因此运动参与目标与心理健康目标在写法上容易混淆，既然我们要把两者的目标强而分之，那么笔者认为可以把运动参与目标描述成活动过程的一种状态，如积极、愿意、主动等，而把心理健康描述成一种心理体验，如高兴、开心、满足等。该教案中运动参与目标的表述与心理健康目标的阐述有些混淆，运动参与目标中提到“积极主动参与活动”，在心理健康目标中也提到了“较高的热情参与活动”，似有些重复。

（4）该教案在教学内容上有一定的新意，它把羽毛球一些简单的技巧融合进比较乏味的短跑教学内容之中，这个有创意的手段对于激发小学生的学习兴趣，促使他们积极地参与活动具有重要的作用. 如果这个手段与方法使用妥当，那么该课中的运动参与目标“通过游戏、比赛竞争法，激发 90% 的学生积极主动参与加速跑与游戏活动之中”就可以自然而然地实现了。

2. 案例与分析之二

运动参与目标实案信息见表 1–11。

表 1–11　运动参与目标实案信息一览表

教案基本信息	教学内容	单元教学课次	教学重点难点	运动参与目标
教师：嵇 ×× 教学对象：初中一年级男女混合 学生人数：5	篮球行进间单手投篮和行进间双手或单手低手投篮 发展身体的各种练习、技巧；复习前后滚翻	（无）	（无）	通过本课教、学、练的过程，学生能积极参与认真学练本课内容，基本掌握篮球行进间投篮的动作技术方法，并能了解技巧前后滚翻的练习方法

分析：

（1）就运动参与目标而言，该教案至少在以下几个方面不是很确切：“通过本课教、学、练的过程”这句话泛泛而谈，适用于任何课堂教学，并没有写出该课中教师所运用的调节学生参与积极性和主动性的独特方法与手段；后面提到的“学生能积极参与认真学练本课内容”也没有进一步说明学生群体积极参与活动的人数。

（2）该教案在运动参与目标中掺杂了其他成分与因素“基本掌握篮球行进间投篮的动作技术方法，并能了解技巧前后滚翻的练习方法”，这些内容应该放在运动技能目标中写明，而不应该放在这里描述。“了解方法”本身属于认识目标，但在课程目标中没有标出此类目标，因此还是放入运动技能目标之中为妥。

（3）单元教学课次与教学重点没有具体说明，这会影响到其他目标，特别是运动技能目标的制定。

3. 案例与分析之三

运动参与目标实案信息见表 1–12。

表 1–12　运动参与目标实案信息一览表

教案基本信息	教学内容	单元教学课次	教学重点难点	运动参与目标
教师：彭 ×× 教学对象：小学四年级男女混合	跪跳起 跪跳起与其他动作的组合	（无）	重点：摆臂、展髋立腰、伸膝收腹蹬立 难点：小腿与脚背面用力下压以及双臂向上摆动带动身体的协调配合	培养学生参与体育活动的主动性和积极性，使学生充满自尊与自信

分析：

（1）该教案教学重点、难点分明，并与教学内容相呼应，在具体教案中教学手段与方法也运用得不错。

（2）在运动参与目标中提到了“培养学生参与体育活动的主动性和积极性”，这样的描述较好，但还缺少了说明本课采用“何种特殊的方法与手段”来“参与什么样的教学活动”等更为具体的内容。如果不说明，那么这句话也适用于任何课，这又有何意义呢？

（3）运动参与目标中“学生充满自尊与自信”这句话也属于心理学范畴，放在心理健康、社会适应目标中描述较为妥当。

五、心理健康与社会适应目标的有效性及例解

（一）心理健康目标的有效性

心理健康目标是新课程实施过程中新出现的目标，与其说它是新目标，倒不如说它是新的表达词语，因为在过去的体育课目标中也包含了其中的部分内容，只是运用不同的名词并把它独立出来而已（过去的目标是“思想品德教育”）。现行课程标准实施以来，有关体育课目标的制定，特别是有关心理健康目标的制定，既是一个理论上的难点，也是体育教学实践中的难点。由于过去从未有过这样的目标，许多体育教师在体育课的教学设计中要制定这样的目标就显得比较困难，近年来的体育教学实践也充分说明了这个问题，许多体育公开课、观摩课的心理健康目标都反映出来此方面存在较大的问题。因此，有必要从体育课的角度出发来阐述如何制定心理健康目标。

1. 体育课制定心理健康目标普遍存在的一些问题

（1）随意从课程目标中挑选几个作为体育的心理健康目标

有的教师制定心理健康目标时较随意，如不改一字地把水平五的目标——“自觉通过活动改善心理状态”搬到自己的体育课目标中。但问题是不同的项目对心理有着不同的要

求，如集体项目侧重于要求学生之间的协同、配合等，而体操中的技巧项目侧重于发展学生的灵活性、力量、协调性、胆量等身体或心理素质。因此，针对不同的项目应制定不同的目标。其次，通过一节体育课要达到“改善学生心理状态”的目标是不现实的，这是几个单元、学期、学年甚至是学段的教学目标，而不应该是一节课的目标。

（2）与某运动项目简单画等号

在实践中往往简单地把长跑与“培养学生毅力”联系起来；把游戏与“培养学生竞争合作精神”联系在一起；把体操等存在一定危险性的项目与“培养学生勇敢精神”联系起来；等等。当然，这些项目与提到的心理健康要素有一定的联系，也是一些侧重点，但不能简单画等号：不同的教师上同样内容的课，由于采用的教学方法、教学情景、教学手段不同，体育课所能达到的目标也不一样。如在长跑教学中，有的教师运用了“循环练习法”，其中对运动强度有一定的要求，但不达到极限，此课的教学目标就不一定是发展学生“毅力”。这说明体育教学与促进学生心理健康的基础理论还是比较薄弱的。

（3）体育课制定的目标空洞、抽象

如制定了“提高学生的自信心”的目标，但在学情分析中并没有详细分析学生是否缺乏自信心。并且，“自信心”是一个复杂的概念：从大的方面来说，它与学生的生活态度、世界观等相关；从小的方面来说，它又与学生的学习成绩、体育基础、人际关系等密不可分。因此，要在充分调查的基础上才能确定学生是否缺乏自信心，同时还要知道哪些学生缺乏自信心，缺乏哪方面自信心，等等。其次，还要将自信心与运动项目联系起来，因为不同的运动项目对学生心理发展产生的影响是不同的。只有这样，才能有的放矢，而不是随随便便制定一个心理目标。

（4）制定的目标没有评价方法，无法实施评价

在许多体育教师的教案中往往存在一些目标制定后无法实施的现象：运动技能目标的可操作性强，目标会具体细致一些；但在制定心理健康目标时缺乏可实施性，导致制定出来的目标缺乏具体可行的评价方法，如制定了“体验运动中的快乐”目标，但在具体的教学设计中却没有具体的方法与措施。

2. 高中体育课中制定心理健康目标的案例与分析

（1）案例之一

①教学内容：健美操、篮球传球与投篮。

②教学目标之一：心理健康目标——通过引导，增强学生的自信心和勇于克服困难的勇气，并在运动中获得成功和快乐的心理体验。

③教学分析：首先，该目标主要从课程标准的目标引用而来，差别不大；其次，这两个项目的难度不大（相对于一些难度比较大的项目而言，如跳高、跳马、耐久跑等），要培养学生的“勇于克服困难的勇气”可能性不大，缺乏必要的困难情境很难达成此目标；再者，在一节体育课中练习健美操、篮球传球及投篮与学生的自信心之间的关系及学生是否缺乏自信并不明确。

（2）案例之二

①教学对象：高中一年级男生。

②教学内容：篮球原地双手胸前传球、鱼跃前滚翻（复习）。

③心理健康目标：提高学生观察模仿、自我评价的能力和认真学习的态度及个性心理；培养学生的创新能力；使学生在运动中体验通过自己和集体的努力达到目标的成功心理。

④教学分析：首先，就“提高学生观察模仿、自我评价的能力”这个目标而言，制定得不具体，没有一定的针对性，没有结合本次课的具体内容；其次，该目标缺乏可操作的评价方法，即没有分成几个观察模仿的等级，如很认真、一般、不认真等来评价学生；另外，目标中提到了学生的自我评价能力，但在教案中却没有教学评价的要求与措施，这说明课的目标与教案是脱节的。还有，“培养学生的创新能力”目标缺乏实际的教学内容，因为要发展学生的创新能力，在教学中必然要有一定的教学手段作为保证，但在“篮球原地双手胸前传球、鱼跃前滚翻”的教学内容中，要培养学生的创新能力并非易事，最多能激发学生在前滚翻中的创编意识。

（3）案例之三

①教学对象：高中一年级女生。

②教学内容：正面双手垫球（新授）、合作跑。

③心理健康目标：使学生树立自信心；培养学生积极向上、乐观的态度；进一步提高学生的心理承受能力。

④教学分析：首先，培养学生自信心的方法很多，通过体育活动培养学生的自信心是一种比较好的方法，但它需要一个过程，即通过一个较长的时间才能对学生的心理产生作用。在一节课中要对学生的心理产生作用可能性较小，因此，通过垫球（新授）、合作跑的练习培养学生的自信心、培养学生积极向上、乐观的态度并不是很现实的事，这个目标制定得太抽象，不够具体。其次，进一步提高学生心理的承受能力目标也缺乏一定的依据，因为正面双手垫球（新授）、合作跑并不是具有高难度的运动项目，并不需要学生很高的心理承受能力，因此，在本节课中制定这样的目标并不合适。

3. 在高中体育课教学中如何正确制定心理健康目标

（1）具体教学设计策略

①与具体的教学内容相对应了解运动项目的特征（个人项目、集体项目、有无危险性项目，有无挑战性项目，有无趣味性项目，有无对抗性项目，有无合作性项目等）。

②与领域目标与水平目标对应兼顾课程标准目标。

③与单元教学中的某一次课相对应与具体运动技术要求相对应。

④应有一个比较明确且能达成的目标，可以操作、可以评价。

⑤找出具体的体育教学内容与心理的结合点，通过速度感、空中运动感的体验，陶冶学生的心灵；通过激烈对抗的体育活动，调节情绪状态；通过特别运动项目“高峰体验”，使学生的意志力得到锻炼；激发体育活动过程中的心理活动状态，如活跃的思维、积极的态度、良好的兴趣与心境等。

（2）制定体育课心理目标举例

①教学内容：排球模块教学中的“双手上手传球技术”（第3节课，共3节课）。

②教学对象：高中一年级男生。

③分析排球运动项目的特征：属于集体性项目；危险系数低、趣味性比较强，并有一定对抗性、挑战性的项目。

④兼顾该运动项目的水平目标：水平四的心理健康目标——体验身体健康变化时的心理感受（此目标与体育课基本无关，暂不需考虑）；正确对待生长发育和运动能力强弱可能带来的心理问题（此目标与体育课相关不大，暂不需考虑）；知道通过体育活动等方式调节情绪（可作参考）；敢于进行难度较大的体育活动（可作参考）。

⑤具体分析教学内容“排球双手上手传球技术”所含的心理要求与能达到的心理健康目标：

明确排球项目是一个集体性项目，但制定心理目标还是应侧重于个人心理为主，集体心理目标可放在社会适应中。

根据该项目技术特征来分析个人心理变化特点。

心理过程分析：

时空感觉：学会观察来球的方向、位置，判断准确的接球时机；积极思考，运用正确的技术给同伴传送到位的球。

心理特征分析：

一节课不可能对心理特征产生比较大的变化，因此只能描述一个过程：如通过传球技术的学习，体验传球成功的快感，敢于挑战一些难度较大的传球技术：如左右、前后移动传球等。

⑥明确教学设计过程中内含的评价内容与方法。

可通过学生的自我评价方式评价“学会观察来球的方向、位置，判断准确的接球时机”目标。可通过学生的自我评价与教师即时评价的方式评价“积极思考，运用正确的技术给同伴传送到位球”。可通过学生的自我评价方式评价“体验传球成功的快感”目标。

（二）体育课堂教学社会适应性目标的有效性与例解

制定体育课堂教学中的心理健康与社会适应能力目标是新课程实施以来的一个难点。2004年在肇庆举行的“全国中小学生体育教学观摩展示活动”中，从实验区选拔出来的30节优秀体育课教案对社会适应目标的表述来看，新课标提出的23条目标中只有4条被运用，被运用的4条也是“合作”和“对同伴关心”的大意，具体的意思和内容有较大的出入。在大量的体育教师课堂教学教案中也发现，体育课堂教学目标中制定“社会适应能力”目标存在着较多的问题。为什么课改后体育课在贯彻新课标时没有按照新课标的要求来合理地建立“社会适应能力目标”呢？笔者带着这些问题进行了分析与反思。

1. 问题与分析

（1）体育老师对制定体育课的“社会适应能力”目标不够重视

一般认为，体育课堂教学的主要目标是运动技能教学，新课程标准中增设了除运动技能外的四大目标，这给体育老师制定课堂教学目标带来了一定的困难，特别是其中的社会适应能力目标，感到无所适从。其中原因是：首先，课程标准中有关社会适应能力目标的含义、要求等不够明确；其次，从课程目标、水平目标到单元目标再到体育课堂教学目标需要几个层次的演变，比较繁琐；最后，传统的做法比较简单，如填充有关“集体主义精神”“人际关系”“纪律性”“合作”等词语即可。因此有的体育教师为了省力，就学会了套用课程标准中的一些用词或沿袭原先的做法，至于能不能实现这些目标却很少考虑。可想而知，这样制定出来的目标有多少的实际意义可言。

如某老师的教案中有关高中一年级男生（教学内容为：篮球原地双手胸前传接球、鱼跃前滚翻）的社会适应能力目标为：建立同学之间的良好关系，培养良好的团队协作精神和自强不息的民族精神；增强学生的进取心、自信心，让学生的个性得到发展。

教案中“建立同学之间的良好关系，培养良好的团队协作精神和自强不息的民族精神”，这样的表述比较空洞，与教学内容基本无关。因为篮球原地双手胸前传球技术教学中基本是两人之间的合作，虽然也可以多人合作，但在具体的教学设计中必须要有这个方面的具体手段与要求。其次，“增强学生的进取心、自信心，让学生的个性得到发展”这个目标内容属于心理学范畴，放在心理健康目标内容中比较合适。

（2）虽有目标，但缺乏课堂具体教学手段的支撑

体育课堂教学目标具有很强的指向性，如果体育老师对教学内容研究不够透彻，在具体教学设计中又缺乏具体的教学手段与评价手段支撑，那么这样的目标必然有名无实，必将失去目标的导向性、制约性、调节性功能。

如某老师教案中有关高中一年级女生（教学内容为：新授正面双手垫球、合作跑）的社会适应能力目标为：培养学生的良好合作能力，建立和谐的人际关系。

不能说体育老师不适宜写“合作能力”“人际关系”等方面的词语，但是如果要制定发展学生“良好合作能力”这样的目标，就不能空谈，就必须在教学方法与手段上下功夫，安排各种合作练习。既要在合作跑中贯彻合作学习手段，在排球双手垫球中也要安排各种合作练习，即通过各种合作练习来促进学生合作意识与行为的发展。但细看该课的教学过程，在合作跑中虽然有一些合作练习，但是要求并不明显，而在排球双手垫球中也没有各种合作的要求与练习，只是简单的 2 人对垫。“建立和谐的人际关系”这个目标也是比较空洞的，这是一个班级教学中的共性目标，在其他的课程教学中也需要这个方面的要求，而非仅仅是体育教学，何况这个目标不仅适合本次课堂教学，同样写在其他任何一节课也未尝不可，因此这样的目标就流于形式了，并没有与教学内容、教学设计合为一体、融合一处。

（3）制定的目标缺乏可操作性的评价方法

能否使目标具有现实性，一个重要的环节就是检验目标达成度。设置目标仅说明了课

堂教学要解决的问题，还需要我们在教学设计中安排具体的教学手段，使预设的目标“有血有肉”，但不是所有的教学手段都是有效的，因为教学效果的影响因素很多，有教师教学水平、教学艺术、学生锻炼的积极性、学生的运动情绪、场地器材等。通过一节课的完整教学，能不能达成预期的课堂教学目标，需要一个评价的手段去检验，如果缺少这个环节，那么有关课堂教学目标和教学设计的各种前期准备与努力有可能付诸东流。

在一些课堂教学教案中，体育教师往往忽略这个重要的环节，主要原因是不十分清楚设置目标评价手段的重要性，其次是设置这个环节比较复杂，还要对学生进行考评，因此往往弃难就易，搞个大概就应付了事了。

如某老师教案中有关高中二年级女生（教学内容为：健美操、篮球传球与投篮）的社会适应能力目标为：提高与人交往和沟通的能力；培养创新意识和合作的精神。

在体育课堂教学中可以设置“提高与人交往和沟通的能力”目标，但首先必须在教学设计中有这个方面的内容作为支撑，如有意识地在技术教学中开展分组教学、加强组内的各种合作、组间的竞赛活动，提示学生之间的相互帮助、合作完成教学任务，特别是水平相差较大的学生之间的帮助等。如果没有诸如此类的具体教学手段支撑，那么设置“提高与人交往和沟通的能力”目标将成为一句空话。查看具体的教案，只有常规的分组，没有小组的特别要求与特殊的提示。

其次，需要一定的评价手段作为支撑，如要达成发展学生的“交往能力”这个社会适应能力目标，可以运用“交往的次数与频率”这一评价指标，同时在篮球传球教学中，可以安排让不同层面的学生进行传球（不要只固定 2 人传球），最后可以统计与不同学生交往的次数作为交往的指标（在课堂时间允许的情况下）。

最后，笔者认为“培养创新意识”这个词汇提法不是十分妥当，因为就大学生而言还是以掌握本门学科的专业知识为主，较少涉及培养学生的创新意识，何况是中学生的体育课堂教学，培养创新意识似乎要求太高了。在健美操教学中有较多的单个动作，要组合各个单个动作而完成一套组合动作，可能产生一些新的组合形式，但这绝非创新，只能是“变化组合的形式”，最多也只能提培养学生一定的“创编意识”。

2. 应对策略

（1）了解班级教学、教材内容与社会适应能力的关系

①室外班级授课制的基本特征是班集体与各组小群体。上体育课并不是一个人，而是由一个年龄相仿的学生群体组成，在这个群体中虽然学生的个体需求各不相同，但做任何事情都不能我行我素，需要调整自身的需求来适应班级的群体需要。因此在这个过程中存在着个人利益与集体利益、个人需要与他人需要之间的关系与矛盾。在体育活动中，这些矛盾变得更为直接了，这就需要体育老师在开展有效学习运动技术的同时，善于运用各种组织形态去协调和缓解这些矛盾，这也就是制定“社会适应能力”目标的实际含义。

②室外体育课堂教学存在的多边动态关系。如存在着学生与教师的关系、学生与学生的关系、学生与小组之间的关系、小组与小组之间的关系、学生与班干部之间的关系、男生与女生之间的关系等，这种种复杂的关系必然会使学生在处理事情、作出决定受到干扰

与影响，调节和改善这些复杂的关系是体育课程教学一个很好的切入点。

（2）明确教材的性质与社会适应能力的结合点

教材的性质与课堂教学目标密切相关，而教材是由不同特征的内容所组成的，其类别也各有不同。按项目的人数构成来分，有个人项目与集体项目，个人项目如田径中的长短距离跑、跳高、投掷等，这类项目主要体现了个人的运动水平，与个人的心理相关性较大，但是体育课堂教学是班级授课制的教学形式，教学过程虽然尽力体现学生个人特质，但在练习的同时，学生与学生之间都是在互动交往之中。因此有关个人项目的社会适应部分主要展现其他同学对练习者的态度，如鼓励、帮助、加油等。而集体项目则有所不同，学生之间需要更多的是合作、配合、协助，而不是静态地观察与评价他人，因此在集体运动项目方面，社会交往与互动更为频繁，在这些项目上需要认清与明确小组合作是社会适应能力的主要因素。具体内容如下。

①小组共同目标——如各组形成统一的观点并完成共同任务。

②个体的责任——小组内发挥个人的特长，做好自己分内之事。

③小组长的核心意识——小组成员听从组长指挥。

④遵守游戏与竞赛规则——尊重裁判、对手、规则，使游戏与竞赛顺利完成。

（3）制定体育课堂教学“社会适应能力”目标的具体应对方法

①与具体的教学内容相对应——了解运动项目的特征。

②与领域目标、水平目标相对应——兼顾课程标准目标。

③与单元教学中的某一次课相对应——与运动技术要求相对应。

④应有一个比较明确、简洁而能达成的目标——具有可操作性、可评价性。

⑤课中安排与社会适应能力目标相对应的教学情境。

（4）教学举例：以高中二年级足球单元教学中“内脚背踢地滚球”为例（共 4 课时中的第 3 课时）

①明确足球项目的特征。首先，它是一个集体性运动项目，而集体性项目侧重于小组合作意识。

②明确单元“用内脚背踢地滚球”的第几次课及主要的运动技术教学手段。如在新授课中应以两人的对踢为主要教学手段；在运动技术运用阶段则可以采用“三人的踢墙式二过一”教学手段；在深化教学阶段则可以运用五人制的教学比赛等。由于这次课是第 3 课时，在前二次中学生已经基本接触和学习了内脚背踢地滚球技术，因此这次课可以把“三人的踢墙式二过一技术”作为主要教学手段。

③制定课堂教学中简洁、可操作的“社会适应能力”目标。以“三人的踢墙式二过一”作为本课的主要教学手段为例——则社会适应能力目标可拟定为：乐于与水平较低的学生组成三人组进行传接球技术；组内三人明确位置与责任，加强配合、发挥小组整体实力。

④课中安排适宜的教学情境并注意观察学生行为。开展分组教学，观察分组时水平较高学生与水平较低学生进行合作与帮助的态度；可安排展示个别小组合作学习情况的环节。

六、身体健康（或体能）目标的有效性与理解

身体健康与人先天的基因、后天的环境、营养状况、生活行为习惯和体育锻炼等因素密切相关。就中小学生的身体健康而言，各个学段学生在保持身体健康方面的要求是不同的，如小学阶段要注意引导学生懂得营养和行为习惯、安全与避险等对身体发育及健康影响方面的因素；初中阶段以上学生则要求学生了解与关注生活方式、疾病预防、生殖健康等对身体健康的影响要素，并自觉抵制各种不良行为，初步掌握科学锻炼的方法，提高体能水平，形成良好的生活方式等。

撇开其他影响健康的要素，仅就体育锻炼角度而言，它与身体健康到底存在什么样的关系。学者们众说纷纭，有的把体育锻炼直接与增强体质联系在一起；有的则认为体育锻炼与学生体质之间没有必然的联系。这个问题至关重要，它涉及了体育活动的本质功能，并直接关乎亿万青少年学生的身体健康。从宏观理论上来看，体育活动无疑与学生的身体发展有着重要的关联。但这种关联到底有多少、是什么样的关系等微观问题值得我们去探讨，因为体育教学活动从微观的各个层面涉及了促进学生身体发展的诸多因素。这也是我们所要考虑和明确的事，因为在教学设计与撰写教案过程中，有一个具体的身体健康目标需要体育教师去填写。

（一）理论剖析

体育教学与增强学生体质之间到底存在什么样的关系？在理论与实践过程中一直以来都是含糊不清的，之前我们对这个问题没有意识到它的重要性，因此一直认为参加体育活动与增强体质是一种必然的联系。但随着认识的提高，人们发现体育活动与体质之间并不存在必然的联系，因此把体育教学与增强体质之间描绘成一种因果关系有些牵强附会。影响人体质的因素众多，有起决定作用的、影响力占 75% 左右的遗传因素，也有承担外因的后天自然与社会因素，如空气、水质、作息制度、生活规律、人际关系、营养、运动、心理等。体育活动只是后天外因中的一部分，因此学校体育与增强学生体质之间没有本质的因果关系。

那么体育教学与增强体质之间到底有怎样的关联呢？如前所述，用比较准确的说法应该是身体活动与人的身体素质、身体基本活动能力直接相关，而二者合而为一的名称是“体能”。对于身体素质与身体基本活动能力的划分，笔者认为还是有待探讨之处，因为这个分类找不到其中的标准，举个例子来说明，要把人进行划分，可以按不同的分类标准，如按不同的性别标准可以分为男人、女人；按不同的肤色可以分为黄种人、白种人、黑种人；按不同的年龄可以划分为婴幼儿、儿童、青少年、中年、老年等，这样的分类与标准是非常清晰的。但是把体能分为“身体素质与身体基本活动能力”，它的划分标准是什么呢？笔者却找不到一个合适的依据。究其原因，笔者发现，身体基本活动能力之中的几个内容“走、跑、跳跃、投掷、悬垂支撑、攀登爬越、负重等”的分类就出了问题，其中“跑、跳跃、投掷”属于田径内容，是按竞技内容进行分类的，而“悬垂支撑”是属于体操内容，

“攀登爬越”又是什么呢？无法归类。对于这个问题，难度很大，将另文阐述。本书就体育教学与学生体能之间做一个简单的串联，虽有错误，乃是勉强为之；从学生和年龄角度来阐述体能发展的重点——小学生侧重发展身体基本活动能力；中学生侧重于发展学生的身体素质。

（二）应对策略

1. 了解教学内容与发展学生身体之间的关联性

按以上逻辑，我们把教学内容与学生体能之间作一个简单的联系（表 1–13）。

表 1–13　教学内容与学生体能之间的联系

项目类型		耐力型运动项目	速度型运动项目	力量型运动项目	灵敏型运动项目	柔韧型运动项目
项目举例		1500 米	50 米、100 米	投掷实心球	乒乓球	燕式平衡
项目发展的一般体能		有氧代谢能力	无氧代谢能力	肌肉力量	身体灵巧性	身体柔韧性
小学	教学内容	无	中等强度的短距离跑、跳	抛、掷、投等活动	技术要求较低的球类活动	技巧等
	主要发展的体能	不宜	跑、跳	投掷	攀爬	身体协调
初中（含）以上	教学内容	1000 米、1500 米	短距离快速跑	投掷、负重	球类活动	各类体操活动
	主要发展的体能	有氧代谢能力	无氧代谢能力	肌肉力量、肌肉耐力、爆发力等	灵敏、协调性、力量、耐力等综合素质	柔韧、协调

说明：小学活动项目主要是运动技术要求较低的走、跑、跳跃、投掷、悬垂支撑、攀登爬越、负重等，以发展学生身体基本活动能力为主。初中（含）以上活动项目主要是运动技术要求较高的各类运动项目，发展的主要体能是力量、速度、灵敏、耐力、柔韧。

2. 根据具体的教学内容和四肢或躯干活动的频率来确定目标，做到具体、明确并具有针对性

不同的教学内容对身体的刺激具有不同的特点，按表 1–13 所示的类型来确定发展学生的体能内容仅仅是一个思考的角度，而许多项目却包含了各个身体素质内容。如篮球、排球、足球等球类项目，它不仅包含了灵敏、力量、速度，还包含了技巧、柔韧等身体素质，那么我们应该如何来确定这类项目的身体健康目标呢？如果按此思路推理，我们将会一筹莫展。因此，我们需要换个角度来思考，需要深入这些项目的具体教学内容来讨论其对应的身体素质，如篮球单元教学中有每个课次的具体教学内容，如原地单手肩上投篮、行进间低手上篮、原地运球、原地或行进间双手胸前传球等等具体技术，这些具体的技术虽然也包含了一些综合的身体素质内容，但却是有所侧重的，我们从这个视角考虑问题，就可以窥探出运动技术与身体之间的一丝关联，并为制定身体健康目标提供帮助。如该课

次教学内容为原地单手肩上投篮，那么躯干活动最多的四肢为上肢，其次是躯干，当然我们不能说进行原地单手肩上投篮练习，就可以促进学生的身体健康，但我们可以具体地说通过原地单手肩上投篮教学，可以促进学生上肢的锻炼，发展学生上下肢身体协调性。如该课的教学内容是行进间低手上篮，那么我们也不能说通过教学促进学生身体健康，因为光靠一次二次课教学，显然达不到健康的目标。但我们可以深入该运动技术，看到它的躯体活动特征主要是下肢活动、上肢接球并运转活动，这些活动中所涉及的素质内容虽然不是单一的，但我们考虑到该技术主要是属于灵巧性的，所内含的素质与灵敏、协调更相关，当然同样需要学生具有一定速度素质，但它不需要像百米跑一样的速度；还需要一定的力量，但不需要像举重一样的力量。因此我们抓住重点，寻找该运动技术中身体素质的落脚点：上肢运用球的灵巧性、上下肢活动的协调性。

3. 安排足够的运动强度与量，确保对机体的刺激程度，使发展学生身体落到实处

运动强度与量是控制运动对机体产生刺激的定量要素，运动强度与量过大，会对学生的身体刺激过大，产生过度疲劳的现象，疲劳的过分积累对学生的身体健康是不利的。判断运动强度与量对机体的适合程度，有一些定性指标，如主观观察学生的面色、表情、出汗量、注意力、动作表现等，也有些定量指标，如运动心率等。

可以改变一些因素，调节运动强度与量，如改变练习方式、练习次数、距离、高度、密度等。在体育教学中由于 1 周只有 3 次课，我们往往需要对学生的身体产生一定程度的刺激，才能对机体内部产生一定作用。但体育教学不同于运动训练与体育锻炼，还承担了学习运动知识、技术、传承文化等功能，何况学生并非运动员，而是一般的普通人群，在运动过程中更需要适当的休息来调整运动的节奏。另外，体育课堂教学还有很多的常规，如点名、整队、布置上课任务、准备活动、课中休息、课后整理活动等，这些课中常规会消耗大量的上课时间。短短 40 分钟课时减去那么多的“费时”，真正的运动所剩时间已经不多。因此在许多体育课堂教学中，运动对于学生身体的刺激量往往是不足的，再加上一些教学内容如技巧、体操、投掷等，它们本身的运动负荷就小，不要说是运动过量产生过度疲劳现象，就是连最起码的运动刺激量都不够。因此，如何才能更好地、持续地发展学生身体素质，我们不仅需要考虑教学内容本身的运动负荷，还要学会合理地配搭教学内容，增加一些纯素质类练习，促进学生综合身体素质的不断发展。

4. 关注学生的身体差异性，在实践过程中照顾体弱学生

关注学生的身体差异性不仅是一个理论上的问题，更是一个现实中的问题，有些人对于这个问题不是很重视，结果出现了一些严重的事件。造成这些事件的原因是多方面的，其中原因之一是班级教学人数太多，教师不可能顾及每一个学生；另外，每个参加活动的学生看起来都是差不多的，外表上并没有多大的区别，因此就容易产生忽视个体的差异性问题。

但是这个问题的确很重要，同样的运动量对于身体素质很好的学生，运动量可能不够，即使有些过量也能克服或休息一下就没事了；但是对于一些体弱的学生，则不但对身体健康没有好处，还可能会出现意外的事故。

因此，我们在宣传体育活动时，不能一味过分强调体育活动对身体健康的作用，有些身体有痼疾或体弱学生参加体育活动不但没有好处，反而造成不良影响。因此我们在考虑学生的身体差异性时，必须关注体弱学生的状况，深入了解学生平时的体检结果，掌握学生的身体状况，对于一些身体有痼疾的学生，则安排一些特殊的体育活动；对于一些身体虽没有疾病但身体较弱的学生，更应在活动中注意观察学生反应并加强防范措施，以免发生伤害事故。

（三）案例分析

1. 案例与分析之一

体育课健康目标案例见表 1–14。

表 1–14　体育课健康目标案例一览表

教案基本信息	教学内容	单元教学课次	教学重点难点	教材分析	身体健康目标
教师：郑 × × 教学对象：小学四年级男女混合	跨越式跳高	第一课时，单元课时没有表标出	（无）	开展此项运动能有效地提高学生跑、跳组合的基本活动能力，发展下肢、腰腹和足底的肌肉力量等身体素质	发展灵敏、协调和弹跳力等身体素质

分析：

（1）由于该课是新授课，虽然不知道这个教材安排了几个课时，但是新授课中以学习新学内容为主，安排的运动强度和量与复习课是不同的，如果在课中不安排其他素质练习，那么运动负荷可能较低。因此，可以在课中穿插一些其他活动内容，如技巧、投掷沙包等，使学生的身体基本活动能力得到均衡发展。

（2）该教案对于教材的分析“开展此项运动能有效地提高学生跑、跳组合的基本活动能力，发展下肢、腰腹和足底的肌肉力量等”还是比较到位的，既明确了学生发展基本活动能力，又进一步说明了该教材与发展身体部位的具体关系。

（3）如前所述，在小学阶段的身体健康目标中宜描述身体活动基本能力为妥，并具体说明身体基本活动能力的内容，同时还可以把这方面的内容与具体的教学内容结合起来说明，因此该教材身体健康的目标可以描述为如教材分析中说的文字：“开展此项运动能有效地提高学生跑、跳组合的基本活动能力，发展下肢、腰腹和足底的肌肉力量等身体素质”。

2. 案例与分析之二

体育课身体健康目标案例见表 1–15。

表 1–15　体育课身体健康目标案例一览表

教案基本信息	教学内容	单元教学课次	教学重点难点	教材分析	身体健康目标
教师：袁 ×× 教学对象： 小学四年级 55 ~ 60 人	障碍跑	（无）	重点：跑动中安全地通过几个障碍 难点：掌握跑动中怎样安全地巧过障碍的方法	主教材障碍跑是发展学生基本活动能力的教材，是跑的基本技能和方法向日常生活迁移的重要准备	学生能在练习中体现出灵巧与全身协调，发展速度、耐力等体能

分析：

（1）该教案与上例有些雷同，教材分析比较好，但身体健康目标有些空泛。因为任何的人体肌肉活动都与灵巧、全身协调有关，这样表述也适合其他的课。

（2）低难度的障碍跑对于发展学生奔跑的能力具有较好的作用，因此在描述身体健康目标时适宜描述“通过障碍跑练习，发展学生的越过一定障碍的奔跑能力”，而不适宜写成“灵巧与全身协调，发展速度、耐力”等含糊不清的体能目标。

3. 案例与分析之三

体育课身体健康目标案例见表 1–16。

表 1–16　体育课身体健康目标案例一览表

教案基本信息	教学内容	单元教学课次	教学重点难点	主要练习形式（23 分钟）	身体健康目标	运动技能目标
教师：王 ×× 教学对象：高一学生	足球正脚背踢球	（无）	（无）	1. 无球练习 2. 有球模仿：1 人踩球，1 人模仿 3. 有球练习：踢地滚球 4. 分层教学 5. 成果展示 6. 对有能力的同学提高难度练习	（放在运动技能目标中描述了）	巩固提高正脚背踢球的控制能力和支配能力，发展灵敏、速度、协调等身体素质

分析：

（1）由于没有说明该教学内容的单元教学学时和该课在单元教学中的课次，因此要考虑运动技能目标的正确性就增加了一定难度。其次，该课的运动技能教学目标似乎不是很到位。

①没有结合足球正脚背踢球具体的技术要求。

②不具评价性。

③没有说明整个班级达到运动技术要求的具体人数比例。

（2）在运动技能目标中阐述身体健康目标似为不妥，建议分而述之。

（3）描述的身体健康目标“灵敏、速度、协调等身体素质”与该教学内容虽有相通之处，但不十分准确。因为足球运动虽然内含许多的身体素质，如爆发力、速度、速度耐力、灵敏、身体协调性等，特别是足球竞技运动员，其各项身体素质的要求更高。但我们面对的群体是中学生，对足球项目的身体素质要求并不高；其次，该课的主要教学内容是足球各技术中的最基本的技术——正脚背踢球，对体能方面的要求相对于足球比赛就更低了，而且我们从教案中老师安排的各种练习中发现其练习的强度并不大，因此可以认为该课教学内容不能促进学生速度素质方面的发展；灵敏素质也谈不上。说到“身体协调性”倒有几分相近。因此该课教学内容对学生身体素质方面的要求是比较低的，只要学生具备一定的身体素质，就可以完成课中的一些基本练习。通过以上分析，笔者认为该课教学内容对发展学生体能显得不足，可以安排一些其他的纯身体素质练习加以弥补。

第二章
学校体育教学计划的设置

通过实际案例明确学习目标设置的依据和设置的方法，明确教学内容的选择依据和方法。

第一节　体育学习目标的设置与内容的选择

体育学习目标的的设置遵循“健康第一”的指导思想，突出以促进学生健康水平为目标，是以课程目标、领域目标、水平目标为主题的课程目标体系。其设置还要尊重教育教学的主体——学生的具体情况和生长规律，充分考虑各地的具体条件，因地制宜。由目标来统领教材，学习内容的选择要有的放矢，充分体现学习目标，为达成学习目标服务。

一、学习目标的设立与案例

（一）学习目标设置的依据

1. 体育与健康课程三级目标体系

《课程标准》是国家根据我国各地区不同情况研制的指导性文件，具有很强的普适性和原则性。在设置学习目标时，不仅要理解《课程标准》的水平目标，更应该全面地认识其总体目标和各学习领域目标，要对整个三级目标体系有一个完整的深入的认识。这些是设置学习目标的首要依据。课程目标、学习领域目标、水平目标三级目标体系的构建体系是教学目标进一步具体化的重要依据。

2. 教育教学面临的客观条件

这里所说的客观条件包括作为学习主体的学生的实际情况和教学的环境条件。不同年龄的学生在学习体育技术技能方面是存在着差异的，即使是同一年龄的学生仍然存在着发育早晚、身体机能、身体形态等方面的差别。因此，设置学习目标必须考虑学生的具体情况，如性别、年龄、发育水平、运动基础等。我国地域辽阔，经济发展存在着较大的地区差别，地区之间、城市和农村之间、发达地区和欠发达地区之间都存在着这种差异，这种差异直接影响各地区学校的办学条件，影响学习目标的设置。所以，在设置学习目标时一定要围绕水平目标结合本地区本学校的特点来因地制宜。

（二）设置的方法及案例

分解目标的方法：把水平目标分解为适合教学对象的具体学习目标。

案例 2–1　发展有氧耐力

领域目标：发展体能。

水平目标：发展速度、有氧耐力和灵敏性具体学习目标。

（1）通过短跑练习发展位移速度；通过反应起跑游戏发展反应速度和加速能力；利用重复跑、追逐跑、追逃游戏等发展绝对速度。

（2）通过耐久跑、定时跑、定距离跑来发展有氧耐力；通过小强度较长时间的各种花样跳绳发展有氧耐力；通过有氧健美操、搏击操、踏板操等发展有氧耐力。

（3）通过篮球的传接和运球等基本技术教学发展灵敏性；通过排球的移动、传球、垫球来发展灵敏性；通过武术的散打练习发展灵敏性。

设置项目内容的多重目标方法：筛选项目内容时要根据该教材在五个领域中的功能和价值来设置该项目的多重学习目标。

案例 2–2　篮球教案

领域	领域目标	水平目标	具体学习目标
运动参与	具有积极参与体育活动的动态和行为	积极参与体育活动	在篮球的学习和练习中积极表现
运动技能	学习和应用运动技能	发展应用技战术能力	了解篮球的技战术、规则、裁判方法等有关知识，会欣赏这项运动，基本掌握篮球的基本技术，掌握简单战术，能够进行应用
身体健康	发展体能	发展速度、有氧耐力和灵敏性	通过篮球运动发展体能
心理健康	正确理解体育活动中自尊、自信的关系	通过体育活动树立自尊、自信	1. 在篮球的学习和比赛中表现出自信心 2. 理解尊重和自信来自于积极的参与和适当的表现
	通过体育活动调控情绪	学会其他调节情绪的方法	学会呼吸调节方法
	形成克服困难的坚强意志品质	根据自己的运动能力设置学习目标	正确评价自己的运动能力，了解现实目标时可能遇到的困难，设置合适的学习目标
社会适应	建立和谐的人际关系，具有良好的体育精神和体育道德	理解不同运动角色的任务，识别体育中的道德行为	在篮球比赛中，积极与同伴配合，与同伴合理分配角色，指出体育中的不道德行为
	学会获取现代社会中体育与健康的知识和方法	简单评价媒体的体育与健康信息	知道篮球运动中的明星和他们的情况，评价美国男子篮球职业联赛（NBA）和中国男子篮球职业联赛（CBA）比赛了解有关信息

知道了设置的基本依据和方法，我们就可以对水平四（初中）教学目标（按每周两次课）的整体教学计划进行设置。

案例 2–3　水平四（初中）教学目标（按每周两次课）

学校名称：　　　　　　　　　　　　　　　　　　　制表日期：　　年　　月　　日

领域	第一学年（64 学时）		第二学年（64 学时）		第三学年（64 学时）	
	第一学期 32 学时	第二学期 32 学时	第一学期 32 学时	第二学期 32 学时	第一学期 32 学时	第二学期 32 学时
运动参与	自觉参加体育与健康课的学习	知道合理安排锻炼时间的意义	运用脉搏测定等常用方法测量运动负荷	积极参与课外的各种体育活动	合理安排锻炼时间	充分利用各种条件进行体育活动
身体健康	通过各种练习，发展反应速度和灵敏性，认识和理解体育锻炼对身体形态发展的影响	通过多种练习，发展位移速度 认识和理解体育锻炼对身体机能发展的影响	通过多种练习，发展有氧耐力知道营养需求与年龄、性别、身体活动等的关系	初步学会选择有利于健康的营养食品，知道饮食、体育锻炼对控制体重的作用	根据自己的生理特点，了解在体育活动中应注意的事项，认识吸烟、酗酒和吸毒的危害	初步学会选择适合运动需要的健康营养食品
心理健康	了解身心之间的关系 了解自尊和自信的意义 学会肌肉放松的方法	了解心理状态对身体健康的影响 认识体育活动对自尊和自信的影响	学会呼吸调节方法 了解运动愉快感的获得对人们坚持体育锻炼的影响	在体育活动中表现出适宜的自信心，正确评价自己的运动能力	学会合理安排作息时间通过积极的体育运动，逐步增强自尊和自信	学会自我暗示的方法 了解现实目标时可能遇到的困难 设置适合的体育学习目标
社会适应	在体育比赛中行，与同伴合理分配角色	指出体育活动中的不道德行为	简单评价一两个体育节目或栏目	知道一些体育名人并能进行简单的评价		
运动技能	基本掌握几项主要的田径运动技能 了解技术的基本知识 了解所学项目的竞赛规则讨论竞技运动与健身运动的区别对安全和不安全的运动行为作出区分和评价	基本掌握一两项球类运动中的技战术，了解战术的基本知识，了解所学项目的竞赛规则 用安全的方法运动	完成一两套技巧项目动作或器械体操动作了解技术的基本知识 阅读报纸、杂志中有关重大体育赛事的报道 在运动中避免粗野和鲁莽动作	完成一两套武术套路或对练了解技术的基本知识 野外识别方向的一般知识和方法 收听或收看有关体育节目	完成一两套舞蹈或健美操 了解技术的基本知识 学会一两种野外常见的运动方法，如游泳、自行车、划船等 认识多种运动项目对身体健康和社会适应的价值	基本掌握一两种地域性运动项目的技术 了解技术的基本知识 了解所学项目的竞赛规则 参加有组织的野外活动，如远足、登山、旅行等，对重大体育赛事作出评价

说明：

（1）以上制定的水平四教学目标，通过对课程的学习，将达到的各领域目标分布到各个学年的学期中。

（2）根据目标选择教材内容，制订单元、课时教学计划，确定教学时数，完成实施各个学期的教学，使学生逐渐达到本课程的各项目标。

（3）目标的分布、教学内容的选择，根据课程标准、学校场地、学生的实际等方面的情况灵活调整。

（三）学习内容的选择方法

（1）旧瓶装新酒。重新思考、定位和改进已有教材内容，从中选择。

（2）发掘或自创。选取来源于生活的教材，挖掘民族的、民间的体育活动，改变为学生所用的教材内容。

二、教学内容的选择与案例

学习内容是完成水平目标的具体实施载体，教学内容的选取既要有利于学习内容的达成，还要充分考虑学生的客观情况，要与学生的实际水平相适应。

（一）学习内容的选取首先依据水平目标

水平目标从学生的身心发展特征出发制定水平等级，改变了以往以年级来规定学习内容的方法，充分考虑学生的年龄和身心发展特征方面的差异，充分考虑各地区及各学校之间的差异，能够因地制宜、因时制宜，为学校和教师留下了选择余地和创造的空间。

案例 2–4 教学内容的选择（一）

领域目标	水平目标	教学内容的选择
建立和谐的人际关系，具有良好的合作精神和体育道德	理解不同运动角色的任务，识别体育中心的道德行为	简化规则的或非标准器材的篮球教学和比赛
		排球、软式排球的教学和比赛或游戏 各种形式的接力跑教学、比赛或游戏

案例 2–4 中的教学内容全部都是要求积极协作的集体项目，在这些教材的教学或比赛中，通过教师的引导和教学的设计，使学生认识和理解自己在不同运动项目中的任务，学会遵守规则、尊重对手、正当地进行竞争。在方法上还可以有多种选择如集体跳大绳、多人合作的花样跳绳、足球、棒球、垒球、水球等等。

案例 2–5　教学内容的选择（二）

领域目标	水平目标	教学内容的选择
发展体能	发展速度、有氧耐力和灵敏性	速度——短跑、追逐跑、接力跑、反复快跑、速度游戏、足球快速带球跑、棒垒球等
		耐力——定时跑、定距跑、跳绳、有氧健身操、搏击操、踏板操、游泳、较长时间的球类活动等
		灵敏——球类、武术、田径的跑跳项目、游戏等

（二）学习内容的选择还要考虑学生的发育特点和心理特征

（1）要考虑学生的生长发育的敏感期。

（2）避免采用过多竞技性和成人化的项目。

（3）注重对学生兴趣的引导。

第二节　水平教学计划和单元教学计划的制订

一、水平教学计划的制订与案例

（一）水平教学计划制订的基本要求

1. 依据新课程标准

《课程标准》是以水平来划分学段，在制订水平教学计划时应明确多种领域目标之间的关联性，整体考虑学生身体的发展规律、心理发育规律、技能学习规律、学校基本情况、学生需要和各领域目标要求，并以此为依据选择教材和制定切实可行的教学目标。

2. 水平教学计划的连贯性

水平教学计划应反映的是本学段三年教学安排。它不像传统的教学计划，每个学年之间可以没有必要的相关性。水平教学计划根据所选教材和教学目标整合学段教学内容，把能够体现项目特点，具有实效性、科学性、健康性及学生容易接受和喜欢的技能学习内容，作为学段基本教学内容提炼出来，以单元的形式安排到各学期中，教师根据教学目标的要求和学生实际学习情况，合理安排这些基本教学内容，在学段中它可以出现一次，也可以重复出现，以保证学习的连贯性，促进学生的身心发展。

3. 水平教学计划的可调性

水平教学计划在总体上应具有一定的灵活性。特别是在安排单元教学时，不能将各单元的教学时数定得过死，以免目标不能得到很好的实现。水平教学计划与传统的学年或学期教学计划最大的不同就在于它的灵活性。传统的教学计划是一种课时安排型的工作计划，它反映的是在某学段里每一节课的教学内容，反映出每一项教学内容需要多少课时。体育与健康课程的水平教学计划着眼于学习目标的实现，并不拘泥于用什么教学内容和教学手段来达到目标，因此，它的灵活性远远大于传统的教学计划。

4. 水平教学计划的系统性

水平教学计划按照领域目标——选教材——设置学段教学目标——选择学段基本教学内容——目标达成的形式进行设计。它是一个完整的系统，目标达成是体现水平教学计划系统性的重要环节。目标达成不仅能检验学生完成教学内容的程度，而且也是对师生教学过程的体现和学生学习进度的预设。目标达成的表现形式可以是教学手段，可以是教学要求，可以是练习标准，也可以是考核标准。

案例 2–6　水平四教学计划

项目	教学目标	所选教学内容	目标达成	单元出现次数
篮球	1. 培养学生对篮球的兴趣，养成体育锻炼的习惯 2. 通过篮球活动，发展学生的灵敏、速度、力量、有氧耐力等素质，促进身体全面发展 3. 在篮球活动中培养学生自尊自信与同伴友好合作相处的精神，提高社会适应能力。指出比赛中的不道德行为	单手肩上投篮	1. 通过学习，能熟练完成动作 2. 通过练习，能在对抗环境中完成动作	6 次
		行进间低手上篮	1. 通过学习，能熟练完成行进间上篮动作 2. 通过练习，能在对抗条件下完成行进间上篮动作 3. 通过练习，能在对抗环境中完成行进间上篮	
		体前换手变向运球	1. 通过学习，能熟练完成动作 2. 通过练习，能在对抗环境中完成动作	
		双手胸前传球	1. 原地完成动作 2. 移动中完成动作	
单杠	1. 使学生能对单杠发生兴趣并积极参与 2. 发展学生柔韧性，培养悬垂摆动翻转和平衡定向能力 3. 培养学生克服困难勇敢顽强和自信的精神 4. 加强同伴间的互相帮助、树立安全意识，学会简单的自我保护和相互保护的方法	低单杠翻身上	1. 用体操棍，在垫子上完成人工单杠翻身上 2. 借助蹬墙的力量，在低单杠上完成翻身上 3. 完成低单杠拉杠倒立动作，腹部贴杠 4. 独立完成动作	3 次
		单腿摆越成骑撑	1. 通过学习，在帮助下完成动作 2. 独立完成动作 3. 熟练完成支撑摆动	
		杠上转体 180 度支撑后摆挺身下	1. 支撑后摆至水平停 2 秒 2. 支撑后摆至水平顶肩压杠动作在帮助下完成 3. 独立完成	

续表

项目	教学目标	所选教学内容	目标达成	单元出现次数
有氧耐力单元	1. 让学生了解有氧运动对增进健康的好处 2. 通过经常性的有氧练习，提高学生的心肺功能，养成锻炼的习惯 3. 通过坚持性的练习，培养学生坚强的意志，顽强的毅力和坚持到底勇于克服困难的精神	1. 掌握耐久跑呼吸方法 2. 了解极点和第二次呼吸 3. 克服极点现象	通过球类项目练习，学校教师专门组织的长跑练习以及耐久跑考试为引导的学生的自主练习，每周完成 2 或 3 次练习： 1. 集体 5 分钟跑完 1000 米 2. 集体 7 分钟跑完 1400 米 3. 集体 10 分钟跑完 2000 米 学生根据自己的能力选择练习标准并坚持锻炼	单独出现或随其他教材出现，贯穿 3 年教学进行
踢毽子	1. 培养学生踢毽子的兴趣 2. 通过踢毽子活动，提高学生的灵活性，改善学生的心肺功能，锻炼学生的下肢力量 3. 提高学生的心理素质	1. 单人踢 2. 4 人传踢	通过教师组织的专门练习或以比赛、考试为引导的学生的自主练习，学生能完成以下练习： 1. 单人踢 50 个、70 个、100 个 2. 4 人传踢 20 个、25 个、35 个	3 次
其他				

（二）水平四教学计划设计流程

1. 选择及依据

按照领域目标的要求和学校具体情况，选择本学段采用的教材。

2. 设置教学目标

根据本学段课程标准的要求及学生的身心发展特征，设置所选教材的教学目标。

3. 教学内容

依据水平四学段所选教材的技术结构及教学目标的要求，选择教材中有代表性的基本技术动作作为教学内容，在教学中安排学习。教师可根据学生的能力选择不同的基本技术进行分层教学。

4. 目标达成

根据学生学习技能的发展变化规律，身体素质、心理素质发展规律，总结并设置本学段所选教材中基本技术的具体学习目标。具体的学习目标可以是教学手段（比如单杠中的练习目标），可以是教学要求（比如耐力单元中的练习标准），还可以是考核标准（比如踢毽子的次数标准）。

5. 单元次数

这是指在初中学段某单元安排次数。

水平计划应该具有多种形式，下面提供另一种形式的水平教学计划。

案例 2–7　水平教学计划

类型	年级	技能目标	健康目标	参与	心理	社会适应
学年目标	七年级	1. 完成和掌握本年级选择项目中的规定动作，了解相关知识和简单技战术 2. 区分安全和不安全行为，发展自我保健能力	1. 通过多种身体练习，发展速度、灵敏、有氧耐力 2. 教育学生关心自己的身体，克服不良习惯 3. 理解体育锻炼对身体形态和机能发展的益处	知道合理安排锻炼的时间和意义，参与体育与健康的学习，形成积极的态度和行为	掌握运动技能的同时让学生了解自己的心理状态，树立自尊和自信，培养顽强意志	建立个人与群体的和谐，在游戏和比赛中能与同伴分配角色，共同完成任务
	八年级	1. 完成和掌握本年级选择项目中的规定动作，了解简单规则，能运用技战术 2. 用安全的方法进行锻炼，提高自我保健能力	1. 通过多种身体练习，发展速度、灵敏、有氧耐力 2. 了解均衡营养对健康的作用，不偏食	积极参加课外体育活动，懂得科学的锻炼方法	正确评价自己的运动能力，能完成教师设置的心理训练方法	增进与同学的交往，敢于指出体育活动中的不道德行为
	九年级	1. 完成和掌握本年级选择项目中的规定动作，通过实践提高运动能力，熟悉简单规则，杜绝粗野动作 2. 提高自练自评和自我保健能力	1. 通过多种身体练习，进一步发展速度、灵敏、有氧耐力 2. 了解饮食和体育锻炼对控制体重的作用	合理安排体育锻炼时间，充分利用各种条件进行体育活动	学生能表现出适度的自信心，在遇到意外时，仍能保持热情，形成乐观向上的品质	在体育活动中学会关心他人，能结合喜欢的项目对其进行评述
教学安排	七年级	篮球、田径、技巧三个单元	1. 耐力素质作为健康领域的主要练习内容贯穿三年体育课 2. 灵敏、柔韧素质结合篮球、排球、武术等有关内容进行	1. 学会测脉搏的方法 2. 合理安排锻炼时间 3. 尊重学生，培养对某一项目的兴趣并坚持锻炼	1. 结合器械体操支撑跳跃及专门设计的拓展练习，进行克服心理恐惧的训练 2. 专门的耐力训练，锻炼意志品质 3. 学会放松方法	1. 在学习与练习中尊重同伴和自己，能指出不道德行为 2. 在比赛中与同伴合理分配角色
		排球、单杠、武术、篮球四个单元				
	八年级	足球、技巧、田径、毽子四个单元				
		篮球、双杠、跳绳、健美操四个单元				
	九年级	篮球、技巧、田径、单杠四个单元				
		排球、田径、支撑跳跃、篮球四个单元				

案例 2–8　水平教学计划

1. 教学目标

初一年级

（1）知道合理安排锻炼时间和意义，参与体育与健康课的学习，形成积极态度和行为。

（2）完成和掌握本年级选择项目中的知识与简单战术，结合游戏等多种形式获得应用技能，区分安全和不安全的运动行为，发展自学自练和自我保健能力。

（3）在小学体育与健康课的学习基础上通过各种练习手段，发展速度与灵敏、有氧耐力。引导学生关注自己的身体，懂得不良行为对健康的影响，理解体育锻炼对身体形态和技能发展的益处。

（4）掌握运动技能的同时，使学生了解心理状态对健康的影响，在体育活动中初步建立自尊与自信，积极进取，培养坚强意志。

（5）建立个人与群体的和谐关系，在体育游戏和比赛中能与同伴分配角色，协调配合，共同完成任务。

初二年级

（1）积极参加课外体育活动，懂得科学的锻炼方法。

（2）完成和基本掌握本年级选择项目中规定动作，了解所学项目的简单规则。结合游戏和降低规则的比赛，提高技战术的运用能力。用安全方法进行运动，发展对体育的广泛兴趣、爱好。提高自学自练和自我保健能力。

（3）在全面发展体能的基础上，通过多种练习继续发展灵敏、速度和有氧耐力，知道营养需求及选择对健康的影响。根据自己的生理发育特点，了解体育活动中应注意的事项。

（4）正确评价自己的运动能力，了解身心之间的关系，逐步掌握设置合适的体育学习目标和方法，增强自尊与自信，在克服困难的学习中体验成功和活动的乐趣。

（5）增进同学间的交往，建立体育活动中的合作意识，指出体育活动中的不道德行为，结合感兴趣的体育项目多渠道搜集信息，并能评说比赛和表演。

初三年级

（1）合理安排体育锻炼时间，充分利用各种条件进行体育活动。

（2）完成和掌握本年级选择项目中规定动作，通过运动实践提高自己对已学过的各项技术和战术的综合运用能力，熟悉所学运动项目的简单规则，活动中无粗野动作，养成良好的体育锻炼习惯，进一步提高自评自练和自我保健能力。

（3）在全面发展体能的基础上，进一步发展灵敏、力量和有氧耐力，知道饮食、体育锻炼对控制体重的作用。

（4）引导学生学会合理安排作息时间，了解实现目标时可能遇到的困难。在不断体验进步和成功的过程中，表现出适宜的自信心，形成勇于克服困难、乐观开朗的优良品质。

（5）认识现代社会所必须的合作与竞争意识，在体育活动中学会尊重和关心他人，将自身健康与社会需求相联系，表现出良好的体育道德品质，结合感兴趣的体育项目，了解一些体育名人并能对他们进行简单的评价。

2. 教学内容

（1）运动参与

初一年级：①自觉参加体育与健康课的学习。②知道合理安排锻炼时间和意义，形成积极态度和行为。③能区分安全和不安全的运动行为，发展自学自练和自我保健能力。

初二年级：①积极参加课外体育活动，懂得科学的锻炼方法。②用安全方法进行运动，发展对体育的广泛兴趣、爱好。提高自学自练和自我保健能力。③根据自己的生理发育特点，了解体育活动中应注意的事项。

初三年级：①合理安排体育锻炼时间，充分利用各种条件进行体育活动。②活动中无粗野动作，养成良好的体育锻炼习惯，进一步提高自评自练和自我保健能力。③学会合理安排作息时间，能用脉搏等常用方法测量运动负荷。

（2）运动技能

初一年级：①排球：每学期 10 节。②技巧：每学期 6 节。上学期，学习前滚翻、远撑前滚翻（女）、鱼跃前滚翻（男）、后滚翻、肩肘倒立；下学期，学习单肩后滚翻、跪起跳、挺身跳、燕式平衡、头手倒立（男）、有人扶持的手倒立（女）。③支撑跳跃：每学期 4 节，学习分腿腾跃山羊。④武术：每学期 4 节，学习健身拳。⑤田径：每学期 8 节。其中，跑，每学期 3 节，学习快速跑、耐久跑；跳跃，每学期 3 节，学习立定跳远。投掷：每学期 2 节，举行纸飞机投远比赛。

初二年级：①篮球：每学期 10 节。②单杠：每学期 6 节。上学期，学习单杠斜体悬垂、跳上成正撑、单（双）脚蹬地翻身上成正撑、慢翻下；下学期，学习挂膝上、腿向前摆越成骑撑、后摆转体 90 度下。③支撑跳跃：每学期 2 节，学习横箱侧腾跃。④武术：每学期 6 节。上学期，健身棍；下学期，学习青年拳（一）。⑤田径：每学期 8 节。其中，跑，每学期 3 节。上学期，学习耐久跑、障碍跑；下学期，学习快速跑。跳跃，每学期 3 节，学习蹲踞式跳远。投掷：每学期 2 节，举行纸飞机投准比赛。

初三年级：①球类：每学期 10 节。上学期，学习足球（男），排球（女）；下学期，篮球、足球、排球根据自己的爱好选学。②体操：每学期 4 节。上学期，学习头手倒立、有人扶持（靠墙）手倒立、鱼跃前滚翻（加障碍物）；下学期，学习双杠—支撑摆动、分腿坐前进、前摆下、后摆转体 90 度下（有能力的学生选学）。③武术：每学期 4 节。上学期，学习青年拳；下学期，学习青年拳对练。④健美操：每学期 4 节。⑤田径：每学期 8 节。其中，跑，每学期 4 节。上学期，学习耐久跑；下学期，学习快速跑。跳跃：每学期 4 节，学习挺身式跳远。

（3）身体健康

初一至初三年级：①发展位移速度 3 ~ 4 节；②发展有氧耐力 3 ~ 4 节；③发展反应速度与灵敏、协调 10 ~ 12 节，结合跑、球类教学安排；④发展力量 6 ~ 8 节，结合体操与跳跃进行；⑤发展柔韧 6 ~ 8 节，结合体操与武术教学安排；⑥了解活动中的安全与注意问题，每节课均有。

（4）情意表现与合作精神

①比赛时与同伴合理分配角色。②知道并指出体育活动中的不道德行为。③简单评价体育与健康信息及媒体信息。④自主、合作、探究学习。

3. 教学措施

（1）运动参与

①随体育课的学习进行指导与评价。②利用体育理论课与实践课相结合进行学习。③充分利用运动参与目标评价用表格对学生进行激励评价。④纳入学生体育成绩考核，占15% 的比例。

（2）运动技能

①教学计划指导备课，备课与上课相结合。②采用自主、合作、探究学习方法进行教学，注重学生的个性特点的开发和培养，注重学生创新能力的培养。③重视学生的主体地位的体现，重视学生学习方法的教学，淡化竞技教学，促进学生身心健康及终身体育能力和意识。④纳入学生体育成绩，占 30% 的比例。

（3）身体健康

①重视学生基础成绩与终结成绩的差别，重视学生的学习过程及提高幅度。②重视学生的个体差异，以技能掌握为载体，发展体能。③重视学生的主动参与，以“健康第一”的指导思想，培养学生终身体育能力和意识。④根据学生的实际情况，合理划分体能指标。⑤纳入学生体育成绩考核，占 40% 的比例。

（4）情意表现与合作精神

①在实践课及理论课上进行评价及用学生评价表进行。②纳入学生体育成绩考核，占15% 的比例。

二、单元教学计划的制订与案例

（一）制订单元计划的依据

（1）体现目标统领教材的原则。

（2）依据季节、气候，场地、设备等客观条件。

（3）充分考虑学生的年龄特点、性别、心理特征。

（4）依据水平计划。

（5）依据体育运动的规律，教育教学的规律。

（二）制订单元计划的基本步骤

（1）根据学年教学目标和学期教学进度确定各学习内容的总体目标和要求。

（2）根据学习内容的时数和难易程度制定课的具体目标和要求。

（3）针对学习内容的需要安排单元教学组织形式，确定每节课的教学策略。

（三）制订单元计划的要求

要在充分分析教材的基础上制订相关的单元计划，所制定的单元计划的基本格式要能反映出水平教学计划的特征，学习目标与学习内容要紧密联系。教学步骤层层递进，课时安排灵活，辅助教学内容要有效补充主教材的不足。

（四）单元教学计划案例：水平四的发展有氧耐力单元的教学计划

1. 教材分析

发展有氧耐力的身体练习叫作有氧运动，有氧运动既能提高人的心肺功能，增强耐力素质，又能消耗体内多余的脂肪，控制合适的体重。提高学生耐力素质，增强心肺功能就必须进行有氧运动。进行有氧运动，发展有氧耐力需要从事人体大肌肉群参加的中等强度的体育活动。

2. 单元知识点

有氧运动既要有强度，也要适度。一般来说，有氧运动的强度必须达到最大心率的75%，心率一般在 130 ~ 140 次 / 分为最佳。但由于在持续的活动时，较难准确测量自己的心率，因此在教学实践中，建议以进行有氧耐力练习时的自我感觉来界定活动强度。在运动中随着活动强度的加大，人会有从“很轻松”“比较轻松”逐步过渡到“有点累”“比较累”以至“很累”的感觉。活动中感到“有点累”的强度实际上已经达到有氧运动强度的要求。此时，正常人的运动心率大约在最大心率的 70% ~ 75% 。另外，“谈话法”也是防止运动强度过大的一种方法。所谓“谈话法”是指进行有氧运动时，锻炼强度如果适中，则锻炼者还能与身边的同伴进行交谈。以上两种方法对于学生掌握运动量都是行之有效的，无论从事任何形式的有氧练习都要把握好运动量。有氧运动的最低要求是：每次运动的累计时间不能少于 30 分钟，每周运动次数不能少于 3 次。只有达到这样的运动时间和频率，才能有效增强耐力素质。这就要求我们在制订教学计划时进行连续编排，教学节奏要紧凑，这样才能起到发展有氧耐力的目的。

3. 教学内容的选取

代表性的有氧运动包括慢跑、走跑结合、游泳、有氧健身操、登山、越野行走、跳绳、各种球类运动以及快步走等。教学中根据需要从中选取部分项目进行练习。利用小论文和自己制订练习计划的形式辅助主教材的学校，补充其不足，全面达到学习目标。

4. 教学目标

（1）强调积极参与和自觉练习，学生能够掌握有氧运动的基础知识，能够掌握运动量的大小，控制自身的运动强度（心率或自我感觉）在有氧运动的合理范围之内。

（2）学会利用慢跑、快走、走跑结合、越野跑、计时跑、定时跑等形式进行有氧耐力练习。

（3）学会利用跳绳发展有氧耐力。

（4）带领学生利用健美操发展有氧耐力。

（5）弹性练习设计：选学有氧搏击操套路。

5. 单元重点

（1）态度方面：强度积极参与，自觉进行练习。

（2）健康方面：进行有氧运动的强度的控制。在练习中学会对自身运动强度进行监控，以学生的体能和承受能力为依据进行分层次的练习。

（3）技术方面：重点对如何利用有氧健身操发展有氧耐力进行方法和技术上的指导。

（4）情感方面：体会有氧运动的良好感受，建立积极参与体育运动的态度，培养终身体育的意识。

案例 2–9　水平四发展有氧耐力单元教学计划

学校名称：　　　　　　　　　　　　　　　　　　　　　制表日期：　　年　　月　　日

领域	运动参与	身体健康	运动技能	心理健康	社会适应
学习目标与内容标准	1. 自觉参与体育与健康课学习 2. 掌握测量运动负荷的常用方法	1. 认识理解体育锻炼对身体发展的影响 2. 根据自己的生理特点，了解在体育活动中应注意的事项	1. 学会有氧运动的强度控制，掌握进行有氧运动的阈值 2. 知道正确的呼吸方法	1. 设置合适的体育学习目标 2. 正确评价自己的运动能力	1. 学会获得现代社会中体育与健康知识的方法 2. 了解现代社会的有氧运动发展趋势

学习内容	学习步骤	预估课时	辅助内容
以有氧运动为主的教学单元，辅助学习内容为游戏和体能发展练习	1. 学习有氧运动的基本知识，有氧慢跑等，学习脉搏测量的方法，了解如何进行有氧运动的强度控制 2. 学会利用单人跳绳进行有氧运动，利用各种花样跳绳进行有氧运动 3. 介绍有氧健美操有关知识，进行节奏和基本动作练习 4. 学习成套有氧健美操 5. 介绍搏击操，引导学生寻找有关有氧运动的项目和方法	1 2 1 3 1	间歇跑、定时跑、定距离跑，音乐伴奏各种图形有氧慢跑，自编或小组创编有氧练习热身操 通过各种途径寻找发展有氧耐力的方法、手段 学生写一篇有氧耐力与饮食控制体重关系的小文章 制订一个业余时间进行有氧健身的计划

有氧健身操的设计：在以有氧健身操来实现水平目标时，教师在教学中主要是通过控制音乐节拍速度快慢，如：一拍一动变成两拍一动（或相反），简化动作环节，增大（减小）动作幅度，增加或减小动作速度来使运动负荷强度控制在有效健身阈值以内，心率一般 130 次／分，最高为 150 次／分。

教学措施的选择运用：主要有讲解法、示范法、提示法（语言或非语言提示）、带领法、完整与分解法、重复法等；也可以使用一些健身房常用方法，如线性渐进法、（倒）金字塔法、递加循环法、连接法、过渡动作法、层层变化法等。

有氧健身操教学部分教学设计见下面案例。

案例 2–10　发展有氧耐力的健身操教学部分单元计划

学习内容	学习步骤	预估课时	教学内容
有氧健美操以及基本动作、热身操和搏击操	1. 有氧健美操基础知识及欣赏，认识7种步法及常用动作的名称、术语，能够明确区别节奏变化，如一拍一动、一拍两动、两拍一动	1	简介现代健美操的发展分类、特点、作用等，结合录像资料观摩
	2. 进行节奏和基本动作练习热身操	1	学习运动中自我监控的方法认识节奏介绍基本步法及身体各部位基本动作，包括身体各部、各种步法、跳步、拉伸等练习
	3. 学习成套有氧健美操	2	教师带领学生利用基本动作自编简单的热身操、形体姿态健美操、大众健美操三级规定动作、自编简单套路（根据学生的能力分层教学） 自编或小组创编有氧练习热身操
	4. 介绍搏击操，引导学生寻找有关有氧运动的项目和方法	1	通过各种途径寻找发展有氧耐力的方法、手段

（五）单元教学计划案例：以鱼跃前滚翻为主要动作的技巧单元

1. 教材分析

以鱼跃前滚翻为主要动作的技巧具有较高的锻炼价值，学习一系列的滚翻动作，目的是发展学生身体的灵活、敏捷、协调以及平衡能力，遇到紧急情况通过身体滚动缓冲外力，减轻对自己造成的伤害，达到保护自我的目的。这一动作对提高学生的肢体的自控能力也有很大的作用。

鱼跃前滚翻是体操技巧项目中技术性和趣味性较强的动作，是初中阶段体育教学中的主要项目。以它为主，与其他技巧动作可以组成一个简单的技巧组合。

前滚翻——远撑前滚翻——鱼跃前滚翻，是一个递进的过程，难度由低到高，教授前滚翻就是让学生学会协调、流畅地向前滚动，为远撑前滚翻打基础，学习远撑前滚翻是为完成鱼跃前滚翻做铺垫。

初中阶段学习鱼跃前滚翻掌握的动作标准：

（1）翻滚中有明显的腾空动作，身体在空中能适度展开。

（2）在顶肩和屈臂退让的作用下，能看出前冲动作的减缓表现。

（3）滚动较为圆滑，尤其背部没有明显的摔打现象。

鱼跃前滚翻的动作要领：两臂由后斜下举开始向前上方挥摆，同时两脚迅速用力蹬地，身体向前上方跃起，身体在空中保持含胸，稍屈髋，当手着地的瞬间，顶肩、屈臂缓冲，迅速低头，完成滚翻动作。

教学重点：顶肩、缓冲。

难点：腾空。

所要求的素质基础和技术基础有协调性和柔韧性、一定的支撑能力、蹬伸能力、滚翻比较圆滑。

2. 相关知识学习

（1）技巧运动的简单原理。

（2）简单介绍技巧竞技运动。

（3）对中学阶段前滚翻、远撑前滚翻、鱼跃前滚翻的主要判断标准。

前滚翻判断标准：双手支撑用力均匀，滚动圆滑、顺畅。

远撑前滚翻判断标准：双手触垫瞬间，支撑点在肩的前方，有顶肩和退让的表现。

鱼跃前滚翻判断标准：有明显腾空动作，在顶肩和退让作用下，缓冲前冲力量，完成前滚翻动作。

3. 技巧运动中的安全

（1）身体必要部位的热身活动。

（2）帮助和保护时避免向下用力。

（3）垫子硬度适中，检查辅助器材的牢固程度。

（4）练习认真，不嬉笑打闹。

4. 单元教学目标

（1）对相关知识有比较正确的理解，能辨别出前滚翻和鱼跃前滚翻的主要区别，认真对待各种滚翻动作的练习。

（2）完成以体现腾空和屈臂退让为主的练习，消除硬摔背现象。

（3）参加者互相帮助、评判动作。

5. 鱼跃前滚翻教学中易出现的问题

（1）不敢做跃起动作。

（2）支撑退让作用很小。

（3）滚翻不圆滑。

案例 2–11　以鱼跃前滚翻为主要动作的技巧单元教学计划

学校名称：　　　　　　　　　　　　　　　　　　　　　　　　　制表日期：　　年　　月　　日

建议学习顺序	教学标准及重点	手段选择	评价方法选择
提高前滚翻能力的练习	1. 滚翻圆滑 2. 两手用力均匀	各种趣味前滚翻：直腿站立开始；两脚前后开立开始；跪撑开始等；慢速前滚翻；钻圈前滚翻	学生互相评价，能完成 2 或 3 种前滚翻

建议学习顺序	教学标准及重点	手段选择	评价方法选择
顶肩和退让的学习	1. 明确顶肩和退让的作用 2. 有顶肩和退让的感受 3. 有意识地去做顶肩和退让的动作	1. 脚蹬墙或箱盖的支撑前滚翻 2. 俯卧开始的适度远撑的前滚翻 3. 箱盖蹲立开始的前滚翻 4. 俯卧垫上，手臂支撑适度后移，蹬地做前滚翻	自己选择完成其中一种练习，教师评判完成情况
克服心理障碍的练习	1. 选择自己能做的 1 或 2 种方法进行练习 2. 在练习中敢于去做并逐渐放开动作	1. 原地小幅度跃起（鱼跃）前滚翻落厚海绵垫成仰卧 2. 原地小幅度跃起（鱼跃）前滚翻落厚海绵垫成团身仰卧 3. 原地大幅度跃起（鱼跃）前滚翻落厚海绵垫成团身仰卧	自己选择完成其中一种练习，各组交叉评定
完整动作的学习	1. 有明显的跃起腾空动作 2. 无明显的摔背现象 3. 支撑动作有减缓作用	1. 全蹲远撑前滚翻 2. 半蹲远撑前滚翻 3. 逐渐增加手撑垫距离的远撑前滚翻 4. 由俯卧箱盖开始的远撑前滚翻 5. 越过一定高度或一定远度的鱼跃前滚翻 6. 原地鱼跃前滚翻 7. 跃起钻过藤圈的鱼跃前滚翻	师生组成评定小组，评判鱼跃前滚翻的完成情况，分为合格和不合格

（六）单元教学计划案例：发展投掷能力单元

1. 教材分析

投掷是人们日常生活中的实用技能，是锻炼身体、增强力量的重要手段，按规则的投掷方法，是田径运动的比赛项目。在生活和实践中的投掷，包括投、掷、撇、抛、扔、推等多种方法。投掷的特点是必须手持投掷物向一定的目标投去，包括投远或向一定目标投掷。不同的投掷物，投掷的方法不同，主要包括：轻器械投掷方法（垒球、短木棒、橡胶管、飞镖等）、各种球类的投掷方法（篮球、足球、橄榄球、手球、棒垒球、排球等）、实心球的不同投掷方法、铅球的投掷方法等。

实心球是中学投掷教材的主要内容，其相对于铅球更安全，对场地适应性更强，更能比较全面发展学生各方面素质。

2. 动作方法和要点

双手持球于头上后方，两脚前后开立，用力蹬地，送髋展胸，两臂用力掷球，出手后身体制动，维持平衡。

3. 教学建议

采用多种方式推、投、抛实心球；自定目标投掷；加入比赛法和小测验；结合跑跳练习进行等。

4. 易犯错误

投掷用力不准确，上下肢用力不协调，不能调动全身力量投掷，用力距离短，器械出手速度不快，出手角度不理想。

纠正方法：发展肌肉力量，用多种方法发展肌肉爆发力。利用多功能力量练习器发展力量；结合跑跳能力练习，全面发展。

5. 技术分析

投掷的远度取决于肌肉的力量和爆发力，决定于器械出手的初速度和角度。最后用力是关键，投掷项目最后用力特点之一就是力量的层层叠加，完成技术需要使用多个关节。下肢关节——躯干——上肢关节，它们之间的用力顺序和用力时机很重要，用力过程中应以大肌群最先开始用力，然后逐步扩展到小肌群用力，由此产生鞭打效果。另外，保持技术动作的流畅、不间断，可使这种由大到小的顺次用力产生最佳用力效果。力量叠加的效果使身体环节的用力得以在上一环节用力效果基础上开始进行，正确的用力时机很关键，力的叠加效果与各关节先后用力的时机有关，过早、过晚都不行。

助跑抛实心球在理论上应该比原地效果要好，但实践中部分学生加助跑后成绩反而降低，主要原因有以下几个方面：（1）跑的最后阶段留不住球，助跑破坏了正确的用力顺序，缩短了有效的用力距离。（2）支撑不好，支撑腿的制动太软，力量转化不上来。（3）力的角度、球出手角度不好。此外，还有一个重要因素就是素质因素，包括相关部位的柔韧性和力量。

6. 本单元的重点

（1）教材重点：在掌握多种器械的投掷方法（投、掷、撇、跑、扔等）的基础上，重点是实心球的掷、推、抛的方法（头上和胯下的前抛后抛、抛接球、正向、侧向或背后推球，站姿、跪姿抛或推球，上步抛或推球等），其中双手前抛实心球又是重中之重。

（2）技术重点：加强最后用力教学的针对性的设计。理解决定投掷远度的两大关键要素——自上而下的用力顺序和快速、干脆的出手速度，并且在投掷中力求体现出来。

（3）组织重点：安全地组织学生进行投掷练习，教师在备课和组织教学中要做到思想上重视，投掷方法正确、合理；练习前的准备活动充分；器械安全，器械落地区安全措施到位等。

7. 学练方法及措施

循环练习法、游戏法、比赛法、分层法、尝试法、自主练习法、相互帮助法。

练习强度：每组 8 ~ 10 次，全力进行投掷。

基本练习手段：沙袋或实心球的抛、传、接等练习；抛实心球过一定高度的横绳；不同重量的实心球交替投掷练习；爆发力、协调性练习，如蛙跳、蹲跳、跨跳、跳绳、体操、健美操等；速度练习，如短跑、接力跑、折返跑、追逐跑等；检测、比赛及投掷的游戏练习。

利用实心球等器材进行的常见的投掷游戏：用实心球打“保龄球”的游戏。

投准游戏：垒球或实心球打墙靶练习；脚夹实心球或沙袋甩投比远；头上、胯下传接球接力比赛；打木桩、“打龙尾”、投飞镖游戏；木棍角力练习；抱实心球接力跑；投掷自制器材练习。

案例 2–12　水平四发展投掷能力单元教学计划

学校名称：　　　　　　　　　　　　　　　　　　　　制表日期：　　年　　月　　日

领域	运动参与	身体健康	运动技能	心理健康	社会适应
学习目标与内容标准	1. 自觉参加体育与健康课学习 2. 主动掌握发展上肢力量和投掷能力的一般方法	1. 认识理解体育锻炼对身体发展的影响 2. 根据自己的生理特点理解体育活动中应注意的事项	1. 学会多种器材的投掷，掌握投掷实心球的正确要领 2. 发展爆发力和协调性，能安全地进行练习	1. 设置合理的体育学习目标 2. 正确评价自己的运动能力	1. 学会获得现代社会中体育与健康知识的方法 2. 能够进行协作学习，养成互相帮助的习惯

学习内容	学习步骤	预估课时	辅助内容
发展投掷能力的教学单元，辅助内容是一些参与发展投掷能力有关的力量、协调及爆发力练习	1. 小沙袋、垒球、橡胶管等器材的投掷练习 2. 铅球、自制器材的投掷练习，利用篮球、手球、足球进行投掷 3. 熟悉实心球，培养练习兴趣，传接实心球（双人、多人）练习，高抛球练习，体会自上而下的用力顺序，分小组的自主练习 4. 抓肋木顶髋：尝试练习原地多种方法的双手抛实心球（头上、胯下、体侧） 5. 各种单手投掷实心球方法（抛球、侧向推球） 6. 背向抛球和各种形式的助跑抛球 7. 分组进行投掷实心球的练习、比赛、学生间相互帮助，共同提高 8. 进行实心球的考核	1 1 1 1 1 1 1 1	投准游戏：打墙靶、打地面目标 分组设计一组上肢柔韧性练习体操，分组展示、练习肩部柔韧性练习、俯卧撑练习 持哑铃的各种举、摆举、拉、扩胸等练习 小杠铃抓举、挺举、颈后拉、快推、卧推等练习 拉力器练习、打“保龄球”游戏利用单杠、双杠进行力量的练习 体操棒角力练习、头上、胯下传接实心球接力比赛 讲解投掷的一般规则和要求，“炸碉堡”游戏，抱实心球接力跑 学生做裁判进行分组赛

（七）单元教学计划案例：体操双杠教学单元计划

1. 教案分析

双杠对发展学生的肩带肌肉和躯干肌肉力量，加强上肢关节韧带，发展学生的平衡能力、控制能力、培养良好精神品质都具有积极作用。双杠在教学上有一定的难度，对学生的意志品质和自信心具有挑战性。教学中既要注重进行相互保护，也要注重培养学生自我保护能力。

根据教材的特点，在教学步骤设计上遵循先易后难的原则，增加辅助和诱导性练习手段的数量，以此来保证教学目标的达成。

2. 单元教学

（1）培养兴趣，了解体操的基本理论知识，技术评价方法。

（2）熟练掌握双杠联合动作技术，发展学生把握关键、克服困难、突破难点的综合能力。

（3）发展力量、灵敏、协调等素质，掌握技评方法。

（4）培养学生观察思维能力，发展相互帮助，相互信任及勇敢顽强的精神。

3. 教学内容的重点和难点

在联合动作中“支撑后摆转体 180 度成分腿坐”所占的分值比例是最高的，动作难度也最大。鉴于双杠教材的特点，学生首次学习时普遍存在恐惧心理。由于是在器械之上的联合动作，学生对于动作衔接及整套动作节奏等缺乏体验和知识。根据以上分析，确定这一单元的重点和难点是：

支撑后摆转体 180 度成分腿坐；整套动作的衔接节奏；克服学生的恐惧心理。

4. 教学关键

（1）素质基础：具有 2 或 3 个双杠臂屈伸的基本力量能力。

（2）技术基础：掌握支撑摆动。

5. 教学和学法建议

完整法与分解法相结合、示范讲解法配合保护与帮助法、辅助练习法与诱导练习法、尝试练习法与自主学练结合、个人练习与集体协作练习结合等。

案例 2–13　水平四双杠单元教学计划

学校名称：　　　　　　　　　　　　　　　　　　　　制表日期：　　年　　月　　日

领域	运动参与	身体健康	运动技能	心理健康	社会适应
学习目标与内容标准	1. 自觉参加体育与健康课的学习 2. 充分利用各种条件进行体育活动	1. 发展身体素质，提高身体的控制和前庭分析器的平衡能力 2. 根据自己的生理特点，了解在双杠中应注意的事项	1. 熟练掌握单杠的联合动作技术 2. 了解体操的基本理论知识，裁判和技评方法 3. 学会安全地进行双杠练习	1. 培养战胜自我，勇敢果断顽强的精神 2. 培养正确评价自己的能力	形成团结协作的意识，教学中渗透相互帮助、信任共同提高的集体主义精神

学习内容	学习步骤	预估课时	辅助内容
双杠为主要教材，辅助教材发展上肢力量的练习	1. 双杠的诱导性辅助练习 2. 双杆的帮助与保护方法 3. 双杆教学的基本素质练习基本力量素质：臂屈伸、支撑摆动、杠上移动 4. 个人学习：杠的上法和下法 5. 个人学习：杠上前进 6. 合作学习：支撑后摆转体 180 度 7. 双杆成套动作练习上杠——支撑摆动——支撑后摆转体 180 度成分腿坐——后（前）摆下杠 8. 双杆技术动作的展示和创编 9. 考核	1 1 1 1 1 1 2 1 1	基本哑铃操 上肢动作：持哑铃的各种举、屈、伸、振、绕和环绕等动作 下肢动作：持哑铃下肢的屈、伸、举、踢、蹲和跳等动作 躯干动作：持哑铃的屈、伸、绕环、绕等动作 自编一套哑铃操 器械体操游戏和教学比赛 集体搬运游戏 双杠支撑前进接力 姿态训练：强调直膝和绷脚尖 柔韧性练习：重点是髋和腿部 身体控制练习：挺身跳、跳转体等

（八）单元教学计划案例：篮球单元教学计划

1. 教材分析

篮球是中学生最喜爱的运动项目之一，锻炼身体的效果好，能培养学生团结合作、积极进取的拼搏精神，是初中体育教学的重要内容之一。篮球运动作为一个竞技运动项目，是以投篮为中心，以得分多少决定胜负而进行的攻守交替、集体对抗的球类项目。初中学生刚进入青春期，生长发育变化大，心理上不稳定，自尊心不断增强。随着知识的增长，思维能力和认识能力不断提高，表现欲和求知欲望也非常强烈。

学生对篮球教材的理解和掌握存在着客观差异，多数学生体育基础和体育能力处于中间状态，呈现正态分布的规律，大体可以概括为以下三种情况。

（1）没有篮球基础，不能完成基本的篮球技术动作。

（2）有一定的基础，经过学习可以掌握一定的篮球技战术。

（3）篮球基础较好，能在比赛中运用简单的技术和战术。

在教学中应该以学生的实际情况进行因材施教分层次进行教学，培养学生的自信，提高教学效果。

2. 单元教学目标

（1）了解篮球运动的锻炼价值，培养学生参加篮球运动的兴趣和爱好。

（2）在篮球的游戏和比赛中运用所学的篮球基本技术和简单战术。

（3）通过篮球活动，发展学生灵活、机敏、快捷反应能力以及速度、力量、耐力等身体素质，促进身体的全面发展。

（4）在篮球游戏和比赛中，培养学生自尊、自信、与同伴合作及友好相处的精神，提高社会的适应能力。

3. 单元设计的指导思想

以《课程标准》为依据，按水平四课程目标要求，根据学生的生理、心理特征，本着“健康第一”的思想，以实施素质教育为核心，并以“生动、自主、愉悦”为主调，在教学中采用尝试教学、自主选择项目练习、按技能分层活动等教学方法。以学生为主体，充分调动学习积极性，培养学生参与意识和实践能力。关注个体差异与不同需求，发挥学生个性特长，满足学生心理需求，为学生创造一个宽松、和谐、愉快的学习氛围，使学生体验获取新知、协作、竞争、克服困难获得成功的喜悦，达到相互学习、交流、取长补短的学习目的。培养学生乐观自信的心理品质，促进学生身心的全面发展。

4. 知识点

提出问题——如何打好篮球？

通过探究答案，了解篮球运动的起源、发展历程和现状，共同探讨篮球的锻炼价值。通过欣赏、点评、讲解等活动激发学生对篮球的热爱，让学生深入地了解篮球。利用多媒体演示篮球的一些基本技术、战术，组织学生进行模仿、尝试篮球技术动作，从而发展学生的探究和自主学习的能力。

案例 2–14　水平四发展篮球能力单元教学计划

学校名称：　　　　　　　　　　　　　　　　　　制表日期：　　年　　月　　日

<table>
<tr><th>领域</th><th>运动参与</th><th>身体健康</th><th>运动技能</th><th>心理健康</th><th>社会适应</th></tr>
<tr><td>学习目标与内容标准</td><td>自觉参加体育与健康课学习，学会合理安排锻炼时间</td><td>1. 通过多种练习发展反应速度和灵敏性
2. 了解合理安排作息时间对健康的益处</td><td>1. 学会篮球运动活动的方法
2. 在体育活动中避免粗野和鲁莽动作</td><td>1. 获得运动与快感
2. 了解自尊与自信的意义</td><td>1. 具有一定的合作精神
2. 指出体育活动中不道德的行为</td></tr>
<tr><th>学习内容</th><th colspan="2">学习步骤</th><th>预估课时</th><th colspan="2">辅助内容</th></tr>
<tr><td>以篮球为主独立的教学单元，辅助学习内容为游戏和体能发展练习</td><td colspan="2">1. 问题：如何打好篮球？培养对篮球的兴趣，学习有关理论知识，人手一球，熟悉篮球（运球、投篮）
2. 篮球传接球技术
3. 提问：怎样运好球？尝试练习运球、传球综合技术，半场教学比赛对抗中练习运球
4. 尝试多种办法的投篮，攻防中进行投篮
5. 运球、传球、投篮综合技术，教学比赛（分层练习）</td><td>1
1
1
1
1</td><td colspan="2">观看篮球比赛精彩片段，练习步法，了解篮球的基本知识
发展上肢（手指、手腕）力量，提高协调性练习
学习简单规则，了解常用的裁判知识
发展体能和反应能力跳绳和哑铃练习
抱球、传球接力游戏</td></tr>
</table>

学习内容	学习步骤	预估课时	辅助内容
以篮球为主独立的教学单元，辅助学习内容为游戏和体能发展练习	6. 抢传游戏、防守战术、教学比赛	1	“贴膏药”游戏
	7. 运球突破、一对一的过人技术（尝试——分层）	1	自我保护的基本方法 运球接力比赛
	8. 简单战术：传切配合；教学比赛	2	简单规则篮球比赛 发展灵活练习
	9. 考核	1	各种形式的跳跃练习 游戏：运球找朋友

（九）单元教学计划案例：武术单元教学计划

1. 教材分析

武术是我国传统的民族体育形式和健身方法。具有独特的技击性和内外合一、形神兼备、磨炼意志等特点，可以健身、防身、祛病，对发展全面身体素质、培养良好的品质具有积极的促进作用，是初中体育教学的重要内容。

2. 教学目标

引发兴趣，通过武术操、五步拳和少年拳（二）的教学让学生对于武术套路学习有一个基本的感性的认识，引导学生的勤学苦练，培养自信心和民族自豪感。学会尊重和爱护同伴，培养武德，形成对本民族文化的积极认同。

3. 教学重点

培养兴趣，使学生能真正喜爱武术锻炼。掌握基本技术，体现武术的技击特点和风格。重视武德，继承优秀的民族优良传统。注重基本功的教学，让学生掌握比较扎实的基础技能。

4. 单元设计思路和教学步骤

通过教与学，以“师生互动”的方式启发学生对武术的认识，引导学生学习武术的兴趣，从而自觉参加武术锻炼。教学内容少年拳（二）共由 12 个动作组成，动作简单易学，能体现出武术套路的基本的技击性，可以对基本的手形、手法、步法、腿法进行有效训练。

以基本功（柔韧性练习、武术操 1、2、3）及动作组合为出发点，动作设计简单，线路变化少，学生易学、易掌握，可增强学生学习的信心，从而为套路学习做好铺垫。通过少年拳的学练、展示、比赛、评价来充分发挥学生的自主能力。

在单元设计上本着循序渐进的原则，逐步增加学习内容（游戏、套路组合、展示等），学习目标的分层以及弹性的练习内容设计，使得不同层次的学生都能在学习中体会运动的快乐、成功的喜悦，让学生感受学有所得的成功体验，进一步激发学生学习的积极性，充分发挥学生的自主能力，一步一步地完成“学、练、熟、巧”的过程，从而提高技术水平。

单元的教法和学法设计方面注重激发学生的创造能力；在教学中，发挥学生的能动作用，培养他们互教互学、相互纠正、合作学习、创新学习的能力。

案例 2-15　水平四武术（少年拳）单元教学计划

学校名称：　　　　　　　　　　　　　　　　　　　　　　　　制表时间：　　年　　月　　日

领域	运动参与	身体健康	运动技能	心理健康	社会适应
学习目标与内容标准	1. 采用多种教学手段，让学生能够积极主动地参加武术学习，从而引导掌握正确的锻炼方法 2. 充分利用各种条件进行锻炼	1. 让学生认识、理解武术运用技击的特点以及对身体形态、技能发展的影响 2. 通过练习发展反应速度和灵敏性	1. 了解武术的基本知识。学生能够做出一套简单的武术套路，学会一种自卫防身术 2. 能够安全地进行武术训练，避免粗野的动作	1. 提高学生的心理承受能力，增强自信心 2. 培养良好的性格和武德精神 3. 通过积极的体育活动，逐步增强自尊和自信	1. 创造和谐、平等、友爱的运动环境，形成积极向上、乐观开朗的生活态度 2. 树立民族自豪感

学习内容	学习步骤	预估课时	辅助内容
主教材式武术基本功及套路，辅助教材为游戏搏击操和发展相关素质的内容	1. 基本功：手型、手法 2. 基本功：复习手型、手法，学习步骤步法 3. 基本功练习：学习五步拳 4. 基本功练习：复习五步拳 5. 基本功练习：学习少年拳1—6 动 6. 基本功练习：复习少年拳1—6 动 7. 基本功练习：复习少年拳1—6 动 8. 基本功练习：学习少年拳7—12 动 9. 基本功练习：复习少年拳7—12 动 10. 考核少年拳	1 1 1 1 1 1 1 1 1 1	武术操（1）武术操（2）动作组合练习：弓步冲拳——顶腾——马步冲拳 （往返重复） 动作组合：扑步穿掌 （往返重复） 动作组合: 拆解少年拳中的动作，重复练习 角力游戏、快速反应游戏搏击操小组合——配合音乐刀的冲拳、踢腿等动作组合 柔韧性练习：压腿、踢腿灵敏练习、协调性练习——结合基本功选择

（十）单元教学计划案例：发展跳跃能力单元教学计划

1. 教材分析

跳跃动作源于生活，与日常生活密切相关，本跳跃单元是以发展学生跳高能力为主的教学单元，在体育与健康课程标准中占有主要的地位。跳高能力与学生下肢力量、爆发力以及灵敏协调性密切相关，对于学生学习和掌握运动技能具有重要的意义。

2. 教学目标

培养参与体育锻炼的兴趣，了解跳跃运动的作用，掌握跳跃的基本原理，掌握发展弹跳力的方法，发展跳跃能力，主要是发展学生的垂直跳跃的能力，提高弹跳力。学习掌握一种跳高的技术。

3. 跳跃单元的设计思路

单元设计中先进行发展跳跃能力教学，在提高跳跃能力的基础上逐步融入跳高的技术教学。跳高是本单元教学的重点部分，解决助跑与起跳的结合则是其中的关键所在。

在跳高教学内容的安排上，学生根据自己的能力和特点选择跳高的过杆方式进行学习。有针对性地安排一些诱导性练习作为辅助内容，以进一步促进单元教学任务的顺利完成。

案例 2–16　水平四发展跳跃能力单元教学计划

学校名称：　　　　　　　　　　　　　　　　　　　　制表日期：　　年　　月　　日

领域	运动参与	身体健康	运动技能	心理健康	社会适应
学习目标与内容标准	1. 自觉参与体育与健康课学习 2. 能够利用业余时间进行体育锻炼	1. 发展灵敏和协调性，发展下肢的弹跳能力 2. 认识理解体育锻炼对身体发展的影响，根据自己的身体特点选择适合的练习手段	1. 学会适合自己的跳高方法，能够安全地进行跳高锻炼 2. 设置适合自己的体育学习目标，正确地评价自己的运动能力	1. 勇敢果断地征服新高度 2. 建立征服困难的信心	1. 学会获取现代社会中体育与健康知识的方法 2. 能够进行学习，养成互相帮助的习惯

学习内容	学习步骤	预估课时	辅助内容
以发展弹跳力和进行各种跳高练习为主的教学单元，辅助学习内容为速度和柔韧性	1. 简介发展跳跃能力的重要意义，发展弹跳的一般练习如摸高、头顶高物、脚尖触高等	1	压腿和踢腿，发展协调性游戏 培养勇敢果断精神的练习；拓展练习——背摔
	2. 原地双脚跳上一定高度的垫子；双脚跳过橡皮筋；短距离助跑跃上一定高度的跳高垫子	1	加速跑、高抬腿跑；接力跑比赛 追逃游戏、跳绳、跳台阶连续跳过立起小垫子
	3. 原地跳高：背越式原地跳高练习（模仿练习、跳过立起的垫子、跳过橡皮筋）	1	柔韧性：背弓练习、变速跑、S形跑
	4. 助跑起跳模仿练习；助跑跳高的尝试，可以采用跨越式、背越式或其他动作进行跳高的练习	1	跳高的简单规则和裁判方法游戏：兔子跑、袋鼠跳、青蛙绳加助跳板跳高
	5. 分组(异质分层)进行跳高练习、比赛；学生组织比赛	2	连续跳过较低高度的障碍物
	6. 进行跳高的考核（跨越式或背越式）	1	

（十一）单元教学计划案例：排球单元教学计划

1. 教材分析

排球运动是由参与运动的人以身体的任何部位相互在空中击球，使球不落地，既可以隔网进行比赛，也可以不设网进行击球游戏的一种体育项目。教学中注重培养学生的参与性和练习兴趣。

2. 教学目标

（1）积极参与排球的学习，运用所学技术积极进行自觉的锻炼，学会合理安排时间。

（2）了解排球的基本知识，能安全地进行该项目运动，学会欣赏排球比赛，学会在不同环境下进行排球活动。

（3）发展体能，提高身体健康水平。

（4）利用体育运动调节心理状态，在运动中学会控制情绪。

（5）学会在体育活动中表现出适宜的自信心。

3. 组织教学

教学步骤安排上应先易后难，利用提问的形式展开教学，让学生积极主动地体验、探究、尝试排球运动，发挥学生的自主能力。通过设计大量的辅助教学内容全面实现单元教学目标。

4. 教学重点

掌握传、垫球的技术。围绕重点采用个人练习、多人协作练习，利用对墙传、垫球、一抛一传、对传球等多种教学方法进行教学。

案例 2–17　水平四排球单元教学计划

学校名称：　　　　　　　　　　　　　　　　　　　　　　制表日期：　年　月　日

领域	运动参与	身体健康	运动技能	心理健康	社会适应
学习目标与内容标准	1. 自觉参加体育与健康课的学习 2. 积极参加课外的各种体育活动	1. 通过排球运动发展反应速度和灵敏性 2. 认识理解体育锻炼对身体机能发展的影响	1. 了解基本的技术和战术知识，了解所学项目的竞技规则 2. 掌握进行排球运动的部分基本技术	1. 在体育活动中表现适宜的自信心 2. 学会自我暗示的方法 3. 了解实现目标可能遇到的困难	1. 在练习和比赛中，与同伴合理分配角色 2. 能简单评价排球运动，学会欣赏排球比赛

学习内容	学习步骤	预估课时	辅助内容
以排球为主的教学单元，辅助内容为与排球相关的素质和游戏练习	1. 排球基础知识：起源、场地、位置、发球轮换、规则，准备姿势和移动 2. 尝试练习并解答问题：怎样将球打到指定的位置，学习正面下手（上手）发球 3. 尝试并解答问题：一个人连续击球时，怎样才能使排球不飞走，学习正面双手垫球和正面双手传球 4. 两个或多个人玩排球怎样才能控制好球，双人的互相传球和垫球 5. 教学比赛（低网），了解排球的基本规则和基本裁判方法 6. 考核两人的传球和垫球	1 2 2 2 1 1	观看排球比赛的录像 游戏：指东打西 折返跑 自垫球比多游戏：打龙尾 扣吊球的练习 发球比准 抱球接力 利用软排的传垫球和教学比赛 排球规则和裁判法 游戏：花样跳绳 素质：跑跳练习

第三节　体育教学模式的设计与构建

本节主要内容：体育与健康课程教学模式的设计；体育与健康教学模式的选择。

一、教学模式

教学模式是按照一定原理设计的一种具有相应结构和功能的教学活动模型或策略。

根据这个定义，教学模式涉及到教学系统、教学过程、教学形式和教学方法，并强调以一定的理论作为依据，但更倾向于提供如何有效地到达既定教学目标的程序和策略，具有较强的实践性、可参照性、操作性、创造性。教学模式还不同于教学方法和教学组织形式，它只是一个实践的框架，而不是具体的教学方法和教学组织形式。

首先，教学模式是按照一定的原理设计，是反映特定的教学理论逻辑轮廓的，因此，不同的教学模式在结构和功能上就会是不同的。如我们比较熟悉的系统学习的教学模式，是以教师的系统讲授，学生的系统记忆和复现知识技能为中心的，基本特点是以学习系统的书本知识为主，注重基本知识的掌握：以教师的讲授为主，重视发挥教师的主导作用：以班级授课的组织形式为主，偏重群体教学。主要目的是使学生按照教学计划，教学大纲的规定，系统而牢固地掌握教材（知识），并把这种知识内化为学生的认识和能力。系统学习教学模式认为学生学习和掌握书本知识和技能的过程也是一种认识过程，强调系统教学要遵循人类认识的一般原理，就是从生动的直观到抽象的思维，并从抽象的思维到实践的过程。

其次，任何一种教学模式都有其独立的结构特点。如系统学习一般把操作程序分为感知、理解、巩固和运用四个阶段，几个阶段互为作用，各阶段学习的掌握以教材内容的特点、学生发展的特点及教师的教学理论素养与经验等各有不同。

再次，教学模式具有较强的实践性，它影响着教学形式的选择和教学方法的使用，因为教学模式的发展本身就是与教学实践紧密联系的，既来源于教学实践，又必须通过教学实践的检验来证明其可行性和有效性。从这一点来看，教学模式的应用和发展不是孤立的，它既受到教学理论的发展而变化，也因为实践的丰富而发展。

二、体育与健康课程教学模式设计

体育与健康课程的教学模式，就是为实现学校体育的目的，根据一定的教学理论，由学校和教师共同制定的体育与健康的教学方案、教学内容及教学组织形式和教学方法选择的具体典型样式，并由体育教师具体实施，作用于学生个体的一种教育活动过程。

（一）体育教师离教学模式并不远

多年来，虽然体育教师并没有专门研究教学模式，但运用某种教学模式进行教学却是很平常的事情，如下面这种教学模式就是大家很熟悉的。

（1）参照“系统学习”理论，以掌握运动技能为主线的教学模式。

这是多年来采用的一种教学模式，主要根据“系统学习中的感知、理解、巩固、运用”的认知规律，遵循“泛化、分化、定型、自动化”的运动技能形成规律，来设计教学活动，使学生逐步掌握运动技能、身体素质得到相应的发展。

（2）这种教学模式的主要教学过程结构：教师根据学生的一般情况和教材特点，制定出教学计划——根据计划的安排，采用讲解、示范、正误对比等方法让学生感知、理解动作概念，明确做什么和怎么做——学生根据自己的理解按照设计好的形式和方法进行练习，教师在分解和完整练习中主要以纠正错误法进行指导——运用游戏法和比赛法巩固所学动作，加快掌握动作的进程——进行终结性评价，促进运动技能的形成。

（3）教学过程结构：计划——感知——复习——巩固——掌握。

案例 2–18

某教师进行初一男生跨栏跑教学，单元由 5 课时组成，内容按课题难度依次排列；每次上课先进行一般性准备活动，再进行专项的准备活动，然后进行对跨栏技术要领的讲解。随后是练习与中间讲解，最后进行技能学习情况总结和放松活动后下课。

从以上依据的原理和教学过程结构中可以清楚地看到，这是以现有的知识为主，按照教师对知识的理解，以较为固定的学习程序进行学习的教学过程。这种教学模式的长处是以接受性学习为主，能够保证一般（普通）学生在较短的时间内系统地、循序渐进地掌握相关知识和技能，便于教师对教学过程的组织和调控。由于多年的学习习惯，学生也比较习惯这种学习方式。但由于这种教学模式往往使学生处于被动的学习状态，在培养学生的创造性思维方面会有所不足，同时这种教学模式通常只是面向“中等生”，不能充分地照顾到“优等生”和“差等生”，如果不能有效地激发学生学习动机，在一定程度上会影响学习积极性，产生学习效果不理想的状况。

（二）学习目的不同，寻找运用合适的教学模式

近年来，各种现代教学理论不断涌现，启发着人们去寻找和创造新的教学模式，以适应飞速发展的现代社会。尽管这些教学模式的理论来源不同，但都在不同程度上影响和促进了体育教学向前发展。但归根结底教学模式是为教学服务的，必须是以促进学习的发展为己任，所以在教学实践中是为了更好地学习而寻找合适的模式，而不是为学习中的单纯求新而寻找模式。

为什么会有模式，因为是实践的需要。人们在实践中，尤其是重复性较强的工作中，不能总是反复探索如何去做，在一定的探索之后会形成相对固定的操作方式，人们也常将

其称之为经验，有了这种经验，工作可以相对轻松、快捷，新手也可以尽快胜任工作。

如上面提到的以掌握运动技能为主的学习，目的是以学习和掌握某个体育项目的固定运动方法，这是前人总结出的比较先进和有着较强规律性的运动过程，注重的也是运动技能的传授和学习过程，因此，往往采用的是系统学习的理论。

（1）以“问题”为核心，以启发学生的积极思维为目的的教学模式。随着体育教学理论的发展，在实践中不光是以传授体育技能为主要目的的教学对教学模式提出了新的要求。如在部分体育课项目的学习中，为了使学生明确为什么这样做和怎样做更好而采用的“问题式”学习模式，对在体育学习中培养学生学会体育学习有深远的意义。

（2）这种教学模式的主要教学过程结构：教师根据学习内容，设定“问题”的基本发展思路——尝试性练习前或后，提出问题，由学生在练习中体验和寻找答案——师生共同探求较为合理的答案或练习方法——体验筛选出的答案或练习方法，借以提高对动作的掌握——按照问题、答案的方式继续在探讨中练习，直至达成目标。

（3）教学过程结构简图：设置问题——练习中提出问题——活动中寻求答案——练习中验证答案——活动中目标达成。

案例 2–19

（1）教学目标：篮球运球的方法探讨，在体验与活动过程中养成对体育动作的思维习惯，为自我体育运动打下基础。

（2）教学内容：篮球的几种运球方法（高低运球、行进间运球、换手运球）

（3）问题设置：①用你认为最恰当的词来描述原地运球时手和球之间的关系。②高运球时身体的哪些部位用力，低运球时如何？

（4）教学手段：①集体练习与个体展示交替进行；②小组讨论与大组发言交替进行；③教师评判与同伴评优交替进行；④验证与模仿交替进行。由于这种教学模式是在提出问题——寻找答案中的学习过程，而不是直接给出标准的答案或练习方法，因此学习中的思维活动比较活跃，与接受式学习的发展又有所不同，在小学高年级和初中阶段提高学生的参与意识具有积极的作用。

（三）以身体锻炼为主要目的的教学模式

体育教学是以身体的感受、发展为主要学习过程，因此，重复性的练习占据了重要的位置，尤其是技能性不太强而对提高体能有显著作用的练习在体育教学和活动中不在少数。尽管有时采用的方式方法有所不同，但目的是一样的。

1. 这种教学模式的主要教学过程结构

在基本掌握某项运动方法的前提下，根据学生的具体情况，提出练习的量和强度——分小组或个体进行练习——通过测试等过程评价手段提高练习的积极性并适当提高练习标准（目标）——投入新一轮的小组或个体练习——结合终结性评价确定达到的目标。

2. 教学过程结构

练习设计——小组练习——过程评价——升级练习——目标达成，这种模式是在练习——评价——再练习的过程中发展的，因此，练习的形式虽然简单，但也不能只是没有变化的重复，将游戏、比赛、花样练习糅进练习中是十分必要的。同时，过程评价的作用也是不可忽略的，因为学生在较为重复的活动中，希望看到自己的进步，为继续练习增强信心。

（四）以发展合作精神为目的的教学模式

体育不乏竞争，但合作也是必需的，培养学生的合作精神，提高协作能力是体育教学中的任务之一。相应的以体现合作精神为目的的合作学习模式在体育学习中体现出来，不但使学生的合作精神和协作能力有了提高，由于采用的学习方式对路，提高了学习的主动性，学习质量也得到了明显的提高。

1. 这种教学模式的主要教学过程结构

选定可以进行合作学习的内容，根据学生的基础情况，按照一定的方式进行尽可能合理的分组——以小组为单位按照统一的方式进行练习——对小组而不是针对个人的过程评价——按原小组继续进行练习——以小组为单位进行终结性评价，小组成绩即是小组内每一个人的成绩。

2. 教学过程结构

合理分组——分组学习——过程评价——分组练习——终结评价。

案例 2–20

（1）教学目标：运用分组学习和考核的方法，学习田径接力跑下压式传接棒技术，发展奔跑能力，体验互帮互助的合作学习过程。

（2）教学内容：利用下压式传接棒的接力跑。

（3）教学步骤：为 4 次课的单元教学。

（4）分组与学习。

第一次课上，根据以往快速跑成绩，4 人编为 1 组。以组为单位学习下压式传接棒，在课的后程进行 3 次 4 × 25 米跑的比赛，巩固和检验练习效果，要求每次练习后都要在一起总结组内的传接棒技术。

在后 3 次课当中，每节课均以小组为单位进行考核，组内最好成绩即是每个成员的最后成绩。通过进行 4 次 4 × 25 米跑、3 次 4 × 50 米跑、两次 4 × 100 米跑三个项目的练习来巩固传接棒技术，发展学生的速度素质，提高学生的分析观察能力，培养他们的协作精神。

在每次练习之前，注意让学生一起击掌为其加油，然后组内复习传接棒技术。每一次练习之后，要求第四棒同学向其他 3 人通报考核成绩，并一起分析其中的问题，找出纠正方法，做到互相鼓励互相帮助。

这种模式从开始到一个单元的学习结束，都是在相对固定的小组内进行，小组的利益与个人息息相关，因此，小组内的凝聚力在整个学习过程中占据很重要的位置，强要扶弱，弱要赶强，小组的领衔人物也能体现出重要的作用，对学生的自我锻炼确实起到了积极的作用。

（五）以增强学生自信心为目的的教学模式

在体育教学中培养学生的自信心确实有着其他学科不可替代的作用，过去在体育教学中由于学习评价基本都是一把尺子一个标准，在一定程度上忽略了学生身体的个体差异，在一定程度上损伤了相当一部分学生的自信心，也往往使这部分学生远离了体育，这是我们不愿意看到的。以增强学生自信心为主要目的的学习模式，正是通过体育学习重树自信心，在体育中锤炼自己。

这种教学模式的主要教学过程结构。

根据学生的具体情况，师生协商确定学习项目并制定较为合理的学习目标——按具体情况划分学习小组并在教师的指导下进行练习——过程评价并对学习目标适当调整——在教师的指导和同学的帮助下继续练习，直至达到目标。

教学过程结构简图：

协商选择内容和制定目标——自主学习——检测调整——目标达成。

自信心的提高不能只通过降低难度等方式来实现，锻炼提高的过程是必需的，在练习过程中教师的指导鼓励也是必不可少的，如果能用同伴间的亲身经历加以激励，效果往往事半功倍。

（六）选择式体育教学模式

（1）含义及教学指导思想：这也是一类教学模式，是主张通过让学生对学习内容、学习进度、学习参考资料、学习伙伴、学习难度等因素进行一定程度的自选自定，调动学生的学习积极性和主动性，在一定程度上满足学生在运动学习中的不同需要，并在自主性、自立性较强的学习过程中形成学生的学习能力的教学模式。

（2）教学过程的结构特征：其教学过程结构会根据可选内容的不同有一定的差异，在模块的规模上也有较大的变化；有让学生选择不同学习内容的模块（如半学期或一学期），也有只让学生选择学习难度和进度的常规模块，课中多以“同一课题小组”（进行同样选择的学生组成的小组）进行学习为主，教师轮回教学和指导，这种教学模式适应有一定学习基础的高年级学生。

教学过程结构：选择项目——分组——设定锻炼目标——分组练习——测评。

案例 2–21

某校负责高二体育教学的 J 教师、K 教师和 L 教师在前半学期分别上完必修模块之后，共同在后半学期（18 ~ 20 课时）进行“球类选择制教学”内容有篮球和手球（由 J 教师负责）、排球和足球（由 K 教师负责），乒乓球和羽毛球（由 J 教师负责）。高二整个年级根据统一安排，在一定程度上打破班组进行项目的选择，设置适合自己的锻炼目标，学习过程中间一般不得改变选项，上课以训练课的形式进行，在教学中选择合适的评价形式，督促自己完成锻炼目标。通过较细致的学习、练习及评价使学生的运动技能有比较明显的提高。

三、体育教学模式的选择

以上列举了几种在体育教学中比较常见的教学模式。任何一种教学模式都有其局限性，如“问题式教学模式”，在教学中全面运用也是不合适的，或者说是行不通的，如不能排除以适当的传授为主的系统学习模式的运用。因此，不要只强调某一种教学模式，有意或无意地排斥或贬低其他教学模式，不要泛泛地评论某种教学模式的好坏，务必根据不同的需要和可能加以选择，不可将任何一种教学模式绝对化。一般体育教学模式的选择应考虑以下几个方面。

（一）根据教学目的选择教学模式

任何教学模式都是为实现一定的教学目的和目标服务的，这是选择教学模式的首要因素。教学的目的和目标不同，所采用的教学模式应该是不同的。如要尽快地掌握某项运动的知识和技能，系统学习的教学模式就有较大的优越性，如果注重体育学习中的思维培养，培养学生养成为什么这样做的习惯，问题式教学模式有其独到的功效。

（二）根据学生发展水平选择教学模式

这里指的学生的发展水平主要是学生学习能力的独立性程度。独立性差，对教师的依赖性强，反之独立性强，对教师的依赖性就差，注重这个因素，就是为了避免事倍功半的教学效果。

（三）根据教学条件选择教学模式

体育教学过程离不开一定的教学条件，教学模式的选择也是不言而喻的。另外，教师运用任何一种教学模式都必须对此做深刻的了解，熟悉掌握它才能做到运用自如，避免生搬硬套。

四、体育与健康课程教学方法设计

关于教学方法的有关理论不再赘述，以下几种教学方法供大家参考使用。关于教学方法的分类，由于所持理论不同，分类的方法也有所不同。但教无定法，贵在得法，结合自身的特点，吸收古今中外行之有效的教学方法，创造性地运用各种教学方法是不言而喻的。在这里提出几种教学方法，如探索法、相似技术教学法、体验法、目标追求法，供大家在体育教学中参考。

（一）探索法

其主要是在"问题式教学"过程中使用。根据教材特点和学生的认知水平，创造问题情境（提出问题、布置任务和实验作业），组织讨论或练习探索解决问题的可能方法、证实结论的正确性，学生则通过讨论或练习，根据以往的经验和知识，发表关于解决问题的办法或建议，选出解决问题的最佳方案。

这种教学方法是用于培养创造性的学习认知活动，对学生理解某项运动方法的原理、进行课后的独立性学习等方面有积极意义。但由于探索学习过程需要更多的时间，在培养和形成运动技能技巧方面，效果不是很明显。学习的教材难度不宜太大，像学习武术的套路，学生因受到武术基础的限制，运用这种方法，收效往往不理想。由于运动密度相对较小，体能的发展也受到一定的制约。

（二）相似技术教学法

把教材体系中各种动作结构基本相同、技术环节基本相似的技术动作加以分析归纳，找出等同的规律，以利减少学习难度，增加学习效果。许多体育动作尽管在动作外形或动作顺序上有所差别，但也存在很多共同之处，如能在教学设计中找出其中的共同规律，加以合理安排教学顺序和选择恰当的组织措施，就能利用较少的时间，掌握更多的技术动作，加快教学进程。如大家在武术教学中经常采用的将套路中的各种腿法动作抽出来，集中学习，然后再做套路的学习，对武术学习产生了积极的作用。

采用这种教学方法时，一般要根据由易到难、由简到繁、由浅入深、相互诱导的原则，使动作技术连续强化，加快建立牢固的动力定型。

（三）体验法

其是在教师的引导和组织下，让学生在学习活动中自主地去认同学习的内容、体验学习的过程、领悟学习的知识和技能。体验法通过自主和积极的情感体验，使学生的情感、态度等意向活动与学习活动形成有机的联系。

多年来，在教学过程中，教师一般习惯于先讲解、示范，再组织练习的方法。而体验法则是先让学生在尝试性练习中得到动作和情感的亲身体验，再在此基础上开展指导性学习。这种体验既包括运动练习中的体验（如有氧练习中控制自己跑速的学习，不通过切身的体验很难把握，只有在各种跑速的亲身体验下，结合教师的理论指导，才能很快领悟其中的学习实质），还包括对同伴动作评价、创编动作等方面的各种体验（如健身操的基本动作学习后，课后以小组为单位进行组合动作的创编，下次体育课进行展示，对学生更进一步地认识和掌握体育运动的方法有积极的意义）。

在运用体验法时，应将体验尽量建立在原有知识基础之上，使学生尽快投入学习过程。另外，既然是体验过程，出现错误动作和错误言论是不可避免的，这也正是体验的优势所在，学生可以从多个角度去观察评判，当然教师的指导作用也是决不可忽略的。

（四）目标追求法

根据一定的条件，提出一个富有吸引力的，具体的奋斗目标，组织一定范围的人群去追求。这个目标可以是既定的，也可以是发展性的。如：为了提高大家的协作意识和合作能力，开展一个“一平方”活动，就是在一个只有一平方米面积的平台上，比一比哪个班在上面站的人最多。既有规定条件，一个平方，每个人必须有一直脚踏在平台上，也有发展性条件，平台上的人数不受限制，站得多又合乎条件的班为胜。

案例 2–22

（1）教学目标：了解民族体育的部分活动方法，在相互鼓励下学会踢毽子，培养竞争意识。

（2）教学内容：小组结合踢毽子。

（3）教学步骤：利用 2 ~ 3 周内的两次体育课及课外活动。

①同质或异质分组，2 ~ 4 人一组，学习踢毽子。提出目标：如 4 人传踢超过 50 次为优秀（相应的传踢方法自定）。

②在复习的基础上进行评价和比赛，比赛以擂台赛的形式进行。

选择课外活动的适当时间，进行多人传踢毽子的擂台赛或破纪录赛。

此方法看似为了最后的目标实现，但大家在一起进行练习的过程就是一个锻炼和提高的过程。许多人在一起，光靠七嘴八舌是解决不了问题的，总要统一到一个合适的方法上来。目标的制定既不能太难，也不能太简单，既要有吸引力，条件又不能太苛刻。

五、五种常见体育教学模式与案例

（一）成功体育教学模式与案例

成功体育原本起源于成功教育，而“成功教育”旨在使学习困难的学生获得诸方面成功的一种教育。从宏观层面上理解，我国近些年来的教育改革均把发展学生的个性放在相当重要的位置，体现了教育要让学生具有自我发展能力的趋向。成功教育是从研究“差生”问题开始的，明确提出培养学生自我发展的能力，并把这种能力的形成看作是成功教育的某种终极目标。成功教育摒弃了外压式的教育，着力于学生的智力与非智力素质的和谐发展。成功教育把培养学生成功者心态由抽象的个性发展落实到具有十分明确的操作要求，不仅与我国教育由忽视个性走向自我发展的趋势吻合，还可以说走在这种趋势的前列。成功教育最根本的最切实的任务就是解决义务教育的质量的提高问题。

成功教育者认为学习困难学生同其他学生一样，具有很大的发展潜能，他们的困难是暂时的，可以克服的，他们也有获得成功的愿望和需要。而学习困难学生形成的主要原因是，他们在学习过程中反复失败形成了失败者心态。在教育、教学过程中根据学生实际，调整教育、教学的要求、进度，“低起点、小步子、多活动、快反馈”；从而使教育、教学过程具有针对性、可操作性和实效性。成功教育坚持对学生实施鼓励性评价，其立足点是从学生原有的基础上，发现和肯定学生的每一点进步和成功，增强自信心。成功教育思想注重非智力因素的培养，以期使学生的非智力心理品质不断得到改善，特别重视学生的自信心、意志力、成就动机培养。

体育教学中的成功不像其他学科具有内在隐蔽性，而是具有鲜明的外显性，这也给体育教学中的成功教育造成一定的困难，因为体育教学，特别是在竞赛活动中，学生的名次排列非常明显，对于那些名列前茅的学生当然是一种极大的鼓励，但对于那些在大庭广众之下表现出名落孙山的学生则是一种极大的刺激。因此，要搞好成功体育，就需要采用各种教学策略，才能相对避免一些尴尬的场面，达成好生、相对困难生的预期效果。

1. 教学理念

由于班级教学中学生之间差异是难免的，而我们教学宗旨是针对每一个学生都能获得一定的成就感，特别是弱势群体，我们要给予特别关爱，但是在具体的教学中，因班级人数过多，体育教师往往忽视了部分学习相对困难的学生，因此该模式主要针对一些学习相对困难学生的教学形式，采用降低学习难度、学习要求，并通过学生之间的“让位”“教师的相对评价”等形式帮助学习相对困难学生建立学习运动技能自信心与积极性，发挥运动技能较好学生的优势，互帮互助，共同并成功地学会运动技能。

2. 教学目标

使全体学生体验运动学习的成就感，特别是基础较差的学生，也能在相对条件下掌握运动技能。

3. 教学方法

采用降低难度法、相互帮助法、条件限制法等。

4. 教学评价

采用相对评价、降低难度评价、自我评价等。

5. 举例说明

（1）教学对象：初三男生。教学内容：单手肩上投篮。素质练习：快速跑迎面接力或追逐跑。单元学时：2 课时。

（2）具体安排：

【第一课时】

教学目标：

①认知目标：学生通过学习，认识正确的单手肩上投篮的动作要领；在教师的指导下，理解单手肩上投篮技术的动作原理。

②技能目标：学生通过学习，85% 以上的能正确做出单手肩上投篮的动作，15% 以上的动作协调，能在正面 4 米的距离内，10 次投篮进 2 个以上。

③体能目标：在练习的过程中，锻炼学生上下肢协调、快速跑中的速度等身体素质。

④心理与社会适应目标：学生在学习过程中认真听讲，积极参与练习，学会和同学相互协调、讨论、评价，在课堂中体验成功；培养学生相互协作，积极思考，认真学习的态度，顽强的优良品质。

教学重点：学会正确的单手肩上投篮动作。

教学难点：用力的协调性。

基本部分讲学过程：

①基本教学步骤。

● 学生徒手练习。

● 2 人一组对投练习。

● 优秀学生展示。

● 教师示范讲解。

● 教师指导、纠正评价。

● 投篮练习。

②成功教学策略步骤。

根据学生的技能掌握情况进行分组，选择不同练习手段，其中，课堂掌握没达到课堂目标的学生或学习较为困难的学生，采用以下教学策略：

● 离投篮学生 3 米距离的地面，换一个半径 20 厘米的圆，学生投过一定高度，采用单手肩上投篮进行投准练习。

● 篮圈设置为 2.8 米高的投篮练习。

● 在篮圈正面，设置不同距离的投篮练习，距离分别为底线 2 米、3 米、4 米。

● 在离篮圈中心点 3 米的距离，设定 30 度角、40 度角、90 度角、135 度角等不同角度的投篮练习。

③分组迎面跑接力快速跑素质练习。

【第二课时】

教学目标：

①技能目标：学生通过学习，在成功的体验下，85% 以上能较熟练地做出单手肩上投篮。认知目标：学生通过学习，掌握正确的单手肩上投篮的动作知识，领会动作要领。

② 15% 以上能在罚球线，运用单手肩上投篮达到 20% 以上的命中率。

③体能目标：在篮球练习的过程中，锻炼学生上下肢协调，快速跑中的速度等身体素质。

④心理与社会适应目标：学生在学习过程中积极参与练习，学会和同学相互协调，讨论、评价，在课堂中体验成功；培养学生相互协作，积极思考，认真学习的态度，顽强的优良品质。

教学重点：动作正确、协调、熟练。

教学难点：提高投篮命中率。

基本部分教学过程：

① 基本教学步骤。

● 学生复习原地单手肩上投篮。

● 投篮练习。

● 教师对达到要求的学生，给予肯定的评价。

● 优秀学生展示。

● 学生投篮比赛（技术掌握好的进行罚球线投篮练习、比赛）。

② 针对技术掌握不扎实的同学，采用以下教学策略。

● 不同距离的投篮练习、比赛（3 米、5 米、罚球线）。

● 在 3 米或 5 米的距离，设定不同目标的投篮练习、比赛（7 次投篮进 1 球、2 球）。

● 在离篮圈中心点 4 米的距离不同角度的投篮练习、比赛（30 度角、45 度角、90 度角、135 度角）。

③ 分组追逐跑素质练习。

（二）快乐体育教学模式与案例

快乐体育曾经在我国的体育教学领域中非常火爆，似乎每个体育教师都异常激动地学习与模仿快乐体育，但是随着快乐体育在体育教学实践过程中所暴露出来的一些问题，而这些问题又在理论上不能得到完满的回答，因此，曾名噪一时的快乐体育非但失去了昔日的美丽的光环，而且还有很多的人反其道而行之，大肆攻击、批评所谓的快乐体育，笔者认为这也是很不理智的做法。

快乐体育是个舶来品，日本学者认为“快乐体育教学是重视每一个不同运动所具有的独特乐趣，并可以快乐地从事运动学习，把运动中内在的乐趣作为目的和内容来学习的一种体育”。同时认为其基本宗旨是：把运动作为体育追求的目标而不仅仅是手段，把运动作为学生将来生活的内容来教给学生，让他们能够理解、享受、掌握和创造运动，使运动文化成为自己生活内容中不可缺少的一部分，直至终生。

从本质上说，快乐有各种不同层次上的含义，有粗浅的快乐、有深层次的快乐，有身体上的快乐，有精神上的快乐；有顺利的快乐，也有克服困难的快乐等等，那么什么是体育教学中的快乐呢？笔者认为，必须结合体育教学中的本质来谈论快乐，这种快乐主要建立在躯体运动的快感，而这种快感的建立需要建立在一定难度的运动技术之上，为什么游乐场上的各种玩具头几次玩玩还行，但多次之后就腻了，这主要的原因是那些玩具缺乏一定难度的技术，更缺乏人与人之间的竞争性，所以我们在实施快乐体育教学时，不能只是一味满足学生粗浅的快乐，即不能丢弃与牺牲运动技术的难度，否则快乐体育教学又将成为操场上的游乐园。

1. 教学理念

该模式主要侧重于学生对运动的情感体验，因此，在练习过程中可以安排一系列的运动、学习、挑战活动，交流与简单的创造性教学活动，使学生充分体验运动的乐趣。由于学生学习的层次与程度不同，有的学生很快学会了运动技术，有的学生则暂时不能学会运动技术，这就需要采用分层次教学的手法，对于一些学习较快的学生，提高其学习的难度，让他们挑战运动技术的高度、远度、难度等，体验不同层次的快乐；而那些学习相对困难的学生则从低难度开始，在不断提高难度的条件中体验克服困难的快乐。因此，该模式以选择适合自身技术难度的运动为基点，在不断的学习与挑战中体验运动的快乐。

从目标的达成角度而言，运动技能的掌握与运动乐趣的获得并不矛盾，没有运动技能的掌握，学生不可能体验运动的乐趣，更不能达到运动娱乐的目的，而运动的快乐又可以促进学生更有兴趣和动力地去学习运动技能，因此，它们两者之间是相辅相成的。学校体育和体育教育既要通过各种手段激发学生运动学习的乐趣，同时更要帮助学生解决运动学习中的各种困难，使学生在挑战各种运动技术难度的条件下实现运动的快乐。

2. 教学目标

快乐体育的目的主要着重于在运动技术学习过程中发展学生的感情因素，注重学生的情感体验。学生在不断的练习中体验成功的快乐，尝试的快乐，挑战的快乐，在分层教学的引导下，激发学生学习的兴趣，并掌握运动技术动作。

3. 教学方法

采用分层次教学法，不断提高难度法、相互帮助法、自主选择条件法等。

4. 教学评价

采用相对评价、降低难度评价、对比评价、自我评价等。

5. 举例说明

（1）教学对象：初二男生，50 人。教学内容：山羊分腿腾跃。单元学时：2 课时。

（2）具体安排：

【第一课时】

教学目标：

①认知目标：学生通过学习，认识正确的分腿腾跃的动作要领；在教师的指导下，理解分腿腾跃的动作方法。

②技能目标：学生通过分层次学习，在 3 ～ 5 步的助跑下，85% 以上学会正确分腿腾跃，15% 以上的学生能在分腿腾跃过程中，腿伸直，推手快速、有力。

③体能目标：在练习中，锻炼学生力量、速度等身体素质。

④心理与社会适应目标：学生在学习过程中积极参与练习，积极思考，学会与同学相互协作、讨论、评论，在课堂中体验到快乐，培养学生相互协作，积极思考，认真学习的态度，勇敢、果断、坚毅的优良品质。

教学重点：学会正确的分腿腾跃。

教学难点：克服心理恐惧，掌握分腿腾跃的方法。

基本部分教学过程：

①组别设置。

● 70 厘米高的山羊。

● 100 厘米高的山羊。

● 120 厘米高的山羊。

● 140 厘米高的山羊。

②要求。

● 根据自己所学情况自由选择山羊高度。

● 在练习中可以根据自己的掌握技术情况再次自由选择组别。

● 根据学生需要自主选择踏跳板的距离。

● 在练习过程中，可根据自身的实际情况和掌握情况，随时调整组别。

③练习步骤。

● 游戏跳背（感受分腿腾跃）。

● 教师讲解示范。

● 学生在踏跳板上支撑山羊分腿腾跃。

● 学生 3 ～ 5 步助跑分腿练习。

● 保护帮助下，3 ～ 5 步助跑的分腿腾跃山羊练习。

● 教师指导、评价。

● 3 ～ 5 步助跑分腿腾跃山羊练习。

● 学生自愿展示，对表现好的同学给予肯定。

● 分腿腾跃山羊的完整练习。

【第二课时】

教学目标：

①认知目标：学生通过学习，体会正确的分腿腾跃的动作要领；在教师的指导下，感受分腿腾跃的动作方法。

②技能目标：学生通过快乐学习，在第一次课的基础上，85% 以上的同学，在 20 米的助跑范围内，1 米的踏跳距离内，正确地使用分腿腾跃山羊；15% 以上的学生能在分腿腾跃过程中，腿伸直，推手快速、有力，并有一定的远度。

③体能目标：在练习过程中，锻炼学生力量、速度等身体素质。

④心理与社会适应目标：学生在学习过程中认真听讲，积极参与练习，积极思考，学会与同学相互协作、讨论、评价，并在课堂中体验到快乐；培养认真学习的态度；锻炼勇敢、果断、坚毅的优良品质。

教学重点：推手快速有力。

教学难点：克服心理恐惧，要求姿态优美。

基本部分教学过程：

①组别设置。

● 70 厘米高的山羊。

● 100 厘米高的山羊。

● 120 厘米高的山羊。

● 140 厘米高的山羊。

②要求。

● 根据自己所学情况自由选择层次。

● 在练习中可以根据自己的掌握技术情况选择组别。

● 踏跳板根据自己的需要选择。

● 助跑距离 20 米以内，自由选择。

● 踏跳距离 1 ~ 2 米之间，自由选择。

③练习步骤。

● 复习分腿腾跃，强化推手练习。

● 游戏过障碍。

● 学生展示分腿腾跃山羊，并评价。

● 教师指导，分析。

● 学生 6 ~ 8 步助跑分腿腾跃山羊练习。

● 教师巡回指导、评价。

● 学生自愿展示、评价。

● 挑战性练习：

1.5 米踏跳距离，在不同的组别下谁做得好。

比一比分腿腾跃中谁的脚尖绷直。

尝试挑战自己的下一个山羊高度。

在已有分腿腾跃山羊的高度的基础上，自主选择挑战更远踏跳距离。

看一看，哪位同学，分腿腾跃落地前有第一腾空。

● 学生自愿自挑战极限，并展示。

（三）启发式体育教学模式与案例

启发式也称“发现式”，发现的观念由来已久。苏格拉底的“产婆术”就是帮助儿童直接发现他们自身世界的重要性；以卢梭为代表的自然主义教育学派和以杜威为代表的实用主义教育学派，也都强调儿童独立发现的重要意义。此外，德国教育家第斯多惠曾说过：“一个坏的教师奉送真理，一个好的教师则教人发现真理。”但真正使发现教学形成理论并作出新发展的，是美国著名的认知学派心理学家和教育家杰罗姆·S·布鲁纳。布鲁纳认为：“学习中的发现确实影响着学生，使之成为一个‘构造主义者’。”布鲁纳认为认识是一个过程，而不是一种产品。在教学过程中，学生是一个积极的探究者。学生的学习过程就是一个自我“发现”的过程。我们教一门学科，不是要建造一个活着的小型藏书室，而是要让学生自己去思考，参与知识获得的过程，布鲁纳十分重视学生的主动性和积极性的发挥，认为学生应具备自我探究的积极性，想方设法寻找解决问题的方法，从而学会怎样学习。

我们在常规的体育课堂教学中，常常在新课教学之初就给予学生明确的运动技术，这样做省时省力，也比较符合广大体育教师的日常教学思维，但是这样做往往会使学生似懂非懂，也不知道为何要学，学而何用的道理。因此，为了让学生学会运动技能的同时学懂运动技术的有关原理，体会运动技术的价值与意义，我们需要在开始教正确的运动技术之前，先学习一些简单的动作活动作组合，并提出相应的问题，启发学生的思维。因此，一些体育学者通过教育学理论的“移植”方式，创立“启发式教学模式”，它主要是指教师在运动技能教学过程中，在初步进行尝试性练习的基础上，设置一些事实（或事例）和问题，让学生积极思考，通过讨论，依靠自己去获取新适应、寻求解决问题的方法，从而进行更有效的运动技能学习，更快地掌握运动技能。

该教学模式从学生认识事物的规律立足，主要侧重于学生思维加工环节，即重视问题设置，使学生带着问题或基本了解的问题进行传统的运动技能教学，以此激发学生学习的积极性，既开发了学生的智力、激发了学生的学习动机，又学会了运动技能，这样有利于学生明白运动技术的原理，掌握运动技术的关键点或重点与难点，最后达成在学懂的前提下学会运动技能之目标。

1. 教学理念

该教学模式与传统教学模式的主要区别在于教学初始不急于给学生正确的运动技术，而是采用一些与运动技术有关的类似练习，并提出相关的问题，让学生在探索中寻找答案，使学生产生学习的最大愿望与动力，有利于运动技能的学习与掌握。

当然，采用该教学模式可能比较费时费力，因为在教学预设过程中，教师要倾注大量的精力研究该教学模式并设计好每个教学环节、问题与过程细节，同时学生在学习过程中还可能在思考问题时或解决问题时耽误较多的时间，因此，与传统教学模式，我们不能说哪个教学模式的绝对优劣，只能说我们在教学过程中，有着多种教学模式，体育教师可以根据学生的实际需要和特点来选择合适的教学模式。

2. 教学目标

在各种练习过程中，通过教师有意识地引导、学生积极的思维，使学生明确运动技术的基本原理，快速学习运动技术。

3. 教学方法

采用比喻启发法、对比启发法、问题启发法、练习比赛法等。

4. 教学评价

采用对比评价、反馈评价等。

5. 采用启发式教学模式的一般要求

（1）启发的目的要清晰。每一步启发什么？针对什么启发？

（2）启发要有重点和针对性。在启发的运用中要针对学生的不同要求，要针对学生存在问题进行启发，在启发的运用过程中要针对技术的难点和重点，而不是把所有的技术要领都启发。

（3）要对集体存在的问题进行启发。结合学生最容易犯的错误，即技能问题出现的普遍性。

（4）启发要有条件。在启发过程中为了达到教师预想的目的，要设置一定的条件和具体的要求。如排球中的一抛一垫，要求垫球回特定的区域；在隔网一对一的垫球过程中，要求垫过网；这些都是在启发过程中对学生设定的条件让学生朝着教师的教学目的进行。

（5）启发要在一定的范围内进行。启发就是打开学生的想象，但学生的想象是无限宽广的，教师要在引导的基础上给学生一定的范围内启发。

（6）启发要有挑战性，要有一定的难度，特别是技术要求较高的技术，如跳远、跳高、跨栏。教师在设定启发的目标时，要具备一定的挑战，这样可以提高学生学习的兴趣和启发的激情。提升学生的启发能力。不要启发太简单的东西，如前滚翻中，方的好滚，还是圆的好滚，来启发学生前滚翻，这过于简单。

（7）启发要根据对象的特点，小学生的启发和中学生的启发是不一样。设定的启发和情境也不一样。小学生的启发，更具有童趣，而高中生的启发更应该具有逻辑性。

6. 举例说明

（1）教学对象：高一男生，40 人。教学内容：排球的正面双手垫球；素质练习。单元学时：4 课时。

（2）具体安排：

【第一课时】

教学目标：

①认知目标：学生在垫球练习中，通过启发，正确认识垫球部位在垫球技术中的重要性，在教师的启发下，学会正确的垫球部位。

②技能目标：学生通过启发学习，使 80% 左右的学生掌握排球垫球的手形、基本姿势与垫球部位，并能自垫 3 ~ 5 个；10% 的学生能自垫 10 个以上。

③体能目标：在练习中锻炼学生的肩部力量、身体的协调和下肢力量。

④心理与社会适应目标：学生在学习过程中能认真听讲，积极参与教师安排的练习中，积极地思考。学会和同学相互协作、讨论、评价。提高学生的学习兴趣和学习积极性；培养学生相互协作，积极思考，认真学习的态度；不怕疼 . 不怕累的优良品质。

基本部分教学过程：

①教师介绍排球垫球手形与基本姿势。

②一对一垫固定球。

- 垫到手腕部位。
- 垫到手腕以上 10 厘米处。
- 垫到肘关节以上部位。

③提出问题：哪个击球位置最好？

④学生观察与体验。

⑤一抛一垫练习要求：双手垫球；正确的手形。

- 垫到手腕部位。

● 垫到手腕以上 10 厘米处。

● 垫到肘关节以上部位。

⑥提出问题：哪个部位击球后的飞行轨迹最理想？

⑦学生观察与体验。

⑧请学生示范一抛一垫，对比学生练习中垫到不同位置，球的飞行轨迹，请学生观察、对比、启发对正确垫球部位的思考。

⑨教师提问，学生回答。

⑩教师引导与传授正确与标准的排球垫球技术。

⑪ 高抬腿身体素质练习。

【第二课时】

教学目标：

①认知目标：学生在练习中，通过启发式学习，正确认识垫球时压腕技术。在教师的启发下，掌握正确的压腕直臂垫球技术，并能协调地用力。

②技能目标：学生通过启发式学习，学会正确的用力蹬地、提肩、压惋、送臂顺序，75% 的学生掌握压腕直臂垫球技术方法，并能运用在垫球过程中。

③体能目标：在练习中提高全身协调能力，发展学生的速度、灵敏素质。

④心理与社会适应目标：学生在学习过程中能认真听讲，积极参与到教师安排的练习中，积极地思考，学会和同学相互协作、讨论、评价。提高学生的学习兴趣和学习积极性；培养学生相互协作，积极思考，认真学习的态度；不怕疼、不怕累的优良品质。

基本部分教学过程：

①复习一对一垫球。体会垫球的正确部位。

②一抛一垫练习。

● 不要求压腕垫球。

● 要求压腕垫球。

● 要求压腕直臂垫球。

③提出问题：直臂垫球与屈臂垫球哪个正确？

④学生观察与体验。

⑤直臂垫球与屈臂垫球学生各一个对比示范。

⑥教师解析，告诉学生直臂的技巧在于压碗，并传授学生正确的垫球技术。

⑦两个人对垫的练习与实践：要求压腕直臂垫球。

⑧排球场地手触边线来回快速跑素质练习。

⑨教师分析总结。

【第三课时】

教学目标：

①认知目标：学生通过启发式学习，认识正确垫球点对于垫球的重要性，在教师的启发下，理解与掌握正确的垫球点，掌握前后位置移动的步法。

②技能目标：学生在学习中，在正确用力和垫球部位的基础上，学会正确的垫球点，80% 左右的学生掌握正确垫球点，并能在对垫中运用前后位置移动的步法；20% 左右的学生能较好地选择垫球点和掌握移动方法。

③体能目标：在练习中锻炼学生反应能力、身体协调性，发展学生的力量素质。

④心理与社会适应目标：学生在学习过程中能认真听讲，积极参与教师安排的练习中，积极地思考，学会与同学相互协作、讨论、评价。提高学生的学习兴趣和学习积极性；培养学生相互协作、积极思考、快速反应的能力，认真学习的态度；不怕疼，不怕累的优良品质。

基本部分教学过程：

①复习一对一的垫球：进一步体会正确的垫球部位与手臂姿势。

②一对一垫固定球。

- 在腰部位置垫固定球。
- 在胸部位置垫固定球。
- 在离身体 2 米远的位置垫固定球。

③教师提问，哪个位置的球最好垫？对于胸部位置与离身体 2 米远的位置的球应该如何应对？

④根据学生回答的问题，教师引出前后移动垫球的技术。

⑤让学生在垫固定球中实践运用。

⑥一抛一垫练习。

- 抛在腰部位置垫球。
- 高抛在头顶位置垫球。
- 前抛在离身体 2 米远的位置垫球。

⑦教师提问，哪个位置的球最好垫？对于前置的球和后抛的球应该如何跑动？

⑧教师正确示范，学生实践运用。

⑨学生负重素质练习。

【第四课时】

教学目标：

①认知目标：学生通过启发式学习，了解正确垫球的脚步左右移动步法，在教师的启发下，分析和解决垫球的脚步左右移动问题。

②技能目标：学生在学习中，通过启发式学习，掌握正确用力和垫球部位的基础上，学会正确的垫球移动的准备，跨步、交叉步、并步等技术，80% 左右的学生掌握移动技术，并能在对垫中运用；20% 左右的学生能在对垫中运用脚步左右移动。

③体能目标：在练习中锻炼灵敏性，促进学生的弹跳力素质的发展。

④心理与社会适应目标：学生在学习过程中能认真听讲，积极参与教师安排的练习中，积极地思考，学会和同学相互协作、讨论、评价练习和比赛中的问题。提高学生的学习兴趣和学习积极性；培养学生相互协作、积极思考、快速反应的能力，认真学习的态度；不

怕疼，不怕累的优良品质。

基本教学过程：

①复习二人对垫：要求正确的手形、部位和前后移动的步法。

②一对一对垫固定球。

● 垫离身体正前方的固定球。

● 垫离身体左侧 2 米的固定球。

● 垫离身体右侧 2 米的固定球。

③教师提问，对于哪个位置的球最好垫？左右侧的球应如何应对？

④根据学生的回答，引出跨步、交叉步等左右移动的步法。

⑤一抛一垫垫练习。

● 抛在腰部位置垫球。

● 高抛在头顶位置垫球。

● 前抛在离身体 2 米远的位置垫球。

⑥教师提问，哪个位置的球最好垫？对于前置的球和后抛的球应该如何跑动？

⑦教师正确示范，学生实践运用。

⑧学生连续 10 次摸高练习，做 5 组。

（四）领会式教学模式与案例

领会式教学模式最早由英国学者布兰克（Branker）等在 20 世纪 80 年代提出的一种改造球类教学的教学过程结构，是试图通过从整体开始学习（领会）的新教程，改变以往只追求技能，而忽略学生对整个运动项目的认知和对运动特点的把握缺陷，以提高球类教学质量的教学模式。该模式侧重于学生对运动技能的初步实践，因而在传统的运动技能教学之前，先让学生参与降低要求的比赛（称为简单的对抗赛），使学生在实践中领会学习运动技能的重要性，从而产生“有意义学习”，然后再进行常规的运动技能学习，使学生充分认识到运动技能学习的意义所在，提高学习动力与效率。

1. 教学理念

是被动给予还是主动学习存在着天壤之别，对于学校教育而言，虽然是国家设置的必修课程，但是，学校开设了许多的课程，要让每个学生都喜爱每门课程是不可能的，因此，对于学生喜好的课程，他们的学习动力自然很好，收效也会非常显著，因为他们想学、愿学，但对于很多不感兴趣的学生而言，我们不要强行地被动给予，那样的话，他们不但不会珍惜教师所给予的知识与技能，而且学习的效果也不好 . 这就要求在各门课程的教学中，教师要善于调动学生的积极性，激发学生的学习动力。领会式教学模式就是给予了这样一种教学理念，在初步的运动实践中领会运动技术的重要性，使学生真正想学，并使学生进行有意义学习和主动学习。

2. 教学目标

先尝试，后学习，让学生在教学比赛中了解与明白学习运动技术的重要性，以提高学生学习的主动性。在运动技术教学上，采用先完整后分解教学的手法，在掌握各分解动作的基础上再完整，再尝试，比较学习前后的效果。该教学模式多以竞赛的形式开展教学组织活动，以提高学生学习的积极性、实用性。

3. 教学方法

采用分解法、完整法、比较法、教学比赛法等。

4. 教学评价

采用降低难度评价、对比评价、比赛评价等。

5. 举例说明

（1）教学对象：初三男生，40 人。教学内容：正面双手垫球；素质练习。单元学时：4 课时。

（2）具体安排：

【第一课时】

教学目标：

①认知目标：通过垫球比赛实践，使学生认识与领会正确的垫球手型和垫球部位，通过教师的传授指导，学习正确的垫球技术。

②技能目标：通过本课比赛实践，使 80% 左右的学生学会正确的垫球手型和垫球部位，并能连续自垫 3 ～ 5 个；10% 左右的学生能较好掌握动作技能并且能自垫 10 个以上。

③体能目标：促进学生的上下肢协调能力和速度素质的发展。

④心理与社会适应目标：学生在学习过程中认真听讲，积极参与练习；通过竞赛活动，激发学生对排球运动的兴趣和爱好，培养学生团体合作、公平竞争的精神。

基本部分教学过程：

①二对二隔网垫球比赛与教学场地布置：网高 1.2 米。

● 教师观察学生比赛。要求：双手垫球。

● 在各组教学比赛之后，选出垫球手形较好的和较差的学生进行对比示范。

● 集中讲解垫球的基本手形（抱拳式、互靠式、叠掌式）。

● 教师动作讲解示范，学生模仿练习。

● 学生在学习基本手形之后继续比赛，体验正确动作的效果。

②二对二隔网垫球比赛与教学。

● 教师观察学生比赛。要求：双手垫球。

● 在各组教学比赛之后，选出垫球部位较好的和较差的学生进行对比示范。

● 集中讲解垫球的部位：手腕上方 10 厘米以上位置。

● 教师动作讲解示范，学生模仿练习。

● 学生在学习基本手型之后继续比赛，体验正确动作的效果。

③常规技术教学：一抛一垫练习。

要求：运用正确的手形和垫球部位。

● 讲解正确的技术动作。

● 学生练习与纠错。

● 学生再练习巩固。

④常规技术教学：自抛自垫。

要求：用正确手型和正确击球部位垫球。

● 教师观察学生垫球。

● 错误动作纠正。

● 学生再练习。

⑤身体素质练习：快速跑迎面接力。

【第二课时】

教学目标：

①认知目标：通过一抛一垫、二人对垫等练习方式，使学生领会与认识到合理的用力顺序以及脚步的移动到位对排球垫球的重要性；并通过教师的讲解指导掌握这些技能知识。

②技能目标：通过本课学习，使65%左右的学生基本领会与学会排球垫球的用力顺序，并能在练习中通过合理的移动进行垫球；10%左右的学生掌握技术要领，能灵活运用于实践。

③体能目标：锻炼学生的快速反应能力，上下肢协调能力和下肢力量素质。

④心理与社会适应目标：学生在学习过程中认真听讲，积极参与练习；培养学生克服困难的品质，提高学生的竞争力，培养合作意识与行为习惯。

基本部分教学过程：

①采用一抛一垫、二人对垫、自抛自垫等形式复习垫球中的手形与垫球部位。

②一对二隔网垫球比赛与教学。场地布置：网高1.2米。

● 教师观察学生比赛。要求：观察不同位置的球的垫法。

● 在各组教学比赛之后，选出垫球脚步移动较好的和较差的学生进行对比示范。

● 集中讲解垫球的脚步移动方法（跨步、交叉步、并步等）。

● 教师动作讲解示范，学生模仿练习。

● 学生在学习脚步移动之后继续比赛，体验正确动作的效果。

③常规技术教学：一抛一垫练习。

要求：后抛与前抛垫球，学会前后移动的步法；左右抛球，学会左右移动垫球。

● 讲解正确的技术动作。

● 学生练习与纠错。

● 学生再练习巩固。

④素质练习：10米连续蛙跳。

【第三课时】

教学目标：

①认知目标：通过简单教学比赛，使学生领会对排球垫球的动作用力顺序有一定的理

解。再通过教师的指导，提高学生在垫球过程中的准确性和稳定性。

②技能目标：通过本课的学习，使75%左右的学生能较好地领会与掌握动作用力顺序，在比赛中垫稳球、垫准球，15%左右的学生能在比赛中灵活运用所学的运动技能进行垫球。

③体能目标：锻炼学生的快速移动能力、上下肢协调能力和速度素质。

④心理与社会适应目标：学生在学习过程中认真听讲，积极参与练习；培养学生团结合作精神，体验排球垫球成功的乐趣。

基本部分教学过程：

①常规技术教学：采用垫固定球、二人对垫、自抛自垫等形式学习垫球的用力顺序。

要求：在垫球中控制好球的力度、方向（了解垫球用力顺序）。

- 教师集中讲解示范垫球的用力顺序（插、夹、提、移、蹬、跟）。
- 教师指导学生进行徒手练习。
- 各种形式的学生垫球练习。
- 优秀学生示范垫球动作，教师进行错误动作纠正。
- 二人对垫练习。

②一对一、二对二、三对三隔网垫球教学比赛。

要求：运用正确的垫球用力顺序，正确的脚步移动，控制球的力量，提高球的稳定性。

③素质练习：追逐跑。

【第四课时】

教学目标：

①认知目标：通过教学比赛，使学生发现在实践比赛中综合运用各种已学排球垫球技术，提高垫球的平稳性、准确性、观赏性。

②技能目标：通过本课的学习，使80%左右的学生都能领会与掌握已学排球垫球的动作要领，并且能较好地运用到实践中，其中25%左右的学生能熟练掌握运动技能。

③体能目标：锻炼学生的应变能力，全身协调能力和弹跳力。

④心理与社会适应目标：培养学生团队合作精神，提高学生对抗能力。在比赛中灵活运用并且能指导其他学生进行练习；调动学生认真听讲，积极思考，主动参与教学比赛的热情。

基本部分教学过程：

①教学比赛。

形式：采用二对二、三对三比赛形式。

要求：控制球的高度；垫球到位，用力适当；判断准确，快速移动。

②常规技术巩固与提高教学。

形式：采用自抛自垫、一抛一垫、对墙垫、二人对垫等形式。

要求：掌握正确的垫球手型、垫球部位、用力顺序、脚步移动等技术。

③教学比赛。

形式：采用二对二、三对三、四对四比赛形式。

要求：球的高度控制：球的轨迹取决于两臂抬起的不同高度；全身协调用力；判断准确，移动垫球到位。

④素质练习：双人隔网跳起连续摸高。

（五）小群体体育教学模式与案例

小群体学习法源于日本的“小集团学习”理论。日本体育教学中的“小集团学习”，是在第二次世界大战后产生的，当时，日本的体育由战前的身体教育转变成培养全人的教育中的一环，社会性的培养，成为体育目标中的一个重要内容，为了使每个学习者的学习内容更加丰富，为了使学习自主化、协同化，小集团学习的研究就由此开始了。

我国对这一理论和实践的探讨是在 20 世纪 80 年代毛振明教授向广大的体育工作者介绍日本学校体育的学习指导形态——“小集团学习”后开始的，当时，我国的体育教学改革全面展开，“典型”的班级教学形式越来越受到“批判”，体育界由此引发了对小群体学习法的探讨。我国的体育工作者从教学组织形式改革的角度出发，将理论研究和实践研究相结合，对小群体学习与学生主体性发展的关系进行了积极的探索，并在全国的许多实验区取得了初步成效和进展。

与小群体教学模式容易混淆的是分组教学形式和合作教学形式。从词义上理解，三者既有区别，也有一定的联系。在一般体育教学形态中，分组教学最为常见，因为在日常的体育课堂教学中，分组是必须的，所不同的是按性别分组，还是按技术水平、体能水平、身体素质水平等分组；合作学习也是在一些课堂教学中较为常见的现象，特别是新课程改革以来，合作学习大为倡导，因此，在一些中小学体育观摩课、优质课中常会见到所谓的合作学习。但小群体教学模式与分组教学与合作学习不同，虽然在小群体教学模式也采用分组教学或合作学习的方式，但小群体教学模式有着一个完整的结构，其中包含特定的教学理念、教学目标、教学方法与手段、教学评价，而非仅仅是课堂教学中的合作形式与分组形式。其次，在实施该模式时，单元教学中每一次课都要切实贯彻该模式的教学思想与目标，而分组教学和合作学习仅仅是一节课中的教学策略。

1. 教学理念

该模式基本思想是试图通过体育教学中的集体因素和学生之间交流的社会性因素，通过学生之间的互帮互助来提高学习运动技术的主动性、竞争性和有效性。因为班级教学本身就是一个集团、一个小社会，在室外体育教学的大环境中，学生之间的学练过程是相互展示的、相互比较的、相互竞争的。该教学模式就是利用了室外班级教学的这一特性，通过学生之间学习运动技能的不同体会与经验实现共同提高运动技术的目标，同时通过合作的方式达成运动技术学习的额外功效——发展学生之间的人际关系与适应能力。其中的特点是：①强调组内学生自我的动力，并团结一致，提高组内的竞争力；②在条件基本均等的情况下学生组间合理竞技，激发学习的兴趣，提高学习的效果；③培养学生胜不骄、败不馁的宽容意识；④通过学生的互帮互助、合理公平的竞争，发展学生的社会适应能力、心理健康水平。

2. 教学目标

小群体教学模式的目的主要着重于通过学生之间各自的学习经验促进运动技术学习进程，并发展学生的人际感情因素，注重学生的社会性情感体验。

3. 教学方法

采用分组教学法（同质分组、异质分组、体能分组、性别分组、技术分组、素质分组等）、合作学习法、相互帮助法等。

4. 教学评价（略）

5. 举例说明

采用小组评价、对比评价、竞赛评价等。

（1）教学对象：初二男生，40 人。教学内容：山羊分腿腾跃。单元学时：3 课时。

（2）具体安排。

①认知目标：通过小组合作学习，使学生认识到正确的分腿腾跃动作要领的重要性；通过教师的讲解指导，学会分腿腾跃的动作要领。

②技能目标：通过分组合作的形式进行学习，使 65% 左右的学生在互帮互助条件下完成正确双脚起跳后的双臂前伸、分腿腾跃过山羊，20% 左右的学生能较好地掌握该动作技能。

③体能目标：锻炼学生的快速奔跑能力，柔韧性和上肢力量。

④心理与社会适应目标：学生在学习过程中认真听讲，积极参与练习；克服心理障碍，培养学生勇敢坚强的意志品质，培养学生互帮互助的团队合作精神。

【第一课时】

教学重点：双臂前伸、分腿腾跃。

教学难点：克服心理障碍；双脚起跳后的双臂前伸。

基本部分教学过程：

①全班集中教学。

- 教师完整动作讲解示范。
- 学生仔细观察各分解动作。

②分组练习分腿腾跃。

- 明确组长责任制，负责组织组内练习。
- 实行组内分工，布置保护帮助的学生。
- 发现问题，组内学生讨论问题，请教教师解决疑难问题。
- 组内学生之间互相帮助，共同进步。
- 根据组内成员需要，组长安排不同练习。
- 教师巡回指导，错误动作纠正。

③组间展示。

- 选出 3 名优秀的学生，在教师组织下进行小组成果展示。

- 教师进行肯定性评价，并指出问题和要求。
- 对双脚起跳后的双臂前伸技术中易犯的错误，教师集中解决。

④小组练习。

- 对老师提出的问题与要求再次进行组内练习，相互帮助，共同探讨和解决问题。
- 按起跳后双臂前伸要求与目标进行练习。
- 教师巡回指导。

【第二课时】

教学目标：

①认知目标：通过小组合作学习，使学生认识到分腿腾跃过程中腾空展体的重要性；通过教师讲解指导与小组合作学习，使学生学会分腿腾跃中快速推手、腾空一系列技术要点。

②技能目标：通过小组合作学习，使 75% 左右的学生在互帮互助条件下能较好地掌握快速推手技术。提高腾空质量，能在实践过程中较好地完成该技术，20% 左右学生能熟练掌握该技术，在实践中高质量地完成跳山羊动作。

③体能目标：锻炼学生的上肢力量和快速奔跑能力。

④心理与社会适应目标：学生在学习过程中认真听讲，积极参与练习；培养学生克服困难，不怕吃苦的优良品质，培养学生互帮互助的团队合作精神。

教学重点：提高分腿腾跃的质量。

教学难点：快速推手、腾空。

基本部分教学过程：

①全班集中教学。

- 教师完整动作讲解示范，并重点讲解快速推手和腾空要点。
- 学生认真听讲，领会动作技术要领。

②分组学习。

- 复习上一次课的内容并提高分腿腾跃动作。
- 明确组长责任制，负责组织组内练习。
- 实行组内分工，安排保护帮助的学生。
- 在练习中重点突出解决快速推手和腾空技术。
- 组内之间相互帮助，共同进步。
- 根据组内成员需要，安排不同辅助练习。
- 教师巡回指导，错误动作纠正。

③组内展示。

- 选出 3 名优秀学生，在教师组织下进行小组成果展示。
- 教师进行肯定性评价，并指出问题与要求。
- 对快速推手、腾空技术中易犯错误，教师集中解决。

④小组练习。

● 对老师提出的问题与要求进行组内练习，互相帮助，共同探讨和解决问题。

● 按快速推手，腾空技术的要求与目标进行练习。

● 老师巡回指导。

【第三课时】

教学目标：

①认知目标：通过小组合作学习，使学生认识到分腿腾跃过程中腾空展体的重要性；通过教师讲解指导与小组合作学习，使学生学会分腿腾跃中快速推手、腾空一系列技术要点。

②技能目标：通过小组合作学习，使 75% 左右的学生在互帮互助条件下能较好地掌握快速推手技术。提高腾空质量，能在实践过程中较好地完成该技术，20% 左右学生能熟练掌握该技术，在实践中高质量地完成跳山羊动作。

③体能目标：锻炼学生的上肢力量和快速奔跑能力。

④心理与社会适应目标：学生在学习过程中认真听讲，积极参与练习；培养学生克服困难，不怕吃苦的优良品质，培养学生互帮互助的团队合作精神。

教学重点：腾空展体、平稳落地。

教学难点：提高分腿腾跃的姿态美和艺术性。

基本部分教学过程：

①全班集中教学。

● 教师引导学生回顾分腿腾跃的动作要领。

● 教师示范、讲解分腿腾跃中如何提高艺术美感。

● 学生认真听讲、领会动作技术要领。

②分组练习。

● 复习上一次课的内容并提高分腿腾跃动作。

● 明确组长责任制，负责组织组内练习。

● 实行组内分工，安排保护帮助的学生。

● 合作讨论如何提高动作的姿态美和艺术性。

● 组内之间相互帮助，共同进步。

● 教师巡回指导，错误动作纠正。

③组内展示。

● 选出 3 名优秀学生，在教师组织下进行小组成果展示。

● 教师进行肯定性评价，并指出问题与要求。

● 对腾空展体、优美姿态中的易犯错误，教师集中解决。

④小组练习。

● 对老师提出的问题与要求再次进行组内练习，互相帮助，共同探讨和解决问题。

● 按腾空展体，优美姿态的要求与目标进行练习。

● 教师巡回指导组内展示。

六、说课模板与案例

（一）说课模板与案例的基本内容

1. 说课模板

说课模板应包括以下几个部分。

（1）说教材。

（2）说教学目标：包括知识模板、情感目标、技能目标等。

（3）说教学的重难点。

（4）说教法。

（5）说学法。

（6）说教学过程：包括导入课程、基本部分、结束部分。

（7）结语。

2. 案例：理论课、技术课

（1）理论课说课稿。

（2）技术课说课稿。

（二）《体育概论》理论课说课稿

1. 说教材

（1）教材内容

本章内容体育手段是《体育概论》第四章的教学内容。本书由 XXX 主编，这门课程为培养体育教师的相关本科专业而开设。

（2）教材分析

本章内容是引导高校体育教育专业学生从体育理论学习提升到体育教学实践能力的一个重要组件。不仅是本单元的一个重点，也是整个教材的重点之一。那么掌握体育手段这一章的内容可以更好地认识它在体育教学过程中的重要用途，为学生将来参加体育教学工作和解决工作过程中遇到的实际问题创造条件。因此，必须使学生切实学好。

（3）教学目标

根据大纲对本章的具体要求，针对学生的心理特点和认知水平，结合教材，本着使学生全面主动发展的原则，确定本节课的教学目标如下：

①知识目标

让学生记住体育教学方法的概念，知道什么叫作体育手段；然后要求学生理解体育手段的含义，尤其是要学生理解体育教学方法的结构、层次以及体育教学方法与教学方式、教学手段之间的区别；最后要求学生掌握常用的体育教学方法及运用的基本要求。

②能力目标

通过对学生提问、演示、讨论等方法，培养学生运用本章的知识，结合自己的专业特点正确地选择和运用各种体育手段的能力，使学生养成科学思维的习惯。

③思想目标

结合本章的教学，向学生渗透当好一个体育教师必须具备的业务素质，同时使学生的思想受到教育。通过课堂的师生交流创造活跃的课堂气氛及良好的学习氛围，增强师生感情和凝聚力，使学生对本学科更加热爱。

（4）教学重、难点

根据教学大纲要求和教材的特点，我认为应该把第三节中身体练习的特点与技术结构作为本章的教学重点，因为本节主要是运用案例的形式对七类动作要素展开的阐述，内容非常具体，能起到提纲挈领、举一反三的作用；同时根据学生的认知水平和教学实际，究竟如何在体育教学过程中具体来选择与运用这七类动作要素，是本节课的难点，因为这两种教学方法从理论结合实践来教学的话有一定的难度。

2. 说教法和学法

在教学实践中，体育教师能否正确地、有针对性地选择合适的教学方法，是教学方法发挥最大作用的前提，也成为影响教学质量的关键问题。因此要深刻理解“教无定法、学无定法、贵在得法”的深刻含义。

所以按照体育专业学生的特点，我将主要采用的教法如下。

（1）提问法：充分发挥教学目标的导学功能，比如问学生什么叫作方法？什么叫作体育教学方法？激发学生主动去学习、去探索和发现。

（2）演示法：通过图片或录像的演示，让学生在充分观察的基础上，分析归纳每种体育教学方法的特点、要素及基本要求。

（3）示范法：通过鼓励学生上台示范动作技能的方法（比如武术当中的“白鹤亮翅”这个技术动作），来启发引导学生进行观察比较，让学生在积极的思维中知道如何正确选择合理的教学方法。

（4）关于学法：如何使学生真正变成学习的主人，让学生不仅学会，而且会学。这是教学的关键，也是教学的精华。本章教学，使学生掌握下列基本学习方法。

①观察法，比如请学生观察这个动作示范时，采用哪个方向的示范面（或者说示范距离、位置、角度）更加合理，以此培养学生观察能力。

②归纳法，学会根据现象，通过比较、分析、归纳，概括出各种体育手段的特点及基本要求。

③阅读法，比如在讲到体育教学方法的历史、改革和发展的内容时，提出问题让学生自己阅读，并鼓励学生上台讲述。

3. 说教学程序

为了实现教学目标，充分发挥学生的主体作用及提高学生的综合素质，实现体育专业学生在理论课堂主动学习、思考。我是这样设计教学程序的。

（1）课堂引入：在本节课中，首先与学生来进行讲课前的第一次互动，我问学生们：你们想不想当好一名体育教师呢？我相信每一个学生都会有相同的回答。我接着问他们：

但是你们知不知道如何才能当好一名体育教师呢？这个时候学生对于该问题的回答可能就比较含糊。借此我可以启发他们引起对这一堂课教学内容的兴趣（因为这个时候学生在想究竟怎样才能当好一名体育教师）。以这种方式引入本节课的主题会使学生感到很亲切，而且与自己将来从事的工作也有联系，同时也为后面知识的讲授埋下了伏笔。

（2）关于基本部分讲授：第一节“体育教学方法概述”的教学内容。首先要让学生知道体育教学方法的概念，这是本节的基础。在分析时，我可以采用启发学生思维的方式让学生自己来解释“方法”的概念，通过让学生回忆自己小时候的理想，让学生知道理想就好比是你人生的一个总目标，你为了实现这个总目标，所采用各种各样的途径、工具、方式的总称我们把它叫作“方法”。

让学生知道了什么叫“方法”这个概念之后呢，趁热打铁引导学生自己思考、讨论：什么叫作体育教学方法？请学生自告奋勇站起来回答这个问题，鼓励他们畅所欲言，活跃课堂气氛，对于他们的回答给予肯定、表扬，不断激发学生的求知欲，各抒己见，你一言、我一语，通过提示来完善这个问题的答案。

接下来对体育教学方法的含义进行分析。这是本节的核心，对此可以着重从以下几个方面来理解。

第一个方面：体育教学方法与体育教学方式和体育教学手段之间的区别。首先要学生回答“方法”是什么？它是为了完成整个任务，所采用的各种途径、工具、方式的总称。而“方式”则采用举例的方式向学生进行讲解，比如这堂课我采用的教学方法是讲授法，但是我采取的方式是提问的方式，这只是教学方法中的一个细节。以此向学生说明方式与方法之间的区别。

另外就是“教学手段”的含义，同样采用举例的方式向学生进行讲解，比如今天为了提高教学效果，我们使用了多媒体这种物质设备作为教学手段或者称为教学工具。然后请学生回答在他们进行的专业技术教学中使用了哪些教学手段？

第二个方面：体育教学方法的结构性和层次性。这个含义对于学生能否将体育教学方法的概念理解透彻是至关重要的，因此我采用符合学生专业特点的教学实例来进行讲解，使学生领会它的含义。比如动作示范法当中有哪些结构？下面，我以武术长拳当中的第一个“虚步亮掌”的技术动作为例进行讲解。

第一个结构是目标。就是我不仅要让学生懂得“虚步亮掌”这个技术动作的特点，而且还要会做，同时在学习过程中学生要体会到武术运动中手、眼、身、法、步和精、气、神的无穷乐趣与豪情。

第二个结构是媒介。向同学们解释，刚才你们是依据什么来体会武术学习中手、眼、身、法、步的精髓？依据的是不是自己的眼睛、四肢和头脑呢？以此来让学生明白第二个结构。

第三个结构是教学技术。比如在“虚步亮掌”的教学中，我采用提问的方式，问学生：在做“虚步亮掌”这个技术动作的时候，你的重心是落在你的右脚心还是落在你的左脚尖？组织学生进行短暂的讨论，要同学们解释为什么会是这样的？那么我采用这些有效的方式来激发学生更好地认知和学习教学内容，就是我讲的第三个结构——教学技术。

第四个结构是教学手段。我在示范“虚步亮掌”这个技术动作的时候，由于班上的学生很多，有些同学可能仅听讲解或者看示范不是很清楚，我就利用挂图、卡片或幻灯、录像等形象工具或多媒体设备来提高学生对这个技术动作的认知和学习，就是讲的第四个结构——教学手段（或者说教学工具）。

以上就是我让学生从实践的角度来理解体育教学方法的结构性。对于体育教学方法的层次性讲解也可采用类似的方法。

接着让学生了解本节最后一部分的内容：体育教学方法的历史、改革与发展的趋势（这部分内容我采用分组分任务的方式，提出问题，让学生带着问题自己看书进行归纳总结，以谁课堂表现积极就加分的形式鼓励各个小组的代表分别上台进行 3 分钟的讲述，代表讲述完后请其他的同学进行评价，看有无知识点的遗漏，自己最后进行总结）。这样做的目的是充分体现学生的主体地位及更好地加深对知识点的印象。

接下来是第二节，关于中小学常用体育教学方法及其基本要求的教学内容。本节是本章教学内容的重点，我根据本教材对体育教学方法的几个分类级别，计划采用举例和讨论、提问等方式让学生理解这一节教学内容的知识点。

比如，讲授本次课的教学难点动作示范法时：

第一步，明确动作示范法的概念；然后我鼓励一位同学到台上为大家示范我刚才举的例子——武术长拳当中的“虚步亮掌”的技术动作，请台下的同学就这个示范动作来讲授动作示范有哪两个基本要求（提示学生）：①示范要正确、美观。②动作示范要有明确的目的。比如：给学生建立动作的整体形象；让学生了解动作完成的顺序、要领、关键动作环节等；同时也让学生了解一个常见错误动作的外形特征。

接着请学生们来评价刚才这个同学做的示范动作符不符合动作示范的基本要求，并要求他们说出为什么？比如刚才这个同学动作的整体形象怎么样，美不美观，动作是否舒展，动作顺序是不是正确的，关键动作环节有没有完成呢，以此来加深学生对动作示范基本要求的印象。

第二步，结合刚才该学生示范的动作，介绍动作示范要注意的几个要素：①示范的速度。②示范的距离。③示范的位置与学生的视线及学生的站位是面向阳光还是背向阳光。分别进行说明。

第三步，利用多媒体播放课前准备好的动作示范面的相关视频，展开对四个动作“示范面”的讲授，鼓励学生上台示范不同项目的动作并要他们说明哪些情况下采用哪种示范面及动作要领，以此带动全班学生学习的积极性及与自己专业技能相结合的理论课堂学习热情，让学生感受到理论课堂学习很有实际意义，加深学生对知识点的理解。

再比如，讲解循环练习方法时，我通过画图的方式来帮助学生理解流水式循环练习法与分组轮换式循环练习法之间的内涵以及两者之间的区别。轮换式循环练习方法的练习手段、练习负荷、练习站点个数及每个站点关于定量、定时、定性等方面的要求，甚至是轮换式循环练习方法有几种分类都可以通过画图这种更加直观的方式来帮助学生进行理解。

这样做不仅教授的内容学生能浅显易懂，师生关系也很融洽，而且他们的学习积极性很高，能主动参与教学，提高教学效果。这是基本部分的教学程序。

（3）结束部分，归纳总结：本节课重在结合本校学生的思维特点，把体育手段等理论知识纳入到学生已建立的技能知识系统中，加强了理论与实践之间的联系，还提出了一些带思考性的问题，起到了承上启下的作用。同时在教学过程中请同学们讨论，甚至上台演讲，充分体现了学生的主体地位和教师的主导作用，培养了学生用精练的语言进行归纳和概括的能力，同时也注意了教学中学生易出现的问题。所有的目的在于全方位地培养学生。

（4）最后布置本次课的作业。

好，学生的说课到此结束，因为本人经验不足，整个说课过程一定有许多缺点和漏洞，希望专家们能给予批评和指正，谢谢！

（三）《篮球运球》技术课说课稿

1. 说教材

（1）教材简析

篮球教材一般包括脚步动作、转接球、运球、投篮、抢篮板球、抢球、断球等基本技术和战术。

本课授课的对象是小学三、四年级（水平二）的学生。教学的主要内容是篮球原地、走动、跑动运球，篮球运球游戏。篮球运动是在快速、激烈、对抗的情况下进行的一项综合性体育活动，具有竞争性强、趣味性浓等特点，深受小学生的喜爱。根据小学生的年龄特点，本次课的篮球教学是让学生学会一些最基本、最简单的运球动作。在游戏中和教学赛中体验到篮球运动的乐趣，培养竞争的意识和参与的积极性，达到更好的锻炼身体，促进学生的身体身心全面、健康发展。

（2）教学目标、重点、难点

①认知目标：使学生学会和掌握一些篮球的基本知识、基本技能。

②技能目标：培养学生对篮球的兴趣，学会篮球的运球技术和练习方法。

③情感目标：激发学生学习的兴趣和培养学生克服困难，团结互助，参与运动的热情，发展个性，积极进取的精神。

教学重点：手触球的部位要适宜，学会按压的方法。

教学难点：学会用手的感觉控制球，行进间拍球要做到手脚动作协调一致。

2. 说教法

（1）直观法

主要采用讲解法和直观演示法。心理学表明，小学生的抽象思维还比较差，而形象能力、模仿能力较强，针对这一特征，我主要采用示范直观教学法。

（2）纠正错误法

为了使学生能尽快掌握技术动作，教师要对学生练习时出现的错误及时给予纠正。首先要分析原因，对症下药。采用共性问题集体纠正，个别问题个别纠正的方法，来完成本课目标。

3. 说学法

主要采用练习法，包括分解动作练习法、集体练习法、分组自练习法。爱因斯坦说过："兴趣是最好的老师"，所以我充分利用小学生年龄特点让他们在学中练、练中学，二者要有效结合，从而激发学生学习兴趣，积极参与到本节课的活动中来。

4. 说教学程序

（1）开始准备部分（8 分钟）

①情境导入 。

A. 教师整队，安排见习生。

B. 故事导入（以姚明为例）。

C. 问题激发。

D. 宣布课的内容、任务、要求。

②激发兴趣。

A. 热身：在教师的带领下进行蛇形慢跑。

要求：同学们在练习中要听从指挥，精神饱满，要静、齐、快。

B. 师生同做徒手操：目的是充分活动身体，为下一步练习作准备。

要求：动作准确、到位。

运动强度：小到中。

（2）基本部分（27 分钟）

这一部分是本课的核心部分，也是通过教、学、练让学生掌握篮球运球技术的方法，并结合游戏练习，全面发展学生的身体。学习步骤：示范直观教学法：

①原地运球。

动作：运球时，两脚开立，两腿弯曲，上体前倾，五指自然分开，用手指触球（手心空出），以肘关节为轴，臂上下屈伸，当手触球时，小臂和手腕有一个随球向上的缓冲动作，而后小臂下伸，手腕向下按压将球拍向地面。如此反复进行。

②行进间运球（走动和跑动运球）。

动作：向前运球时，按拍球的后上方，同时后脚蹬地运球进行，球的落点在同侧脚的前侧方。跑步的步伐要与球弹起的节奏协调一致。手、臂的动作与原地运球相同。

A. 高低运球：用单手高或低运球，可用不同的速度运球。要求不能丢球，也不能撞到其他同学。

B. 小场地运球，运球空间可越来越小。

C. 学生展示技术，教师给予点评。

D. 创新运球练习方法。

启发一：甲同学招呼乙同学，然后 2 人运球在一起。

启发二：甲同学招呼乙、丙等多位同学，然后围成圆圈运球。

E. 教师组织学生展示创新运球方法。

F. 教师评价学生练习并指出存在的主要错误。运球时要随时纠正低头运球，手指并拢运球，以及掌心拍球等错误动作。

G. 自由组合认真选择自己喜爱的运球方法进行练习。

③游戏：运球过“海怪”（章鱼）。

用一半的学生分开站或坐游戏场内，并且执行“海怪”（章鱼）的任务。他们挥舞着“触角”去干扰正在运球的学生（不准用脚或腿绊人）。另一半学生的任务则是在“章鱼”之间转圈运球，而不能把球丢掉（大约 2 分钟后，两组交换）。

（3）结束部分（5 分钟）

安排集体舞《春天在哪里》，使学生在优美的旋律中轻松愉快地放松，逐渐使心率恢复到安静状态。教师总结本课的优缺点，表扬在本课中表现好的同学，其目的是给全班同学树立学习的榜样。最后将本课小结注入课后小结之中。

（四）《跆拳道》技术课说课稿

尊敬的各位评委老师大家好：

我是 ×××。

我今天说课的题目是《学习跆拳道的基本站姿与步法》。

1. 教材分析

随着社会的进步，人们生活水平的提高，跆拳道运动逐渐步入人们的生活，得到普遍快速发展，并且深受青少年儿童的青睐。因为学习跆拳道不仅能强身健体，提高学生的自卫能力；而且还具有修身养性，培养学生“忍耐克己、礼义廉耻、百折不屈”的意志品质。

根据以上所述情况，我制定以下教学目标。

（1）认知目标：通过教师的讲解示范，使学生们初步认识、了解跆拳道。

（2）技能目标：通过练习使 90% 学生掌握跆拳道的实战式和跳换步、上步、撤步的动作概念及要领。

（3）情感目标：激发学生的体育爱好兴趣，培养学生“忍耐克己、礼义廉耻、百折不屈”的意志品质。

教学重点：掌握所学内容的动作技术要领。

教学难点：练习时要注意控制身体的平衡及重心，同时要注重对跆拳道气势、意识的培养。

2. 学情分析

本课的授课对象是高一年级学生，人数 60 名。这一时期的学生求知欲、模仿能力、思维能力较强，尤其是男生活泼好动，有学习的热情和激情。而女生大都比较内向，所以在课中要多多予以鼓励和帮助。

3. 教法和学法

针对高一年级学生的生理和心理特点，为达成本次课的教学目标，我在课中采用了以下几种教学方法。

（1）讲解示范法：通过此方法可以让学生更易理解和建立完善的动作表象，同时应用优美规范的动作示范来引起学生的学习兴趣，提高学习效率。

（2）口令提示法：在学生练习时，通过单字或多字提示学生加深学生的动作记忆。

（3）指导纠正错误法：在学生练习时，通过集体与个别的指导纠正错误的方法，引导学生学习规范优美的技术动作。

组织学生学习方法如下。

（1）分组练习法：根据学生人数多，男女身体素质不同的特点，采用此方法更好地体现了“以学生为本”的原则。

（2）模仿练习法：教师领做，学生模仿练习，不仅可以提高学生的学习兴趣，更便于学生掌握正确的技术动作，符合该阶段学生的特点。

（3）重复练习法：通过反复多次的练习，来提高学生的动作技术水平，从而达到教学目标的要求。

4. 教学流程

（1）开始部分（2 分钟）：

课堂常规，主要是集中学生注意力，明确本节课的内容和任务，说明教学内容的重点和难点，使学生在学习中有思想准备。具体内容有：①集合整队报数人数。②师生问好。③检查服装，安排见习生。④宣布本节课的任务和内容。

（2）准备部分（18 分钟）：

①一般准备练习：慢跑和徒手操，这样有利于学生充分的活动全身肌肉和关节，避免运动损伤和拉伤。

②专项训练准备活动：目的是提高学生的柔韧性及协调能力，增强学生体质。

活动内容：高抬腿练习；交叉接力；展腹上跳；收腹上跳；鸭子步接力。

（3）基本部分（20 分钟）：

为达到本次课的教学目标，在教学过程中采用“示范—讲解—练习”的形式。首先，为确保每一位学生都能听见我的讲解，看见我的示范，安排学生成 4 排横队站立，前两排女生蹲下。在讲解的过程中着重强调重难点的动作技术要领以引起大家的注意，加深印象。然后，组织大家练习时，将男女生分成两个大组，两个组成广播体操队形散开并相对站立。练习开始，我在中间位置为学生做正面、侧面的示范，学生模仿练习，以此提高学习效率。待大家熟悉动作之后，停止示范，观察学习情况，对好的同学予以肯定表扬，对较差的同学要予以细心指导帮助，改正错误动作。提高学生的学习兴趣和信心。最后，组织大家进行“踩脚背”的游戏，两人相对站立，运用所学的动作去踩另一个人的脚背，在规定的时间内踩到对方脚背次数多的一方为胜，强调安全。

（4）结束部分（5 分钟）

①集合整队。②课后总结。③宣布下课。④师生再见。

课的效果预计：使 90% 的学生掌握了跆拳道的实战势和上步、撤步及跳换步的动作技术，完成了教学目标的要求。运动强度较强，需要通过放松练习来消除疲劳，加快身心恢复。

“我的说课完毕，说课人 ×××。谢谢！”

第三章
体育课堂组织形式安排与例解

第一节　课堂教学中组织形式的含义

要理解“组织形式”，先要了解什么是“组织”，体育课的组织是指“为实现课的教学指标所采用的各类措施与手段”。这个概念有点问题，它可能与教学措施与教学手段相互联系，因为在概念中明确提到了教学。何谓“组织”？按《现代汉语词典》中的解释是：①安排分散的人或事物使具有一定的系统性或整体性。②按照一定的宗旨和原则建立起来的集体。③机体中组成器官的单位。“何谓形式”？《现代汉语词典》中的解释是：事物的形式、结构等。笔者认为，组织形式是：按照一定的规则把人员组合起来，构成一定的形状。

谈到体育教学组织形式，教科书中说：“为了实现课的教学目标，根据教材内容的特点，学生的具体情况。教学环境而合理采用的教学方式。这个概念的疑问是教学组织形式又说成了“教学方式”，而正如前所述，教学方式是“教学方法的活动细节”，如讲授书中的讲述，讲解，讲演练习法中的示范，模仿等同一教学方式可以用于不同教学方法，不同的教学方式也可以包含同一教学方法之中。它与教学方法联系密切，如果把教学组织和教学方式，教学方法混在一起，要正确理解体育教学组织形式就会更加一头雾水了。因此去繁就简，笔者认为体育教学组织形式就是：“按照某种秩序把学生组合成一定的形式及其过程，”这个理解与按照逻辑学下的定义可能有些不符，但是很好理解且实用。更为通俗的理解是体育课堂教学中小组的构成，学生的站位，练习的秩序等。按此逻辑，我们便把体育课堂教学的组织形式分解为自然班组织形式，合班分组教学形式合班分组办学组织形式又分为全班教学和班内分组教学。而班内分组教学则有分组不轮换和分组轮换等。更为具体的还有先分后合，先合后分，一次等时或不等时轮换的形式。

第二节　合、分组的策略选择

一、不同的分组有不同的使用价值与条件

不同分组的不同使用价值与条件（表 3–1、表 3–2）。

表 3–1　自然班与合班分组形式优缺点一览表

分组形式	优点	缺点	适宜条件
自然班组织形式	学生固定组织与管理方便学生之间互相了解与熟悉	学生之间的情况差异较大	高中以下的班级教学
合班组织形式	根据不同的学生情况如兴趣爱好、体质情况、学习基础等，采用不同的分组教学有利于达成目标	课程安排难度较大，学生之间不熟悉，教学难以管理	适宜高中选项课教学

表 3–2　全班与班内分组优缺点一览表

<table>
<tr><th colspan="3">分组形式</th><th>优点</th><th>缺点</th><th>适宜条件</th></tr>
<tr><td colspan="3">全班组织形式</td><td>利于统一指挥便于统一管理容易传达教师指令</td><td>不利于差异性教学，影响练习密度与运动负荷</td><td>一般用于队列队形，广播操，准备活动，课中的集中教导，集中到纠正错误，结束部分活动，武术，舞蹈等集体性练习</td></tr>
<tr><td rowspan="5">组内分组形式</td><td colspan="2">分组不轮换</td><td>利于教学内容的学习</td><td>不利于转移学生的注意力</td><td>适用于场地器材比较充足的情况与条件</td></tr>
<tr><td rowspan="4">分组轮换</td><td>两组一次等时轮换</td><td rowspan="4">利于转换学生学习的注意力</td><td rowspan="4">不利于强化练习</td><td>两个教学内容相对比较简单或难易差异较小的情况</td></tr>
<tr><td>两组一次不等时轮换</td><td>两个教学内容难度差异较大，新授课难度较大可安排时间较长</td></tr>
<tr><td>三组两次轮换</td><td rowspan="2">在两教学中有一个教学内容需要集中练习如武术，舞蹈，广播体操等情况和采用先合后分</td></tr>
<tr><td>先分后合或先合后分</td></tr>
</table>

二、根据场地器材情况分组

学校的场地器材是决定如何分组的一个很重要的因素，因为它影响到学习时的练习密度与运动负荷，如果学校的场地器材充足，那么学生可以采用多个小组的形式进行练习，如果学校的场地器材匮乏，那么可以采用多人小组的形式，并提高练习的速度、减少不必要的队伍调动和时间的浪费，这样可以弥补场地器材的不足，提高练习的次数与效果。

三、根据课的结构分组

课的结构决定了分组的形式，上课的准备阶段与结束阶段必然是集中练习，这样可以传达教师的指示，使学生在短时间内明确教学的意图，而基本部分阶段，由于学生正在进行各种练习，教师必须充分利用学校的场地器材，使学生尽快参与运动练习过程中，因此就需要教师合理的分组，教师则巡回指导。

四、根据教学能力差异分组

要贯彻以学生为中心的思想，必须考虑学生的实际情况，在教学中根据学生的特点进行合理的分组是贯彻这个原则与思想的最好途径。因为学生体质有差异、能力有差异、学习进度有差异，如果我们不进行分组教学，那么对一些学习成绩好的学生可能是一种恩惠，但是对于学习体育较为困难的学生，则是一种不公正的待遇。

第三节　教学过程的组织形式与教案

体育课教学过程的组织形式，一般包括全班教学和班内分组教学两种。

一、全班教学与案例

全班教学是指在教师的统一组织下，同时或依次完成教学任务的教学组织形式。它有利于教师调控课堂，全面照顾学生，有较高的练习密度。缺点是不利于教师进行个别指导，一般在场地与器材条件充足的情况下使用。

案例 3–1　全班教学课时案例

课题：流行街舞

1. 指导思想

本课题依据《课程标准》的精神，树立“健康第一”的指导思想，在教材的选用上，力求把时尚的健身舞蹈融入课堂，让学生体验到学习的快乐，培养兴趣，促进学生身心健康发展，为终身体育奠定基础。

2. 设计思路

随着多媒体在体育教学中的运用，以前那种竞技教学方法依据已不能适应当前课程改革的要求，取而代之的是利用多媒体的功能培养学生的自学、自练和自评的时间能力，促进课堂学练气氛生动活泼，达到课改的目的。本科教学主要借助多媒体直观的功能，帮助学生建立直观的表象，使学生的自主学习、合作学习和探究学习得到实现。在教学过程中不论复习街舞组合动作，还是学习街舞的队列变换，多媒体教学始终贯穿其中。教师利用生动简练的语言诱导学生学会看街舞，学会自学，学会自练，激发学生学练的积极性。通过分组创编练习，教师巡回指导，各组探究创编新动作，教师组织交流，培养学生观察、思维的能力及创新的精神。结束部分在轻松优美的旋律中，师生做放松舞蹈练习，最后教师组织讲评，播放现场拍摄的镜头让学生观察，找出差距，以便练习改正。预计本课有95% 的学生能完成教学任务。

课时教案

教学内容	1. 复习街舞组合（一） 2. 学习街舞组合（一）的队形变换		**场地器材**	室内馆；多媒体，数码摄像机
教学目标	1. 了解现代舞组合队形变换的方法，在自主尝试和培养创新过程中，培养创新精神 2. 复习街舞组合，初步掌握街舞变换的组合动作 3. 树立自主学习意识，体验与他人合作成功的喜悦和乐趣			
程序时间	**教学内容**	**组织形式**	**教师指导**	**学生活动**
常规导入（2分）	1. 常规检查 2. 师生问好 3. 宣布本课内容与目标	四排横队 *********** *********** *********** *********** △	1. 了解人数，提出要求 2. 宣布本课内容与目标	配合站队注意听讲
愉悦热身（7分）	复习有氧搏击操	扇形	播放课件口令提示，引导学生做热身操	听口令看课件做练习
提高技能（10分）	复习街舞组合（一）	四排体操队形 *********** *********** *********** *********** △	1. 提问：街舞最早起源于哪里？它的动作特点是什么 2. 播放课件，语言提示 3. 师生同练	1. 积极回答 2. 看课件练习 3. 跟教练练习 4. 分小组互相练习，互相交谈 5. 集体练习

程序时间	教学内容	组织形式	教师指导	学生活动
诱导学习（14分）	学习街舞队形变换组合 1. 学习队形变换的过渡形式 2. 学习队形变换 3. 集体完整练习	二排横队 ********** ********** 圆形 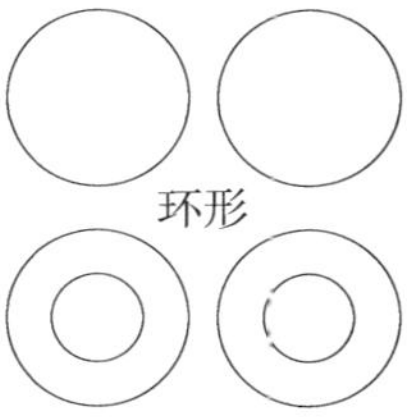	1. 利用课件播放图形变换 2. 口令提示，练习队形移动的变换	1. 看课件走队 2. 学习过渡动作：四列变二列 3. 在教师口令提示下，由圆形队形变成环形队形 4. 在音乐的伴奏下集体　练习 5. 分组互相观摩，互相提出不足
体验创编乐趣（6分）	创编一段街舞组合	散点：3 ~ 5人组成一组 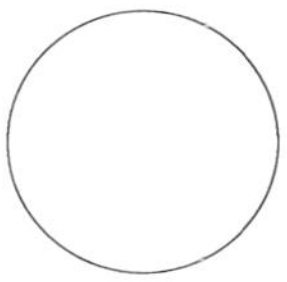	1. 启发鼓励学生创编 2. 肯定成绩 3. 找出不足	1. 各组组织创编 2. 各组推选人选参加表演
恢复身心与小结（6分）	1. 调整放松 2. 小结本课 3. 布置作业，复习本课内容 4. 简介下次课内容	四排体操队形放松后自然靠拢 *********** *********** *********** ***********	1. 音乐的伴奏，语言提示，集体练习 2. 放拍摄动作进行讲评 3. 肯定优点，找出不足	1. 放松 2. 注意听讲 3. 适时回答
小结	（略）			

3. 评析

新的课程标准，在教学内容上没有作出具体的要求，给教育留有较大的选择空间，教师可以根据当地学校、学生和自身的实际情况，自主选择教学内容。本教案紧扣课标要求，贯彻“健康第一”的指导思想，力求把时尚的健身舞蹈融入课堂，让学生体验到练习的快乐，培养兴趣，促进学生身心健康发展，为终身体育奠定基础。在教学过程中，充分发挥教师、学生双主体作用的同时，还充分利用现代教学手段，来促进“学生主动、活泼地发展”，在复习中提高技能，在学习中创新动作，在展示中培养精神。为我们如何进行这类课的教学提供榜样与示范。

在应用全班教学的过程中应体现学生的主体性，长期以来受传统教学的影响，体育课堂教学形成了“讲解——示范——分组练习——巡回指导——终结评价”的模式，这一模式最大的弊病就在于以教师的教为中心，而忽视了学生学习的主动性，这一做法与《课程标准》所强调的把学生作为教育的主体是相违背的。因而，我们在课的教学过程中，教师必须把学生学习的积极性调动起来，把学生作为教学的主体。同时注意课堂教学过程中的即时评价。

案例 3–2 《足球运动教学比赛》教学设计

1. 指导思想与目标

根据《课程标准》的精神，树立以“健康第一”为指导思想，突出体现尊重学生对教学内容的选择性，使体育课朝着有利于激发学生的运动兴趣这一方向发展. 同时充分考虑我校是省重点足球传统校，精心设计了这一节足球教学比赛课，从中培养学生对足球运动的兴趣，激发学生动手动脑、善于思维的学习欲望，并全方位参与体育运动。

2. 教材与对象

（1）教材：根据《课程标准》中学习和应用运动技能水平四、水平五的部分内容，组织和参加小型足球教学比赛。

（2）对象：初一年级男生。

3. 重点与难点

（1）教学重点：激发参与，促进协作，培养能力。

（2）教学难点：启发两队研究战术并排兵布阵。

4. 教法、手段与学法

（1）教法：启发诱导、表扬鼓励、巡视指导、分层次教学。

（2）手段：课前运用多媒体辅导，课中运用语言提示及足球演示板辅助教学。

（3）学法：收集资料、集思广益、动手动脑、积极参与、分层次学习。

5. 课的思路

（1）课堂常规：集合整队，两班并排站立，导入正课。

（2）进行热身：循序渐进、由浅入深，先绕圆圈慢跑，接着做行进间热身操和足球基本功练习。

（3）分组准备：两班各推出教练召开赛前准备会，研究战术，明确分工，培养学生的组织能力。

（4）分组、分层教学：各班选出足球运动技能较强的同学参加比赛，其余同学练习足球基本功，充分发挥体育骨干对学练的组织与管理能力。

（5）两队集中小结中：各队推出代表介绍比赛情况，同时交流战术。

（6）教师总结：根据各班的介绍和课堂的情况，肯定优点，指出不足，并提出改进意见。

6. 预计负荷

预计本课练习密度约占 50%，安静心率约为 75 次 / 分，最高心率约为 170 次 / 分，平均心率约为 130 次 / 分。本课在轻松欢快的气氛中进行足球教学比赛，通过师生之间的共同配合，本课的教学目标将得到顺利完成。

课时教案

<table>
<tr><td>学习
目标</td><td colspan="5">1. 认知目标：了解足球比赛的战术，在合作练习中充分展示自我
2. 技能目标：初步掌握足球比赛的简单攻防战术，发展速度、耐力和灵敏素质
3. 情感目标：通过参与比赛，体验体育运动的乐趣与魅力</td></tr>
<tr><td rowspan="2">教材</td><td colspan="2" rowspan="2">分组足球教学比赛</td><td>重点</td><td colspan="2">激发参与、促进协作、培养能力</td></tr>
<tr><td>难点</td><td colspan="2">启发两队研究战术并排兵布阵</td></tr>
<tr><td>部分
时间</td><td>教学内容</td><td>教师活动</td><td>学生活动</td><td>组织形式与要求</td><td>强度</td></tr>
<tr><td>课前</td><td>教学常规</td><td>介绍本课内容
安排见习生</td><td>体育委员整队
报告人数</td><td>x x x x x x
x x x x x x
△
要求：整队做到快、静、齐</td><td>小</td></tr>
<tr><td>第一
部分
（8分）</td><td>热身运动：
热身操练习
足球基本功练习</td><td>教师组织：
口令指挥
节奏由慢到快</td><td>听从口令练习：
慢跑
行进间操
分四组练习
足球抢截球</td><td>练习队形如图
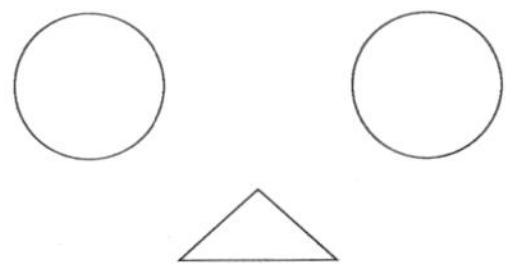
要求：口令提示练习热身操，小组组织练习足球基本功</td><td>中</td></tr>
<tr><td>第二
部分
（2分）</td><td>双方召开准备会
各队教练安排出场队员及比赛技能战术</td><td>启发诱导各队研究战术</td><td>各队教练讲解战术，明确攻防位置</td><td>准备会队形如图：
一班二班
X 0
XXXX 0000
XXXX 0000
XXXX a 0000
XXXX 0000
要求：各队教练讲解，全队统一配合</td><td>小</td></tr>
<tr><td>第三
部分
（26
分）</td><td>教学比赛上下半场各12分钟，中场休息2分钟
未入选的同学由教师或组长带领练习足球基本功</td><td>带领未入选队员练习足球基本功
适时到两个赛场巡视并参与比赛</td><td>两队比赛
两队各派裁判实行执法
替补队员进行足球基本功练习</td><td>比赛及练习示意图略
要求：比赛时注意安全，听从裁判员判罚</td><td>大</td></tr>
<tr><td>第四
部分
（2分）</td><td>放松运动：放松操</td><td>带领学生做上下肢放松</td><td>听口令练习</td><td>练习队形：随意站立
要求：肢体放松</td><td>小</td></tr>
<tr><td>第五
部分
（6分）</td><td>新闻发布会
教师总结</td><td>组织两队召开新闻发布会并提问
对本次课总结布置下节课的内容</td><td>各队教练员总结比赛情况，回答问题
提出建议
收拾器材</td><td>练习队形如图：
X 0
XXXX 0000
XXXX a 0000
XXXX 0000
要求：注意听讲，踊跃回答</td><td>小</td></tr>
</table>

场地器材	足球场，足球演示板。足球，标志物，扩音器等若干器材
课后反思	本课两队比赛激烈，水平相当，培养学生团结协作精神，在师生的共同努力下，课的学习目标得到顺利完成，但有个别未入选同学的足球基本功较差，需课后加强练习

7. 评析

教师作为促进者，其角色行为表现为：帮助学生确定适当的学习目标、并确认和协调达到目标的最佳途径；指导学生形成良好的锻炼身体的习惯，掌握学习策略和发展学习体育的能力；创设丰富的教学情境，激发学生的学习动机和学习兴趣，充分调动学生的学习积极性；为学生提供各种便利，为学生服务；建立一个接纳的、支持性的、宽容的课堂气氛，与学生一起分享他们的情感体验和成功喜悦，与学生一道寻找真谛，能够承认过失和错误，寻找角色扮演，培养团队精神。

二、班内分组教学与案例

分组教学是根据课的教学目标和要求将全班学生分成若干小组，分别进行练习，以实现教学目标与任务。以下教学实践案例，是部分教师在学习新课标后收获的体会与做法，在形式与格式中不作统一的要求。

班内分组教学课分以下几种：

（一）随机分组

按照特定的方式将学生分成若干组。它具有一定的公平性，常在竞赛、游戏中采用。它的优点是非常简单，操作迅速；缺点是没有充分考虑学生的兴趣与爱好及运动能力，不能体现区别对待的原则，学生的个性特长不能充分发挥。在新的课程标准下应用于实际组织教学的比较少。

案例 3–3　耐久跑教案

1. 指导思想

在贯彻落实体育与健康新教材的基础上，体现新课程改革的新思想和新理念。挖掘教材的趣味性，培养学生对运动的兴趣，调动练习的积极性，为终身体育打下良好的基础。

2. 课的构思与设计

（1）根据高中一年级学生正处于初中与高中的过渡阶段，兴趣、爱好广泛，活泼好动，爱自我创造。在课的开始，就让学生以组为单位协商研究制定本组准备活动方案，然后以组为单位，在组长的带领下实施本组的准备活动方案。其目的是通过让学生自主选择热身练习内容，让学生成功地体验自己设计的方案，激发学生的学习兴趣，调动学生参与学习的积极性，培养学生的成就感。再给出五种感染力强的游戏供学生进行选择练习，通过自主练习游戏导入课题，旨在通过游戏，发挥学生的主动性，活跃课堂气氛，提高学生运动兴趣，调动学生练习的积极性，以更加饱满的热情投入到后面的练习中去。

（2）在基本部分根据主教材搭配上肢力量素质练习，提供三种不同的练习方法，采取开放式教学，让学生自主选择练习的方法，把自主权归还给学生，大大提高学生进行素质练习的兴趣，充分发挥学生的主体作用，通过奥运冠军邢慧娜的事例，导入练习的内容和耐久跑的意义，让学生分组讨论和设计本组的耐久跑练习，努力构成理想的练习方案，为学生自主练习，探索与实践提供了广阔的空间。学生根据自己的生活实际，自行设计了各种各样能够提高耐久跑能力的练习方法，同时也充分展示了他们的个人才能与集体合作的智慧。在第一次练习结束后，让学生对原来的方案进行自我评价并对原来的方案进行修改和完善，然后再次进行实践和体验。这样不仅让学生的体能在练习中得到提高和发展，而且培养了学生自主学习的能力和创新意识以及坚持不懈的意志品质。在耐久跑最后阶段充分利用自然地貌安排了一个激情四射的游戏。

（3）在课的结束部分同样充分发挥了学生的自主性和创新能力，让学生分组协商和制定自己的放松方案。在最后进行评价时把评价的主动权交还给学生，让学生组内自评，然后相互评价，教师最后再做总评。

（4）精讲多练，突出以学生身体练习为主的特点。学生是课堂的主人，从课的开始做游戏，准备活动到结束放松，全是分小组讨论、探索、思考，寻找发展耐久跑的练习方法，自始至终学生都在乐此不疲地运动着，体验着自己设计的耐久跑方法带来的乐趣和成功感，发展了学生的体能。让学生的参与精神不仅仅止步于课堂45分钟，而且还要发展到课外和校外。

3. 问题与建议

首先应从学生的兴趣出发，引导学生积极参与。兴趣是最好的老师，只要有了兴趣，学生就有了练习的积极性。耐力跑练习比较枯燥，必须充分挖掘教材的趣味性，调动学生进行练习的积极性。

营造民主、和谐的学习氛围，发挥学生主动参与的意识。教师语言评价能力有待提高。评价要及时准确，不单要激励还要引导。评价语言要用术语，不能言过其实。

课时教案

教材	耐久跑与上肢力量练习						
教学目标	1. 技能目标：通过练习，让学生初步掌握练习耐久跑的方法 2. 素质目标：发展学生的心肺功能，提高学生的耐久素质和上肢力量 3. 情感目标：培养学生自主、探究学习的习惯和合作意识 4. 知识目标：让学生明确耐久练习的意义，培养学生吃苦耐劳的意志品质						
教学过程	教学内容	教师活动	运动负荷		学生活动	组织与要求	教育渗透
			次数	时间			
引起注意阶段	课堂常规	1. 教师提前到场地准备与检查器械 2. 召集选学的学生，接受体育委员的报告并向学生问好 3. 安排见习生 4. 以教师提问的方式引导入课的内容导语：同学们，什么练习能有效地提高我们的心肺功能？对！我们这节课就进行有趣的耐久跑练习	1 次	1 分钟	体育委员检查人数（课前），体育委员向老师报告人数 积极回答老师提出的问题	以教师为中心靠拢，见习生随堂记录本课要点，并帮助老师干一些力所能及的事情。认真听讲、精神饱满，注意力集中，声音洪亮	礼仪教育
激发兴趣阶段	自主热身	1. 以教师提问学生回答的方式导入课的准备活动。 导语：同学们想一想，在进行练习之前，我们应该做些什么活动？为什么？	1 次	5 分钟	积极回答老师的提问，听清准备活动的要求。学生以组为单位积极进行讨论，制定本组的准备活动方案	要求学生以组为单位进行讨论制定自己的准备活动方案。要求学生积极讨论敢于发表自己的见解	
	游戏	1. 讲解做准备活动的总体方案 2. 鼓励各组学生或体育骨干领做准备活动。 导语：同学们，为了活动更加充分，我们一起再做个游戏好吗？下面我为大家准备了以下几个游戏供大家选择：①网鱼游戏；②警察抓小偷；③找同伴；④重游地道战；⑤自创游戏 3. 强调练习安全		11 分钟	在自己组长的带领下，按照自己的方案进行充分的准备活动。在组长的带领下积极进行选择或自创游戏、制定本活动方案，积极参与游戏，进入游戏角色当中，分组自我评价	按照自己设计的方案组织学生进行准备活动，充分活动全身各个关节，要求学生以组为单位进行讨论，制定自己的游戏方案，组长带领按照自己设计的方案组织学生进行实践，严格遵守游戏规则	热身活动的意义培养学生自主选择的能力和创新能力
全面发展素质教育	自选素质练习	导语：同学们，大家观赏过健美比赛和拳击比赛吗？想不想让你们的手臂强壮与健美？那就让我们进行使你手臂强壮健美的练习好吗？ 1. 讲解练习方法并提出要求 2. 指导各组进行选定练习方案 3. 参与各组不同的练习教师短评	1 次	24 分钟	根据提供的练习方案积极讨论练习方案，对选定练习方案进行实践小组评价	组织学生根据提供练习方案，积极进行讨论，选定练习方案让学生分组实施自选方案	不怕困难

教学过程	教学内容	教师活动	运动负荷		学生活动	组织与要求	教育渗透
			次数	时间			
接受新知识阶段2分钟	耐久跑	在雅典奥运会上中国的田径项目取得了几块金牌？是什么项目？分别是谁获得的？导入耐久跑练习 1. 教师出示卡片提供几种耐跑方案 2. 巡回观察、指导学生讨论制定方案 3. 注意调动课堂教学氛围，参与各组的不同练习 4. 组织各组学生进行成果展示 5. 评价各组的成果并提出改进意见 6. 再让各组讨论练习方案存在的问题，进行协商整改方案 7. 让学生快乐参与自己设计的方案练习中 8. 老师评价整改后方案导语：同学们2008奥运会在哪里举行？下面我就带领大家到奥运村好吗？大家跟我一起奔向2008吧 9. 带领学生做奔向2008耐力游戏 10. 与学生共同庆祝	2～5次 1或2次 1次	8分钟 6分钟 6分钟	积极回答教师的问题，讲解选择本方案的原因，分成四组由各小组长带领，进行分组讨论，协商选择制定本组的耐久跑方案。在各小组长的带领下至练习地点进行练习实践。对各组讨论方案存在的问题，进行协商整改，设计更新颖更合理更有练习兴趣的方案。 学生快乐参与自己设计的方案中，检验练习方案的效果，体验自主学习带来的成功感和喜悦感。 口诀：耐久长跑应练好，奥运精神离不了，既练心肺又练脑，跑得轻松协调好，精神状态很重要，意志坚强信心保。 大胆回答问题，积极投入，做奔向2008耐力游戏，发挥想象，越过高山，跨过大河，奔向北京，达到北京奥运村后，学生进行庆祝活动	导入本课内容 要求学生听清耐力跑练习的方法 分组讨论协调制定本组的耐久跑方案 各组对本组的耐久跑方案进行练习实践组织各组讨论方案存在的问题，制定更新颖、更合理的方案组织各组练习后展示自己成果 奔向2008图示 各组可以自由发挥，可运用所学动作或自创动作充分施展自己的才能讲解，组织练习奔向2008耐力游戏，组织学生进行庆祝	培养学生吃苦耐劳的精神 培养健康第一的意识 培养自信心和创造力 培养互相协作的精神

正确及时处理突发事件。要考虑到安全因素，还要考虑到激励结果。

知识拓展还不够。像上肢力量练习中，问：“还有什么练习能发展上肢力量？”答“双杠练习、单杠练习、哑铃练习。”“希望同学们课后进行这些练习，发展我们的上肢力量。”

随时发现评价学生的个性表现。练习中小组叫板比赛要正确引导，向良好的方向发展。

教师要有目的地“放”，为后面有效地“收”做好准备。

教师把解决问题的主动权放给学生，教师有效点拨，把练习推向更深的层次，师生互动。

教师语言要有感染力，能调动学生练习的情绪。

案例 3–4　韵律操教案

1. 课的构思与设计

根据“健康第一”的指导思想，要使学生在身体、心理和社会适应得到和谐发展，必须坚持以学生发展为中心。本课以开放式的教学作为设计课的基本思路，力图改变传统的封闭式教学，为学生提供充分的自主学习、合作学习的时间和空间，从而使学生的兴趣得到培养，参与活动的主动性、积极性得到改善，自我展示、自我完善、自主学习的意识和行为得到充分的提高和发展。为了在教学中能体现出新课程的理念，更好地实现五个学习领域的目标，本课选择了韵律操练习中的“跳跃组合”和游戏“障碍接力跑”作为教材内容。

本课采用了三个“开放”，即以创设相对开放的教学条件作为学生发展的基础，以选择相对开放的教学内容作为学生发展的载体，以确定相对开放的组织形式作为学生发展的措施。因此，本课“韵律操”教学，在开放的教学法条件下，按教学目标的要求，为学生的学习提供充分的场地、器材，以及充足的教学时间和空间，为学生的自主学习、合作学习创设宽松、和谐的环境。在开放的教学内容上，本课以韵律操为基础教材，为学生提供丰富多彩的练习内容和手段，让学生自主进行练习，以满足自主学习，自我发挥的学习欲望和情感体验；在开放的组织形式上，本课采用以自由结伴、分散型的自主练习形式，使学生在学习过程中，学会韵律操的动作以及韵律操的学习方法，学会与同伴相互交流、相互帮助和合作，并获得自尊与自信。

在“障碍接力跑”游戏活动的设计中，教师为学生提供游戏的三个规定障碍，利用小组合作活动的形式，通过主动参与设计创编、尝试演练、交流比赛，以自己喜欢的方式做游戏，使学生成为游戏活动的主人，尽情享受游戏的乐趣，学生的创造力得到发挥，独立的个性逐渐发展，在活动中认识自己的价值，从而坚定学习的信心。让学生体验到团队活动的乐趣，感受到每个参与者的自身价值。

最后的放松部分安排了播放音乐《让我们荡起双桨》环节，使学生在轻松的气氛中得到身心放松，让学生跳起来、唱起来，调节大脑中枢神经的兴奋，使紧张的肌肉得到调节，从而使课堂的效益进一步提高，以达到体育课的目的任务，为学校德、智、体、美、劳全面发展提供服务。

2. 本教案的特点

这是一篇在新的课程标准理念下的高年级课的教案。教学目标的设计以“课标水平三”为依据，从教材的选择、学习步骤的安排到教学评价的各个环节，始终把学生的主动学习放在首位，激发学生的学习兴趣和积极性，发展学生的个性，体现学生的主体地位和教师的主导作用。此教案有如下特点：①教学中用“没有失败的比赛”体现了“成功体育”的精神尝试。②教学中学生有尝试、有比赛、有评比。扩大了课的容量，加强了全面锻炼。③教学中努力为学生创造探究过程，符合现在体育教改精神。

3. 问题与不足

此教案的不足之处是：学习韵律操学生自主练习相互帮助纠正时，人数不能太少，否则效果不太好。同时游戏的次数安排太少，可能学生难以尽兴，建议可把游戏增加一组来设计。

课时教案

<table>
<tr><td>教材</td><td colspan="5">学习韵律操（跳跃组合）游戏：“障碍接力跑”</td></tr>
<tr><td>课的目标</td><td colspan="5">1. 通过韵律操的练习，学会韵律操的动作以及方法
2. 培养主动参与活动的积极性和兴趣性，发展灵敏、协调和弹跳力以及节奏感和自我控制能力
3. 学习创编游戏的方法，发展学生创造力和实践力，通过游戏提高在快速奔跑中越过障碍的能力
4. 培养勇敢、果断和克服困难的精神，增强相互交往与合作意识</td></tr>
<tr><td rowspan="2">课的顺序</td><td rowspan="2">时间的分配（分）</td><td rowspan="2">课的内容</td><td colspan="2">运动负荷</td><td rowspan="2">指导与练习法</td></tr>
<tr><td>次数</td><td>时间（分）</td></tr>
<tr><td>一</td><td>3</td><td>课堂常规：
1. 体育委员整队，师生问好
2. 教师提出本课学习目标和学习内容
3. 教师做简要动员
4. 集中注意力练习</td><td></td><td>1</td><td rowspan="3">1. 上课队形：四排横队如下图
OOOOOOOOO
OOOOOOOOO
×××××××××
×××××××××
▲
要求：列队迅速，站姿端正
2. 认真听讲
3. 明确目标，树立信心
4. 组织：如上图
师生原地踏步走，老师“提问”，学生“回答”如：青蛙叫，“呱呱呱”；小狗叫，“汪汪汪”
要求：注意力集中，反应迅速
要求：沿圆形路线跑，两手拍拍，下肢做跑跳步练习，头左右摆动
教法与学法：
教师按节次边引导边示范，学生集体进行练习
要求：动作到位，加大幅度</td></tr>
<tr><td>二</td><td>2</td><td>队列练习：
《快乐的节日》或圆形队慢跑一圈</td><td></td><td>1.5</td></tr>
<tr><td>三</td><td>3</td><td>热力健身操：《音伴》
（1）头部运动
（2）肩部运动
（3）后踢步跳
（4）臂摆动跳
（5）臂交叉跳
（6）臂环绕跳
（7）分合腿跳
（8）变换上肢跳</td><td></td><td>3</td></tr>
<tr><td>四</td><td>18</td><td>学习韵律操
（跳跃组合）
重点：上下肢的协调配合
难点：力度与节奏的协调统一。
歌谣：韵律操，练协调，上肢下肢配合好。讲究节奏和力度，愉悦身心很必要。教师参与离不了，学生创新最重要。</td><td></td><td>6</td><td>1. 组织如上图
2. 教与学法
（1）教师介绍组合动作的特点
（2）教师示范动作，学生观察、思考和模仿动作
（3）教师进行六个八拍的分解动作教学
（4）学生分小组练习，互帮互学，掌握动作
（5）教师分别指导，纠正动作
（6）请学生以小组的形式，将第一至第六个八拍的动作连起来表演，激发学生展示自我的愿望；看哪一组的学生做得最好，培养学生的竞争意识</td></tr>
</table>

<table>
<tr><th rowspan="2">课的顺序</th><th rowspan="2">时间的分配（分）</th><th rowspan="2">课的内容</th><th colspan="2">运动负荷</th><th rowspan="2" colspan="2">指导与练习法</th></tr>
<tr><th>次数</th><th>时间（分）</th></tr>
<tr><td rowspan="2">四</td><td rowspan="2">18</td><td>游戏：障碍接力
1. 小组利用已有器材设置障碍创编游戏</td><td></td><td>7</td><td rowspan="4" colspan="2">（7）用音乐试配动作练习，反复练习达到熟练，体验掌握动作的过程和方法
（8）请学生表演、或自愿表演。学生互评
（9）最后集体练习一次教师总评
要求：动作优美，舒展大方，节奏感强，有力度
教法与学法：
（1）教师提示用已有的器材，让学生分组创设目标，自由设置障碍，尝试进行练习
（2）教师简述练习方法与规则，组织学生进行分组对抗比赛
练习队形：成散点队形。师生评议，共同小结。利用创意想出各种方法，在课余进行练习。收拾器械，下课</td></tr>
<tr><td>2. 进行障碍接力比赛</td><td></td><td>5</td></tr>
<tr><td>五</td><td>10</td><td>整理活动：《让我们荡起双桨》
小结、讲评</td><td></td><td>6</td></tr>
<tr><td>六</td><td>4</td><td>布置课外作业，师生再见下课</td><td></td><td>2</td></tr>
<tr><td>场地器材</td><td colspan="2">1. 自制花饰 40 副
2. 挂图 4 幅
3. 录音机 1 台
4. 小海绵垫 8 块，藤圈 8 个</td><td colspan="2">课后小结</td><td>全课密度
40%</td><td>基本部分密度
35%</td></tr>
</table>

（二）同质分组

同质分组是指按学生的体能和运动技能大致相同的原则进行分组。它的优点是有利于增强活动的竞争性，能满足学生的表达欲，激发学生积极参与活动的积极性，教师可以根据不同的组别学生进行有区别的教学，有利于因材施教，能满足学生的不同需要。不足之处是在学生当中容易形成等级观念以及让体能或运动技能欠佳的学生失去信心，产生自卑感。在分组前教师应注意引导，以免学生产生误解。

案例 3–5　课题：《渔民的生活》

1. 课的构思与设计

教育不是训练，是生活，是创新，现实的生活是教育内容的重要源头，教育是现实生活的有机组成部分。高戈庄北临峡山水库，为了弘扬家乡的文化，使课堂教学接近生活，在教材内容的选择上，能够根据初中学生的年龄特征，结合高戈庄鱼乡、水乡的特色，通过创设教学情境，选用了划船出河打鱼、送货等渔民生活实践，使家乡文化在体育课教学中得到体现。

本课主教材教学选用了相互探索法、尝试完善法和竞赛法，始终把教师放在“导演”的位置上，充分发挥学生的主体地位。

本课在教学中以情激人，陶冶情操，弘扬文化。通过创设情景，使学生能够很快进入角色。整个教学过程中，始终渗透了家乡文化教育和思想教育，使学生在了解高支庄文化的同时，激发学生对美好家乡的热爱，做一个合格中学生，发挥自己的聪明才智为家乡建设服务。通过对《渔民的生活》的教学，培养学生热爱劳动、敢于竞争、团结合作的精神。通过激励评价，使他们能够不断地认识自我、完善自我和发展自我。

课时教案

<table>
<tr><td>教材内容</td><td colspan="3">1. 出河打鱼（双人划船）</td><td colspan="3">2. 送货（背对背运球接力）</td></tr>
<tr><td>课的任务</td><td colspan="6">1. 知识目标：了解渔民的生活对弘扬家乡文化和发展体育的积极作用，以及对家乡人民健康的作用
2. 技术目标：使学生能够初步了解双人划船、送货时两人的配合方法和动作要领
3. 体能目标：基本上学会双人划船的动作，锻炼双下肢、腰腹肌力量协调能力，送货练习能够提高学生的集体配合节奏，增强学生的协作能力
4. 情感目标：培养学生的主体意识和自主习惯，发展学生创造性思维，弘扬家乡渔民文化，培养学生热爱劳动、团结合作、积极向上的健康心理和自我评价的能力，人人争做合格中学生</td></tr>
<tr><td rowspan="2">部分</td><td rowspan="2">课的内容</td><td rowspan="2">教学意义</td><td colspan="2">运动负荷</td><td colspan="2" rowspan="2">教与学方法
学生活动、教师活动</td></tr>
<tr><td>次数</td><td>时间（分）</td></tr>
<tr><td>常规</td><td>1. 体育委员整队并报告人数
2. 向老师问好
3. 宣布课的内容和任务
4. 检查服装、安排见习生</td><td>1. 集中学生注意力
2. 学生明白本课的学习内容</td><td></td><td>2</td><td>体育委员按四排横队整队要求：快、静、齐</td><td>要求：声音洪亮、精神饱满</td></tr>
<tr><td>准备出海</td><td>徒手操
1. 肩部运动
2. 扩胸运动
3. 腹背运动
4. 腰部运动
5. 弓步运动
6. 腕踝运动</td><td>1. 为本课的学习做好适应性练习
2. 培养学生集体主义精神</td><td>4 ~ 8 拍</td><td>3</td><td>练习队形
学练法：
1. 听口令练习
2. 全班集体练习</td><td>教法：
1. 体育委员口令指挥学生
练习要求：活动充分
2. 学生认真学习</td></tr>
<tr><td>造船</td><td>双人划船
组船：我和你双脚并拢地上坐，请你坐在我脚上，拉紧双手组成船</td><td>1. 培养学生自学能力
2. 培养学生观察和评价的能力</td><td>3 ~ 5 次</td><td>5</td><td>练习队形：四排横队，两人一组
学练法：
1. 学生看学习卡自学，认真领会动作要领
2. 学生两人一组练习
3. 边念要领边练习</td><td>教法：
1. 发给学生学习卡
2. 讲解示范动作要领
3. 巡回指导、点拨
4. 帮助纠正错误
要求：
1. 学生认真练习
2. 培养学生自学的能力</td></tr>
</table>

部分	课的内容	教学意义	运动负荷		教与学方法学生活动教师活动	
			次数	时间（分）		
试船	2. 试船：你提臂、我抬脚，我提臂、你抬脚，试试小船稳不稳	1. 培养学生自学能力 2. 培养学生团结协作能力		3	练习队形：四排横队 学练法： 1. 学生根据要领认真练习 2. 学生两人一组进行练习	1. 讲解示范动作要领 2. 巡回指导、点拨 3. 帮助纠正错误 要求： 1. 学生认真练习 2. 互相评价和观察，帮助和纠正错误
划船出海	划船：我拉你、你提臂，我伸脚、你拉我，我提臂、你收脚，拉紧手很重要，身体后倒不能忘，双脚紧靠臂下面，下船千万别挤倒	1. 培养学生自学能力 2. 培养学生团结协作能力 3. 培养学生热爱家乡、热爱劳动的习惯 4. 发展学生协调能力		10 ~ 12	练习队形：先两人一组练习，然后分两大组进行接力练习 学练法： 1. 认真听老师讲解，仔细看示范 2. 两人一组练习 3. 接力比赛 4. 优生示范，其他学生评价 要求：学生认真练习；积极配合	教法： 1. 讲解示范动作 2. 组织学生划船 3. 组织学生划船接力 4. 学生练习，教师巡视指导 5. 每组推荐代表示范，其他评价
出海归来	送海货（背对背运球接力）： 装货 运货 卸货	1. 发展学生协调和灵敏素质 2. 培养学生的合作精神		10 ~ 12	练习队形：向上四排横队 学练法：听动作要领原地练习背对背跑进，接力练习	教法： 1. 组织学生练习。学生用背夹住球，两手相拉进行练习 2. 教师指导要求：注意安全、互相配合
庆祝生活	放松练习，在老师的指导下进行身体写字 讲评 收拾整理器材，师生再见	1. 让学生心理放松 2. 转移注意力放松		3 ~ 5	学练法： 1. 用身体各部位写字："团结合作" 2. 听老师总结本课学习情况 3. 整理器材 4. 老师再见	讲解示范 总结本课学习情况 组织学生整理场地器材 同学再见

2. 评析

（1）教学目标有知识目标、技术目标、体能目标、感情目标四个方面，在教学过程中体现得非常突出。

（2）这是一节典型的情境式教学课，设计者根据学校的地理位置，结合当地生活实际，在教材的选择和内容安排上，既非常适合学生的心理和生理特点，又能充分挖掘教材的教学内容，安排科学。

（3）设计者从学生的生活实际和兴趣出发，既有技术学习，又有体能发展；既有知识学习，又有思想渗透。并且在整堂课中评价能贯彻始终，既有学生的自我评价和相互评价，又有教师的及时评价，能使学生始终在激励中兴奋地学习和练习。

（4）从本节备课可以看出，设计者给学生留有充分发挥的空间，学生的自主地位，教师的主导作用体现明显，教师通过一张学习卡片统领课的主体部分，体现出教师设计课的技巧。

（5）在技术教学中注重对学生能力的培养，让学生在自学、讨论、研究的基础上掌握技术、技能，让学生在尝试中、比赛中，提高对问题的认识；在知识教学中，注重知识的联系性同时注重德育教育，不但能拓宽学生的知识面，而且进一步激发学生的爱国热情。

案例 3–6　初一排球课教案

1. 课的构思与设计

（1）指导思想

新的课程标准给我们带来了全新的教学理念，无论是课堂教学的设计者——教师，还是课堂的主体——学生，对体育与健康课程标准所提出的基本理念都有了不同程度的认可。特别是在坚持“健康第一”，促进学生身心发展方面，老师们都努力使自己设计的教学内容向着有利于学生健康方面的发展。

（2）对象和教材

以水平目标构建学习内容，本课教学对象为初一女生，主教材为排球的双手正面垫球技术，辅助教材搭配内容，目的让学生通过多种途径的学习，体验运动的乐趣。

（3）教学与学法

①教法：强调对学生的学法指导。教师主要采用引导法、启示法、讲解法、探究学习法、表扬鼓励法等。

②学法：充分发挥学生在教学中的主体地位，培养学生与、交流与协作的精神，使学生真正成为学习的主人。

（4）教学程序

自觉体验——运动体验——学习、挑战体验——愉快体验——恢复身心。

通过自觉体验、运动体验、学习体验、挑战体验和愉快体验，尝试排球教学中新的学习方法，真正体现以学生为主体的新课标理念，为学生创新精神的培养、组织能力的发挥提供机会。

（5）目标预计

预计本次课的密度在 90% 左右，学生的练习密度在 40% 左右。

有 95% 的学生能完成本课的学习任务。

（6）场地与器材

排球场地、录音机、排球、跳绳、标志物等。

课时教案

班级	初一（1）（2）班女生	人数	40	课次	1
教学目标	1. 自主学习、自觉体验多种运动乐趣 2. 学习排球双手正面垫球技术，培养善于发现问题、探索多种方法的能力 3. 游戏活动，发展学生团结协作的集体主义精神和灵活躲闪的能力				
教材	1. 排球 2. 冲关	重点	激发参与活动多种体验		
		难点	自主学习实践创新		
学习过程	学习内容	教师指导	学生学习	及时提醒	
自觉体验 3 分钟	1. 一般常规 2. 设置多种游戏乐园 3. 自选内容进行活动 4. 创编游戏	1. 导入语 2. 布置学习方法，发游戏卡片，参与练习，语言鼓励	配合站队学生学习卡片，选择学习内容相互合作，勇于创新	积极参与	
运动体验 7 分钟	1. 多种形式的“戏球”练习：自抛自垫、抛接球、背向垫球、自创动作 2. 尝试比赛	1. 启发学生“戏球”的方法、布置方法，和学生一起探讨问题。 2. 教师当裁判，规则可不同于排球裁判法	1. 学生的动作是千姿百态的，时刻体验“戏珠”的乐趣 2. 让部分学生参加比赛，其他学生认真观察，发现问题	鼓励创新 可用任何方法击球过网，并及时点拨评价	
学习体验 挑战体验 22 分钟	学习排球双手正面垫球技术 重点：手型、击球点和触球点 难点：触球点	教师出示挂图、讲解动作，示范技术，建议练习方式，引导学生自主学练。各组互相挑战，展示成果	各组观看挂图，商定练习内容，探究学习方法，如一抛一垫、三角垫球等	鼓励为主	
愉快体验 5 分钟	冲关	运用教学卡片，向学生讲解游戏规则	各组观看教学卡片，商讨最佳过关方法	团结协作 智勇双全	
恢复身心 3 分钟	1. 绕口令放松 2. 小结	组织学生放松，小结本课	学习绕口令，达到放松目的	意识放松	

教学卡片每小组 3 张。

教学卡片

内容	选择练习内容（2 ~ 4 项）	场地器械	活动要求	时间
准备活动	愉悦身心 1. 编花篮 2. 花样跳绳 3. 踩尾巴 4. 头顶气球小组自创操 5. 木头人 6. 拍背 7. 快快跳起 8. 对脚	在指定区域内组长负责练习	自觉练习，听从小组长安排，充分活动身体各个部位	3 分钟

内容	选择练习内容（2 ~ 4项）	场地器械	活动要求	时间
戏球练习 尝试比赛	1. 自抛自垫 2. 持球旋转 3. 抛接球 4. 背向垫球 5. 自创动作尝试比赛	在指定区域内根据老师的要求，组长负责选择练习内容	互帮互练，时刻体验“戏球”乐趣 尝试比赛时可用多种方法击球过网	7 分钟
垫球练习	学习体验： 1. 垫固定球 2. 对墙垫 3. 一抛一垫 4. 两人一球对垫 5. 三人三角垫 挑战体验：尝试比赛	在指定区域练习，各组长负责比赛	1. 各组观看挂图后商定练习内容 2. 隔网垫球比赛，人数不限	22 分钟
游戏活动	冲关 方法：学生分成人数相等的甲、乙两组，甲组人手一球站成一队，游戏时，乙组在距甲组8米处从甲组面前跑过，甲组同学用抛球的方法击向乙组学生的膝盖以下部位，乙组同学设法躲避来球，两组轮流上场，被击中少者组获胜	教师课前准备场地	各组观看游戏内容，商定最佳过关方法	5 分
放松练习	绕口令老彭手里拿了一个盆，路过老文的棚，老彭的盆碰到老文的棚，棚倒盆破棚压盆	学生散点站位	师生心情愉快练习绕口令	3 分

2. 评析

教师利用一张教学卡片把学生要选择的练习内容展示给学生，给学生以宽松的学习和练习的空间，充分发挥了学生的主体性，同时学生可以根据自身的特点和身体素质与运动技能自觉组成学练小组，在有利于教师因材施教的同时更有利于学生的个性发展。

案例 3–7　前滚翻体育课教案

1. 课的构思与设计

（1）指导思想

坚持“健康第一”的指导思想，突出新的课程理念，面向全体学生，本节课教学以启发学生的思维活动，创造适宜的教学环境，在较短的时间内通过分层教学达到最后的教学效果。本次课着重培养学生的创新精神和相互评价的能力。

（2）教学内容

①技巧：女为前滚翻；男为远撑前滚翻。

②游戏：障碍跑“奔向 2008”。

（3）组织设想

本堂课的设计以如何培养学生学习兴趣及学生相互评价为出发点，发挥学生在学习中的主动性，积极性。在动作技能形成过程中，采用了尝试、启发、点拨的方法，使学生对新动作有个总体的了解，同时根据不同水平，让学生自主选择辅助练习，完善技能的不同练习方法，使不同层次的学生都能体验到成功的喜悦。在游戏障碍跑“奔向2008”的教学中，教师只提出要求和目标，各小组讨论练习的方法，通过比赛，提供团结合作的机会，启发学生对体育学习的兴趣并为北京2008奥运加油添彩，并在此基础上发展学生的耐力、速度和灵敏性。

（4）课后小结

①使学生能亲身体验运动所带来的乐趣，提高对事物的适应能力。

②拓展加强对体操的理解和认识。

③增强学生之间的友谊，加强学生的相互评价能力。

课时教案

内容	技巧：女为前滚翻；男为远撑前滚翻 游戏：障碍跑——奔向2008						
目标	1. 初步学习并掌握滚翻的正确方法 2. 发展学生的灵敏、耐力、速度 3. 培养学生自我评价的能力及不怕困难的精神						
顺序	课的内容	运动负荷		教学手段与方法	学生活动	组织方法与要求	教育渗透
		次数	时间（分）				
一	1. 课堂常规 2. 导入 3. 明确内容、目标	1	3	1. 指定集合地点 2. 鸣哨集合 3. 向学生问好 4. 宣布课的内容 5. 检查服装 6. 安排见习生	1. 体育委员整队集合 2. 向教师问好听讲 3. 见习生随堂听课	要求：静、齐，精神饱满	建立良好的师生关系和学习氛围
二	加减找朋友	4～6	6	1. 情景导入 2. 提出要求及游戏规则 3. 提高难度要求，组织比赛	1. 听教师讲解，充分发挥想象力 2. 明确要求，统一行动 3. 练习	组织：（略） 要求：遵守游戏规则。体验成功的喜悦	1. 培养学生团结协作的意识 2. 增强学生之间的友谊
三	徒手操 1. 腕踝运动 2. 俯背运动 3. 肩部运动 4. 头部运动	4×8	3	1. 用语言导入，提高学生的练习兴趣 2. 领做徒手操	1. 认真听讲 2. 随音乐学做徒手操	要求：充分活动每一个关节	1. 良好的锻炼练习惯 2. 加强学生的相互评价能力
四	尝试练习前滚翻	4～6	5	1. 组织阅读教科书，并设疑：滚翻怎么才能做到圆滑 2. 教学分组，并指导保护与帮助的学生 3. 教师巡视指导	1. 听讲、思考 2. 仔细观察教科书，建立正确的动作表象并渴望实践 3. 尝试练习，并思考问题	组织：分组练习，男女各2组 要求：注意安全保护	勇于探索

<table>
<tr><th rowspan="2">顺序</th><th rowspan="2">课的内容</th><th colspan="2">运动负荷</th><th rowspan="2">教学手段与方法</th><th rowspan="2">学生活动</th><th rowspan="2">组织方法与要求</th><th rowspan="2">教育渗透</th></tr>
<tr><th>次数</th><th>时间（分）</th></tr>
<tr><td>五</td><td>归纳要领，完整技术口诀：提臀弓背伸腿蹬地，重心前移低头屈臂</td><td>4 ~ 8</td><td>6</td><td>1. 展示动作，归纳总结，指导学生分析问题、解决问题
2. 提出较高要求
3. 组织学生练习
4. 教师点拨
5. 分组评定练习效果</td><td>1. 阅读教科书
2. 反思归纳，指定有效练习方案
3. 选择机械，完善技能
4. 小组内自评和互评</td><td>滚动
（图略）</td><td>团结
协作
不怕
困难</td></tr>
<tr><td>六</td><td>技能运用和知识拓展</td><td>6 ~ 8</td><td>6</td><td>1. 启迪心智。诱导学生创设各种难度练习
2. 做好安全督促</td><td>1. 阅读教科书
2. 自我评价和小组评价、进行安全的有选择的练习</td><td>技能运用
技能拓展</td><td>勇攀高峰</td></tr>
<tr><td>七</td><td>游戏：障碍跑——“奔向2008”</td><td>3</td><td>8</td><td>1. 语言导入情景
2. 提出游戏规则
3. 音乐伴奏
4. 积极参与
5. 统一指挥</td><td>1. 学生兴趣高涨，认真听讲
2. 明确要求、同意行动
3. 练习</td><td></td><td>体验成功
学会合作</td></tr>
<tr><td>八</td><td>放松“照相”，学生和教师评价</td><td>3</td><td>3</td><td>1. 播放音乐，导入情景。照相
2. 小结，组织自评
3. 送还器械
4. 师生再见</td><td>1. 听音乐，展开丰富想象，自我放松
2. 自评、互评
3. 向教师再见</td><td>要求：积极参与，互相评价</td><td>良好的锻炼习惯</td></tr>
<tr><td colspan="2">场地、器材</td><td colspan="3">田径场、垫子 4 块、栏架 4 副、体操凳 4 个、红旗 4 面、录音机 1 台、踏跳板 4 个、小黑板 4 块</td><td colspan="2">负荷</td><td>练习密度：40% ~ 42%
平均心率：125 ~ 135 次 / 分</td></tr>
<tr><td colspan="2">课后小结</td><td colspan="3"></td><td colspan="2">课后试验</td><td>制订一份近期锻炼计划</td></tr>
</table>

2. 评析

（1）本堂课能激发学生的创新精神、开发创新潜力、培养创新意识。

（2）本堂课的教学学生接受信息快，加大了教学的可操作性，完善了教学过程，有利于满足不同学生的要求，能促进学生的全面发展，营造了愉快、宽松、合作的教学环境，创造和谐的教学氛围。

不足：

（1）应该充分利用学生的情感密切的特点，结合体操的特点，使学生能互相学习，这无疑对充分发挥学生的主体作用，营造良好和谐的学习氛围提供了有利的条件。

（2）注意有效发挥小组长的作用以及学生相互评价的作用，促进学生健康发展。

案例 3–8　健美操课教案

1. 指导思想

本节课按中学体育新课标准教材的要求，认真贯彻“健康第一”的指导思想。根据初中学生身心发育特点，在教学中实行男女分组教学，给女生设置简单易学的健美操组合动作，在节奏感强、速度较快的“蝴蝶舞”的音乐伴奏下，通过身体练习，塑造美的形体，从而到达健康、健心、健美、陶冶情操的目的。男同学则安排了学习鱼跃前滚翻的教材，通过设置不同难度体现分层教学。注重学生兴趣的培养，激发学生的创新精神和协作意识，使其在集体温暖、和谐、欢快的氛围里，学习、练习、体验成功的喜悦。

2. 课的设计

（1）课的开始设计集中注意力“数筷子”练习，使学生们在欢快的气氛中，迅速进入角色，使他们“练在其中，乐亦在其中”，达到积极参与的目的。

（2）热力健身操。在这部分内容的设计上，始终将学生的主体地位放在首位，力求精讲多练。在热情欢快的“蝴蝶舞”伴奏中，教师只作语言提示，学生自主练习、自娱、自乐。

（3）学跳兔子舞。教师简单介绍动作，学生随着音乐模仿，学生自由组合练习，看哪组动作完成得好，最后进行比赛、教师参与活动并指导，培养学生团结合作精神和模仿创造能力。

（4）女生学习、创编健美操，男生进行篮球自主练习。教师提示形体健美操的几种手臂、脚步动作，女生随音乐练习。在掌握基本动作的基础上，让学生分组通过看图示、自主讨论、编排健美操动作，她们利用图例、录音机、舞蹈道具等配上自己选择的音乐，分组进行学习。要求两个小组编排练习结束后要进行自我展示。这样，充分培养了学生自主、创新、探究的意识，并发挥女生喜欢韵律操、表演欲强的优势，使学生从心理上获得满足，提高成就感。而男生针对教师目的，在小组长带领下做不同层次的运球、投篮练习，给学生提供自主空间。

（5）男生在教师提示下，由前滚翻、远撑前滚翻逐步过渡到鱼跃前滚翻的学习，教师先让各小组优秀者表演前滚翻加一个其他动作，集体进行评价。然后，看图模仿鱼跃前滚翻动作，教师提示并点评动作要领，示范、提出保护方法，学生分组练习，轮流保护，学生随机做出相互评价。此时女生根据学习目标进行自主练习。

（6）男、女生分别进行自我展示，师生共同作出评价。

（7）最后部分在音乐《四小天鹅舞曲》的伴奏中，师生共舞，使身心放松。

课时教案

<table>
<tr><td>教学内容</td><td colspan="7">1. 女生学习、创编健美操，男生自主练习
2. 男生学习鱼跃前滚翻，女生自主练习</td></tr>
<tr><td>教学目标</td><td colspan="7">1. 创编健美操的方法、鱼跃前滚翻的动作方法
2. 发展学生的协调、柔韧、灵敏等身体素质，提高学生注意力、自控力
3. 培养同学间团队协作、互相帮助及勇敢顽强的意志品质，提高安全意识及社会适应能力</td></tr>
<tr><td rowspan="2">顺序</td><td rowspan="2">课的内容</td><td colspan="2">运动负荷</td><td rowspan="2">教学方法</td><td rowspan="2">学生活动</td><td rowspan="2">组织要求</td><td rowspan="2">教育渗透</td></tr>
<tr><td>次数</td><td>时间</td></tr>
<tr><td>一</td><td>1. 体育委员带队报人数
2. 师生问好
3. 宣布内容
4. 检查服装、安排见习生</td><td></td><td>1 分
30 秒</td><td>1. 教师提前到场地准备与检查器械
2. 接受学生报告，向学生问好
3. 导入课的内容与目标</td><td>1. 体育委员带队报人数
2. 向老师问好</td><td>1. 组织：4 排横队
2. 精神饱满、注意力集中、声音洪亮</td><td>礼仪教育</td></tr>
<tr><td>二</td><td>集中注意力</td><td>5 ~ 6 次</td><td>2 分
30 秒</td><td>教师提示学生问答</td><td>回答教师问题</td><td></td><td>模仿能力、团队合作精神</td></tr>
<tr><td>三</td><td>热力健身操
1. 头部运动
2. 肩部运动
3. 扩胸运动
4. 腿部运动
5. 跳跃运动</td><td>2 ~ 8 次</td><td>4 分</td><td>1. 教师提示
2. 音乐伴奏</td><td>在《蝴蝶舞》伴奏下学生与老师一起跳热力健身操</td><td>要求：通过视觉、感觉、学生自主练习</td><td>审美观</td></tr>
<tr><td>四</td><td>兔子舞练习</td><td>3 ~ 5 次</td><td>2 分</td><td>1. 教师提示
2. 音乐伴奏</td><td>在兔子舞的练习中，根据教师提示，学生创编动作，可两人可三人自由组合练习</td><td>要求：练习时动作协调、欢快并能跟上节拍</td><td>模仿能力
创造能力</td></tr>
<tr><td>五</td><td>女生学习健美操基本手臂和脚步动作
1. 手臂动作
2. 弹动步、跑跳步、合并步等跑跳步、合并步等</td><td>3 ~ 5 次</td><td>10 分</td><td>1. 教师提示
2. 音乐伴奏师生共同练习
3. 让学生体验将左边的动作移到右边去
4. 教师出示教图、花饰、录音机等教具，指导女生分组进行健美操的创编练习
5. 教师提示男生根据自己的篮球技术水平，自主选择运球、投篮、比赛等练习</td><td>1. 随音乐练习
2. 小组长带领小组成员进行健美操的创编
3. 学生根据自身能力进行练习</td><td>队形不限</td><td>互相帮助
相互合作
张扬个性
积极进取</td></tr>
</table>

顺序	课的内容	运动负荷		教学方法	学生活动	组织要求	教育渗透
		次数	时间				
六	1. 男生鱼跃前滚翻 2. 女生自主练习 3. 汇报表演	6 ~ 8 次	10 分	1. 利用挂图，男生由前滚翻逐渐过渡到鱼跃前滚翻 2. 组织男生进行鱼跃前滚翻，女生进行健美操的表演比赛	1. 由易到难逐步学习 2. 师生共同参与评价	组织：在各自的场地上 要点：摆、蹬、跃、撑、团、抱	勇敢顽强 团结协作 敢于展现自我
七	1. 师生随音乐《四小天鹅》舞曲跳舞 2. 下课常规		5 分	1. 教师领做 2. 学生从学习态度、感情体验、同学关系三个方面进行总结 3. 收器械，布置作业	1. 学生跟教师一起感受美的音乐，展开美的动作 2. 师生再见	组织：散点 要求：动作协调舒展，富有美感	节奏感 展示动作美 提高表现力
八	1. 自制花饰 40 个 2. 挂图 4 幅 3. 录音机一台，篮球 13 个 4. 垫子 8 块	运动负荷预计		平均心率约 130 ~ 140 次 / 分	生活实践	1. 当遇到障碍险些摔倒时，怎样来进行自我保护 2. 跟电视节目“健美操 5 点钟”学习 2 ~ 4 节健美操	

3. 评析

教师的这节课能正确处理继承发展与创新的关系。课的结构（分组轮换练习）形式有效；学生创造性、积极主动性、教师的主导作用发挥得好。教学手段、方法能为教学内容服务。学生自主、探究、合作的学习方式都能体现，游戏性、比赛性体现得好，有新意，有实效。在教室渗透方面，培养学生创新意识、创新精神、创新能力。教案的学习目标实现程度比较高。体现了有选择的个性教学。

（三）异质分组

异质分组是指在分组后，同一小组中学生间的身体素质与运动技术、技能等各方面都存在着不同程度的差异，但是小组间的综合实力相差不大。它是人为地将学生分组的，这有利于小组之间展开竞争。异质分组对教师提出了更高的要求，它要求教师对学生基本情况的把握程度非常高。

案例 3–9　垫上运动

1. 课的构思

让学生成为课堂学习的主人的关键，是教师教学观念的转变。新的课程标准强调以“学生发展为本”，尊重学生的主体地位，贯彻并落实“健康第一”的指导思想。让学生学会生存、学会健体，掌握一些健身的科学是实现这一思想的重要途径。因此，本节课的构思注重学生的创造意识和终身体育能力。使不同身体条件和能力水平的学生，都能找到适合自己的学习起点和发展的余地。教师把教学内容设计成一系列课题，有目的、有计划地把学生引入一个掌握技术、理解道理的学习天地，使学生沿着“疑问—假说—实践—探索—

验证—认识”的顺序去掌握和理解技术，使学生具有很强的主体性。而教师采用的小组学习、问题讨论、互教互学、比赛等各种教法，又适应了学生内在的心理需要，既达到了对技术的懂与会，掌握了学习的方法，又享受到了学习的乐趣。

2. 课的设计

根据初一学生兴趣广泛、模仿力强、活泼好动、注意力易分散、喜欢游戏和歌舞等特点。在课的开始设计了“模仿小鸟飞”和“小鸟找朋友”的游戏，使学生们在欢乐的气氛中兴趣盎然、情绪高涨，产生强烈的角色体验和浓厚的学习兴趣，使他们“玩在其中，学在其中，乐在其中”。

课的几个内容设计的学习过程和活动方式，从学生的角度设想了他们掌握这些动作与实践提供了可能。

（1）前滚翻及其相关的动作，通过学生自主练习，让学生自始至终参与与知识形成的整个过程。使学生不仅学会了前滚翻及其相关的动作，而且培养了学生合作的精神，充分展示了个人才智（如连续前滚翻、侧手翻接前滚翻、前滚翻两腿交叉转体 180 度、前滚翻分腿起）并强化运用动作进行自我保护的意识、培养学生的生存能力。

（2）接力拼图游戏，引导学生思考，诱发动机，给学生留出一定的练习的时间和空间，可培养他们自主练习的能力，使他们有更多的创造和发挥的余地。调动学生学习和练习的积极性。提高课堂教学质量和效果。使学生的身心归属课堂，跃跃欲试。为了充分发挥学生的创造思维，教师对游戏中的各种摆法没作具体要求。使学生发挥想象力，积极思考，有的摆出梅花的形状（寓意梅花香自苦寒来），也有摆出“十”字形状（寓意十全十美）等等，各式各样，标新立异。在教学过程中学习通过教材要求，通过尝试练习、思考自己得出结论，最后由教师作出评价，课堂上学生成为学习的主人，使学生的学习由被动转向主动。

最后的部分安排了趣味幽默逗笑，放松蹦跳抖腿抖腕。使学生在轻松愉快的气氛中得到身心放松，让学生跳起来，笑起来，调节大脑中枢神经的兴奋，使紧张的肌肉得到调节，从而使课堂的效益进一步提高，以达到体育课的目的任务。

课时教案

内容	1. 垫上运动：前滚翻及其相关动作。 2. 接力拼图
教学目标	1. 认知目标：理解前滚翻和相关动作的协调用力技术，掌握好扩展技术的方法 2. 技能目标：（1）学会简单的组合动作，促进身体健康。（2）使大部分学生学会前滚翻和其相关动作的正确动作做法。（3）发展学生速度、灵敏、协调、柔韧等身体素质，提高人体平衡能力和控制力 3. 感情目标：（1）培养学生的团结协作意识、活泼愉快的情绪、自学自练的能力、陶冶美的情操。（2）提高安全意识及社会适应能力，学会自我保护和相互保护的方法。（3）通过多种教学手段，发展学生形象思维能力和创造能力

教学顺序	教学内容	教师活动	学生活动	过程目标
一	1. 师生相互问好 2. 课的内容任务	1. 师生击掌问好 2. 教师拿出卡片，发给组长和学生 3. 教师提问前滚翻的作用	1. 学生从教室列队跑入操场并依次与教师击掌问好 2. 组长把卡片发给每个学生让其看卡片 3. 学生问答	1. 建立融洽的师生关系 2. 分发卡片，明确教学内容 3. 激发学生兴趣，调动学习的积极性
二	1. 小鸟飞 （1）小鸟在寒风中瑟瑟发抖 （2）小鸟在天空中振翅高飞 （3）小鸟在树林间唱歌跳舞 2. 双人活动 3. 自编伸展运动	1. 教师说“跟我做”。请同学们模仿并发挥想象力，看谁做的最投入，姿势最优美 2. 教师指导、指示 3. 教师说“自己哪个部位需要活动，请自编自练”	1. 学生按照教师的动作，发挥自己的想象力 2. 学生两人一起做 3. 学生根据个人实际，活动关节和韧带	1. 激发学生兴趣和想象力，培养学生积极、主动参与活动，渗透感情、进行美感教育 2. 培养学生团队协作的意识 3. 培养自练自学的能力
三	前滚翻	1. 教师提出第一个问题：“当你走或跑的过程中突然绊倒了，为保护自己，你应该怎么办？”教师启发、引导、观察学生练习 2. 教师提出第二个问题：“我们会做前滚翻了，但有的同学翻得不正，有的同学翻后起不来，有的同学翻时背磕脚，这是为什么？”教师启发、讲解教师与个别同学比赛 让同学评价	1. 学生举手回答并积极演示 2. 学生边练边想，相互探讨，踊跃发言。相互纠错，相互鼓励与评价 学生细心体会 学生跃跃欲试，争着与老师比赛	1. 学会自我保护的方法 2. 正确运用评价激励机制、提高学生学练积极性，培养学生的竞争意识
四	前滚翻交叉转体 180 度 远撑前滚翻 鱼跃前滚翻 前滚翻直腿起 前滚翻分腿起	1. 教师提出第三个问题：“前滚翻大家都做得不错了，我们能不能把它稍稍变化，形成新的动作呢？”以小组单位先试试 2. 教师提示引导：“第一小组试试能不能前滚翻交叉转体 180 度？”第二小组试试能不能远撑前滚翻？第三小组试试能不能鱼跃前滚翻？第四小组试试能不能前滚翻后直腿或分腿站起来	1. 学生饶有兴趣地踊跃尝试，互教互学，不怕失败，反复练习 2. 小组成员相互启发，相互帮助，在教师的指导下四个小组逐步掌握全部动作 3. 每个小组选出 3 名掌握动作好的同学分别到其他小组中去教本组的新动作，在教师的指导下 4 个小组逐步掌握全部动作	1. 适应学生学习和创造新动作的心理需要 2. 体现分层教学 3. 适应学生在学习中协同、竞争的心理需要。培养学生相互学习、合作学习的精神，充分展示个人才智

教学顺序	教学内容	教师活动	学生活动	过程目标
		3. 教师提出第四个问题："每个小组选出3名掌握动作好的同学分别到其他小组中去教本组的新动作，看看哪个小组最先全部掌握动作。"		
五	联合动作	教师提出第五个问题："我们能不能把学的和以前学的动作巧妙地连接起来组成套路呢？" 教师对套路设计的规律如何选用连接性动作进行指导	学生在教师的指导下开动脑筋，自我设计。各组选出最佳套路进行展示	适合学生自我创造和自我表现的心理
六	接力拼图游戏：各组学生用小垫子拼成完整图形	教师引导学生观察拼图结果，赋予拼图的象征意义	1. 共同协作，快速拼图，领会含义 2. 积极为同伴加油，按要求比赛	1. 发展学生形象思维能力和创造能力 2. 培养积极进取、团结协作的精神和活泼愉快的情绪
七	放松活动《阿里山的姑娘》；总结本课	1. 引导指挥学生参与放松 2. 教师提出第六个问题："请大家总结一下，我们在本节课中学会了哪些动作？它们之间有哪些联系？你在学习中都明白了什么？你在本课学习中体会到了什么乐趣？你在和同学中有何感想？" 教师对本次课任务的完成情况、学生掌握技术的情况及学生的学习表现进行全面总结，并提出对今后学习的要求	1. 在音乐的伴奏下尽情放松 2. 在教师组织引导下学生在组内充分发表自己的感想、意见，然后，选出代表在全班发表感想	1. 使学生在轻松愉快的气氛中得到身心放松 2. 促使学生在理论上去归纳自己的学习成果，大胆、积极讨论发言
场地器材			课后小结	

3. 评析

新课程体育课的教学，要求教师把学生的个体自我信息反馈，师生间、学生群体间信息交流转变成多层次、多方面的立体信息交流网络。要求通过学生之间、小组成员之间的相互启发、相互帮助，使不同水平的学生实现互补，达到共同提高的目的。在加强学生之间横向交流的同时，应加强师生之间的交流，使学生由重结果变为重过程，在过程中参与、体验、学习，不断体验成功，从而热爱体育课。

本科以课的内容引导学生主动参与学习，进行合作、交流、探索和创新，体现了教师既是主导又是参与者，学生是学习主体的新课标精神。这节课为我们如何进行课程改革提供了新思路与方法。

案例 3–10　快速跑教案

1. 课的构思与设计

（1）指导思想

本节课的设计是本着调动学生探究学习的积极性与主动性的原则，将教学内容情节化，让学生带着浓厚的兴趣愉快地学习，自主地锻炼，通过跑、跳、搬运等活动使他们的身心得到健康的发展。在课的设计中把枯燥乏味的练习变成游戏，使教学更有趣，让学生在故事情节中得到锻炼，把简单的跑、跳变成了“抢修铁路”“修筑堤坝”等教学内容并使之情节化，使学生在锻炼身体的同时得到乐趣，使他们乐此不疲，紧张有度，并在比赛中体验成功的喜悦。

（2）教学内容

跑：快速跑跳：单脚跳、双脚跳搬运。

（3）组织与设想

从课的开始、组织上课、引导三个内容，一下子把学生的积极性调动起来，加入到“抗洪抢险”的环境中来。

通过抢修铁路、堵管涌、抢运物资、修筑堤坝四个内容，让学生在一个接一个的游戏和比赛中，用通过跑、跳、搬运等练习引导他们自觉参加一定负荷的活动，发展学生的速度、力量、耐力、灵敏等身体素质，同时结合游戏的思想性、趣味性，对学生进行思想品德教育，培养他们不怕苦、不畏难，团结协作的优良品质和奉献精神。

通过人墙放浪、撤除子堤、重建家园三个内容，配以音乐，让学生在愉快的环境中，在恢复身心的同时受到良好的教育，同时培养他们的创新精神、协作精神，使他们对本课留下深刻印象。

课时教案

<table>
<tr><td>教学内容</td><td colspan="2">1. 跑：快速跑
2. 跳：单脚跳、双脚跳
3. 搬运</td><td>学习目标</td><td colspan="4">1. 技能目标：大部分学生了解游戏的基本方法，掌握单脚跳和双脚跳的方法
2. 素质目标：发展学生速度、力量、耐力、灵敏等身体素质
3. 情感目标：通过教学，培养学生不怕苦、不怕累、团结协作、遵守纪律的优良品质</td></tr>
<tr><td rowspan="2">顺序</td><td rowspan="2">学习内容</td><td rowspan="2">组织方法</td><td colspan="2" rowspan="2">学习方法</td><td colspan="2">运动负荷</td><td rowspan="2">教学评价</td></tr>
<tr><td>时间（分）</td><td>次数</td></tr>
<tr><td>一</td><td>课的开始</td><td>教师提前准备好器械并到场地候课</td><td colspan="2">1. 在体育委员的带领下到指定地点
2. 四排列队人数齐全</td><td></td><td></td><td>1. 服装适合快速跑
2. 精神饱满有信心上好这节课，队伍整齐训练有素</td></tr>
<tr><td>二</td><td>组织上课</td><td>1. 接受体育委员报告
2. 向学生问好并宣布本课内容</td><td colspan="2">向教师问好并认真听讲</td><td>1</td><td>1次</td><td>认真听讲，听到课的任务后跃跃欲试，想立刻投入比赛</td></tr>
<tr><td>三</td><td>引导</td><td>1. 解放军某部空降兵某连接上级抗洪命令后，奔赴第一线，参加抗洪抢险，他们乘火车到抢险地带
2. 各排学生在排长带领下，一手搭前一队员肩上，另一只手握住后面队员的腿，迅速到指定地点</td><td colspan="2">1. 听口令后，各排在排长的带领下成一路纵队快速到达抢险第一线
2. 各小组在排长的统一组织下充分发挥集体力量，团结一致，力争上游</td><td>1</td><td>1次</td><td>1. 注意力非常集中，一切行动听指挥
2. 排长带领以最快的速度到达指定地点
3. 好像真有一名军人与其他同学协调配合，团结一致</td></tr>
<tr><td>四</td><td>抢修铁路</td><td>1. 战士把枕木（体操棒）有序地铺在事先搭好的点上。完成后排长举旗示意
2. 教师及时对各组的完成情况进行统计
3. 列车运送抗洪物资按指定路线，由排长带领依次用双脚、单脚跳越小垫子</td><td colspan="2">1. 各排在排长的统一指挥下，按顺序、按要求以最快的速度把体操棒放好。并举旗示意完成
2. 各排在排长的统一指挥下，按顺序以最快的速度用双脚、单脚跳越小垫子。全组完成后排长举旗示意完成</td><td></td><td></td><td>1. 既快又按要求还能时刻注意安全
2. 团结协作情绪高涨</td></tr>
<tr><td>五</td><td>堵管涌</td><td>每班的第一位队员迅速出发把沙包（小垫子）堆放在管涌处，然后返回击第二名的手掌，第二名队员的沙包堆在第一名队员的沙包上，依次进行，先放完的组为胜</td><td colspan="2">1. 各小组在排长的统一组织下有秩序地进行比赛
2. 各小组可根据自己的情况进行不同程度地调整自己的队形
3. 完成任务后组长举旗示意</td><td>1</td><td>1次</td><td>1. 信心百倍能取得这场比赛的胜利
2. 听从排长的统一指挥并能以最快的速度完成任务
3. 在完成任务后做到给同伴们加油助威</td></tr>
</table>

顺序	学习内容	组织方法	学习方法	运动负荷 时间（分）	运动负荷 次数	教学评价
六	抢运物资	按“堵管涌”的相反方向进行把物资搬回	1. 各小组在排长的统一组织下有秩序地进行比赛 2. 完成任务后排长举旗示意	1	1次	同伴间配合默契
七	修筑子堤	当发令开始时，按“堵管涌”的办法，把沙包堆放在大堤上	1. 各小组在排长的统一组织下有秩序地进行比赛 2. 完成任务后排长举旗示意	1	1次	学生情绪高涨 在比赛时注意安全 顺利完成任务时能体验到一个成功者的喜悦
八	人墙防浪	1. 各排手挽手，组成一道人墙，随音乐左右移动 2. 教师放音乐渲染课堂气氛	1. 各排手挽手，组成一道人墙在音乐“团结就是力量”的伴奏下做左右移动 2. 在模仿波浪的动作中，同唱“团结就是力量” 3. 一、三排与二、四排移动的方向相反	31	10至20次	在激烈的比赛中，仿佛看到了解放军战士抗洪抢险时那激动人心的场面，令人热血沸腾
九	撤除子堤	按“堵管涌”的相反方向进行	1. 各小组在排长的统一组织下有秩序地进行比赛 2. 完成任务后排长举旗示意		1次	
十	重建家园	1. 以排为单位用小垫子、体操棒为原材料，建造房屋 2. 学生充分发挥集体力量，争取尽可能多地设计出具有创意的建筑 3. 教师放音乐“在希望的田野上”渲染课堂气氛 4. 教师巡回指导，必要时提出建设性建议并时刻注意安全	1. 各组在音乐“在希望的田野上”的伴奏下进行 2. 各组充分发挥集体力量争取尽可能多地设计出具有创意性的建筑 3. 各组在完成建筑后，推选一名学生解说本组建筑的结构及原理，并能以简短的语言说明本组建筑的用途	3	1次	同心协力共同重建家园，建筑最别具创意性代表发言，赢得老师与全班同学的喝彩，仿佛真的成了一名建筑师，体验成功

场地器材	预计密度	运动负荷预计
1. 小垫子 48 块 2. 录音机 1 台 3. 体操棒 48 根 4. 小旗 4 面 5. 录音机一台	基本部分：35% 全课密度：30%	平均脉搏：138 次 / 分

课后拓展与小结	
课后拓展与小结	1. 调查了解短跑常识 2. 观察你周围的人在锻炼身体使用什么方式 3. 创编以快速反应为主的游戏在课间进行练习

2. 评析

快速跑教案设计有新意，是突出了课堂教学改革情节化的一个典型案例。

（1）教学环节紧凑，全课的结构一环紧扣一环，做前一个练习都是为后一个练习服务。如：乘火车到抢险地带的目的是为下一内容抢修铁路做准备，抢运物资的目的是为下一内容抢修铁路做准备，抢运物资的目的是为下一内容修筑子堤做准备。从整个教案来看，内容程序设计非常自然和谐，全课紧张有序，张弛并举。

（2）全课力求学生在欢乐的气氛中从事有趣的活动。在“人墙防浪”中加以“团结就是力量”的歌曲，在“重建家园”中加以“在希望的田野上”的歌曲，渲染了课堂气氛，激发了学习兴趣，对学生进行思想教育。

（3）思想教育贯穿于整堂课中，让学生在跑、跳、搬运活动中锻炼身体的同时掌握知识、技能，在自己组织比赛中体验成功的乐趣，在故事情节中受到教育。

（4）课堂教学组织形式采用了分组不轮换的教学方式，练习密度大，课堂达标率高。

不足：

本节课是让学生按老师设计程序一步一步地去做练习，如果是把情节先介绍给学生而把步骤让学生自己设计，让他们分组去讨论练习方法，会更加突出培养他们合作、探究学习的积极性与主动性，学生的创新能力也会提高。

案例 3–11　篮球体育课教案

1. 指导思想

篮球是学生所喜爱的项目之一，但要让学生真正产生兴趣，就需在学生的参与中，让学生体验到篮球运动的魅力，感受到篮球活动所包含的丰富健身内容、与同伴合作的乐趣。本课主要是通过围绕篮球这个中心，以游戏为主线，采取多种练习方式，达到在玩中学，以活动为主，在学中玩，边学边玩；边学边用，学用结合的目的。

2. 组织与设想

（1）导入课题

以提问的方式引起学生的注意力：说出打篮球的作用，为什么要学习。这个问题学生不难回答，因为学生已经学过篮球，此处提问只是加深学生对学习篮球进一步的理解。而另一个目的是启发学生使用篮球创造出更多的健身内容，以此来激发学生的探究热情，老师从中给以鼓励，帮助学生树立自主学习的勇气，为完成本课的学习任务做好思想准备。

（2）热身活动

进行合作性的“网鱼”游戏，这个练习的采用，与篮球有一定的联系，既需要积极跑动，又需要紧密配合，更有一动而全动的特点，趣味性强。在游戏进行中，增加课堂轻松欢快的气氛，逐步提高学生的兴奋性，也为下面的辅助性练习做好身体上、情绪上的准备。

（3）辅助性练习

辅助性练习是在考虑学生具备一定篮球基本功的基础上安排的，给学生提出的要求是：分组后，请每个小组的同学先进行讨论（结合对课本的参考），然后创编一些有关篮球与身体结合的练习，并积极地进行练习，各组的组织形式可以自定，要将身体充分地活动开。教师在这个练习当中到学生中间去，进行帮助、指导、提示等活动，并提出建议。这部分的练习目的在于，突出小集体活动的作用，在“放”的过程中培养学生的创新意识和行为，尊重学生已有的经验，给学生提供自由发挥的空间，培养兴趣，从而也有利于篮球的学习。

（4）行进间传球、运球

随着辅助性练习的结束，也就自然地过渡到了篮球的学习，这一段学习的安排是：让学生以小组为单位，在参考课本图解的情况下进行自学、自练，师生同练，加强与巩固动作；教师的活动是到学生当中进行一定的指导、建议和帮助，进行评价，必要时进行个别动作的示范。学生在这种条件下的学习，必然要进行看图解、询问、自己模仿与尝试、相互交流、相互探究、观摩别人练习、这样安排的目的在于，让学生在“做中学”，不但要学到传球、运球的动作方法，更重要的是能体会到学习的方法和途径。

（5）三对三半场比赛

篮球比赛是学生最想参与的内容，练习的兴奋性也最高，因而本课将这部分作为练习的重点。目的是通过比赛，进一步激发学生的兴趣，调动学生的积极性，去想象练习的方法，以达到增强体能、锻炼身体和理解篮球活动的目的。

（6）课的结束

第一，安排学生之间的相互放松。第二，师生共同进行舞蹈性放松练习，让学生得到身心的放松。师生共同对本课进行总结。

课时教案

<table>
<tr><td>教学内容　发展灵敏、力量素质，半场三对三篮球比赛</td><td>学习目标</td><td colspan="4">1. 95% 的学生能在篮球的游戏和比赛中初步掌握传切和掩护的战术
2. 培养学生在有防守的情况下传接球，接行进间投篮或跳起投篮能力
3. 在合作与交流学习中，积极参与讨论，提出问题，培养学生的自尊、自信，培养学生的创新意识</td></tr>
<tr><td rowspan="2">练习内容</td><td rowspan="2">时间</td><td colspan="2">学习方法</td><td rowspan="2">组织方法</td><td rowspan="2">教育渗透</td></tr>
<tr><td>教师活动</td><td>学生活动</td></tr>
<tr><td>上课常规</td><td></td><td>1. 教师提前到操场准备与检查器械和场地
2. 接受体育委员的报告，向学生问好
3. 宣布本课的内容与学习目标</td><td>1. 体育委员整队，检查人数向老师报告
2. 向老师问好</td><td>上课队形（全班四排横队）
★★★★★★★★★
★★★★★★★★★
◇◇◇◇◇◇◇◇◇
◇◇◇◇◇◇◇◇◇
●
要求：精神饱满，认真听讲，明确学习目标</td><td>学习的目标要明确，为达到目标而做好充分的准备</td></tr>
</table>

练习内容	时间	学习方法		组织方法	教育渗透
		教师活动	学生活动		
练习一：游戏“大网鱼”和“小网鱼” 练习 3 ~ 4 次	4分钟	教师宣布“大网鱼”的游戏规则，提出要求，组织学生进行练习；启发学生根据大网鱼的游戏方法去创编“小网鱼”的游戏	按教师的提示进行“大网鱼”的游戏练习；各组交流创编“小网鱼”的游戏并练习	组织：按男女组分别进行 队形：按游戏的特点，自由站位 要求：遵守规则，积极参与，积极性创编	用集体的智慧去解决问题
练习二：自编篮球操 6 ~ 8 节，练习 2 ~ 3 次	4分钟	教师简述球操编排的原则，示范观摩学生动作，辅导	小组长带领自己的小组成员在指定练习地点先分工，然后统一进行练习	组织：分成四个小组进行练习队形；各组根据需要自定 要求：以熟悉球性为中心，结合篮球全身各部位都要活动到，形式要多样化，也可以模仿其他组的动作	学习不是只有局限于接受，而应当去创造性学习
练习三：二人或三人行进间传接球；行进间传球接投篮 练习 30 ~ 40 次	4分钟	结合示范提示传接球应注意的事项，激发学生的想象力，练习中鼓励用不同的投篮姿势进行练习	在教师的提示下，进行小组内的行进间的传接球练习，并自由组合人数	组织：各组自定形式进行练习 要求：先定位传接球，在行进间传接球，后结合投篮。接球时注意手形，防止受伤	重视技术，学会打篮球要从学会基本技术开始
练习四：三对三半场篮球比赛，每人上场2 ~ 4次 口诀：篮球半场三对三，讲究掩护把球传。防守注意讲安全，进攻准确又大胆	22分钟	结合师生的演示，介绍传切和掩护的要点，说明比赛要求，鼓励学生大胆运用所学基本技术进行比赛，分组集体指导与个别辅寻相结合，观察练习及时反馈，提出练习的建议	1. 部分学生跟老师进行配合，演示传切和掩护 2. 分四组在指定的场地进行比赛，讨论交流后各小组自己设计分队，裁判，轮换方式等，并进行比赛 3. 小组比赛总结 4. 小组之间友谊赛	组织：组长协调，小组成员讨论进行 队形：三对三人 要求：大胆运用所学技战术进行比赛，比赛时要遵守比赛规则，小组之间的比赛由组长联系	把联系的方法和组织方法交给学生，给学生自由发挥的空间，培养学生的合作能力和自信心

练习内容	时间	学习方法		组织方法	教育渗透
		教师活动	学生活动		
练习五：学生之间的放松活动，舞蹈放松练习课堂小结	3分钟	提示肌肉放松的方法领做舞蹈“华尔兹”，对学生的总结进行补充和评价，布置课后作业，自己搜集有关篮球比赛的知识	按教师的提示进行双人或多人的放松活动，模仿舞蹈动作，跟教师学对本课的收获进行评价和小结，人人自由发言，向老师提出困惑和问题	组织：教师带领学生练习 要求：全身心放松，积极模仿 围绕老师自由站位	关心帮助他人，培养自己，善于总结学习的习惯
场地器械		篮球场 2 个 篮球 41 个	练习负荷预计		
课后小结		（略）			

3. 评析

本课的教学目标设计明确，突出了体能目标和技术目标，围绕着上篮球课就是让学生学会打篮球这一中心而进行课的整体设计与构思，练习设置有明显的层次性，练习时间的安排有利于对目标的完成，这一点显得非常重要，因为目前都在实践让学生学会学习这个理念，通过本课的活动安排，让学生得到启发，去体会怎样进行篮球的学习。从课的组织上来看，本课的另一大特点就是体现学生的主体性，给学生创造自由发挥的空间，教师的角色是引导、指导、提示、帮助，整堂课能体现出浓浓的民主气氛和体现新的课程理念。但是本课对关注学生个体差异这个理念体现不明显，因为我们的课就是让每一个学生受益。

（四）合作帮教型分组

是指在教学过程中按照参与者的平等关系，形成的一种互为依赖、相互教学、共同成长的分组形式。它的优点是有利于增强学生在学习过程中形成良好的人际关系，更有利于实现新的课程准确提出的三维健康观和五个领域目标。在教学过程中教师应重点强调学习练习的分工不是分家，更不是搞以好带差，在小组当中无论是扮演什么角色，小组中人人都是平等的关系。

案例 3–12　健身棍教案

1. 指导思想

武术是中华民族传统体育的重要组成部分，是我国的宝贵遗产。“习武先习德”是习武者的传统美德。武术不仅具有强身健体的功能，还能提高防身、自卫的技能。所以本节课的教学，首先是激起学生热爱民族文化的激情，激发学习武术的兴趣，培养学生继承传统美德的精神，明确练习武术的基本含义。通过学习和练习，发展学生身体素质，增强学生体能，基本掌握健身棍的动作。给学生创造自主学习与合作学习环境，让学生在体验中去感悟学习的方法和获得成功的乐趣。促进学生创新精神和实践能力的发展，以达到练习的目的。

2. 组织与设想

（1）导入课题

以提问的方式引起学生的注意；说出武术的功能，为什么要学习，你有信心自己完成武术的学习吗？以此来激发学生的探究，为完成课本学习任务做准备，老师从中给予鼓励，帮助学生树立自主学习的勇气。

（2）热身活动

进行游戏性的跑步，因学生对一般的跑步兴趣不大，所以在跑中加上了一定的情境，如“汽车行驶”，以交通信号的变换来引起学生的注意力，增加趣味性。也可在跑动当中再加入“找朋友”的游戏，增加课堂的气氛，逐步提高学生的兴奋性，也为下面的练习做好准备。

（3）辅助性练习

辅助性练习是在考虑学生具备一定武术基本功而安排的，给学生提出的要求是：分组后，请每个小组的同学先进行讨论，然后编排一些有关的武术基本功方面的练习，并积极地进行练习，各组的组织形式可以自定，要将身体充分地活动开。教师在练习当中到学生中间去，进行帮助、指导、提示，并提出建议。放音乐“中国功夫”以渲染课堂练习气氛，激发学生的练习热情。这部分练习的目的在于，突出小集体活动的作用，在此过程中培养学生新意识和行为，尊重学生已有的经验，给学生提供自由发挥的空间，培养兴趣，从而也有利于健身棍的学习。

（4）学习健身棍

随着辅助性练习的结束，也就自然地过渡到了健身棍的学习，这一段学习的安排是：教师只给学生提供一副 4 ～ 8 动的健身棍的图解，让学生以小组为单位在参考图解的情况下进行自学，然后是学生的展示动作并评价，师生同练，加强与巩固动作；教师到学生当中进行指导、建议和帮助，有必要时进行个别动作的示范。学生在这种条件下学习，必然要进行看图解、询问、自己模仿与尝试、相互交流、相互探讨、观摩别人练习，这样安排的目的在于，让学生在“练中学”，既要学到棍的动作，又要体会学习的方法和途径。

（5）因地制宜，增强学生体能

为了弥补练习健身棍运动量的不足，安排了以游戏为主的身体素质练习。仍是让学生自练为主，学生分组后，根据现有的器械（每组十几条棍，一副跨栏架，一个小黑板）去编排有趣味的身体素质练习或者是身体练习的游戏。要求：每组创编的动作，必须要有跑的、有跳的和上肢练习的成分。练习的目的是充分利用现有的场地器械，调动学生的积极性去想象练习的方法，以达到增强体能和锻炼身体的目的。

（6）课的结束

①安排学生之间的相互放松。

②师生共同进行舞蹈性放松练习，在优美的旋律中结束所有的练习，师生共同对本课进行总结。总之，本课旨在通过学生自主、合作和探究学习的过程，使学生在“做”中去体验学习的方法和运动的乐趣，从而培养学生学习武术的兴趣，从中锻炼身体，增强自信心。

课时教案

教学内容	学习健身棍 4 ～ 10 动趣味身体素质练习	学习目标	1. 初步学习健身棍 4 ～ 10 动的动作，95% 的学生初有成功的体验 2. 在小组开展合作、探究、创新学习和展示交流活动中，培养交流的行为能力和文明素养 3. 培养学生的创新精神，实践能力和自信心 4. 进一步激发学生学习武术的兴趣；发展学生身体素质，增强体能；培养对民族传统体育文化的热爱

练习内容	时间	教学方法		组织方法	教学评价
		教师活动	学生活动		
上课常规		1. 教师提前到操场检查机械和场地 2. 接受体育委员，向学生问好 3. 宣布本课的内容与学校目标	1. 体育委员整队，检查人数向老师报告 2. 向老师问好	队形	具体的学习目标有利于学生的学习和发挥
课的导入		提问： 1. 学习武术有什么好处呢？如何看待我们的民族传统体育 2. 本节课我们是否有信心自己完成健身棍的学习，根据学生的回答及时给予鼓励性评价，并做必要的补充“老师相信每一位同学一定能战胜困难，想方设法学好健身棍，同学们有信心吗？”	根据教学的提问，根据自己的理解进行自由回答	组织同时要求积极发言	课的导入目的在于激发学生学习的注意力，为下面的学习做好积极的思想准备
热身活动圆圈跑	4 分钟	提出练习的要求：“在圆圈上按信号要求进行汽车行驶”	在老师的指挥下，在圆圈上进行跑步，并按老师给出的信号，变化不同的速度做出不同的动作		

练习内容	时间	教学方法		组织方法	教学评价
		教师活动	学生活动		
找朋友	4分钟	信号：黄灯、红灯、绿灯、转弯在学生的跑动中，给出“3”“10 ~ 8”“five”的数字信号，并宣布游戏规则指挥学生参与游戏	按老师给出的数字，在跑动中快速找出相应数字的朋友，并抱在一起，没有找到朋友的同学在其他同学所喊的6个数内再跑一圈，如果完不成，那就再罚一圈	圆圈跑图形男生在外圈，女生在内圈	在跑步中加入情景和游戏，避免了单调、乏味的单纯跑，易激发学生的兴趣，营造课堂的活跃气氛
武术的辅助性练习	6分钟	提示练习的方法及要求；各组在自己的场地，经过讨论后自行编排武术基本功的练习，既要体现武术的特点，又要充分地进行热身 到学生中间进行指导并提出练习的建议	分四组在指定的位置讨论交流练习的方法，然后积极进行基本功的练习		把练习的方法和组织方法放给学生，给学生自由发挥的空间，培养学生的合作能力和自信心
学习健身棍4 ~ 10动	15分钟	提出练习的要求；各组在自己的场地，参照小黑板上的图解，自己进行健身棍4 ~ 10动的学习，教师巡回到各组进行辅导、评价、观察并进行必要的示范和讲解	看图解并进行模仿的练习，组内进行讨论，决定学习的策略，或个人进行学习或双人进行学习，或全组统一进行学习，相互切磋，相互交流，相互研究		是把学习的全过程完全放给学生，有意地进行教学尝试（新授内容），让学生自己进行发挥
学习健身棍4 ~ 10动	15分钟	组织各组学生进行健身棍动作的展示 与学生一起进行健身棍整套动作的练习	相互鼓励，老师在练习互动中每人在小黑板上的评价表内写出自己对学习的评价，各组进行展示，其他各组进行评价（各组推荐或者学生自愿出来表演健身棍）集体与老师和表演的同学一起进行完整动作的练习	集体练习队形 0 0 0 0 0 0 0 0 0 0 0 0 * * *	自己需找各种学习的途径。培养其合作和探究的意识及行为。体验成功的感觉。树立学习的自信心，充分体现学生的主体性 课堂提示旨在培养学生善于展示自我的勇气 发展评价的激励性

练习内容	时间	教学方法		组织方法	教学评价
		教师活动	学生活动		
趣味身体素质练习	7分钟	组织学生进行练习，“同学们让我们利用现有的器械（棍、跨栏架、小黑板），充分发挥每个人的想象力，创编几个有趣味性的身体素质练习好吗？”在这个练习的当中必须有快跑、跳跃、钻的动作，具体的练习形式由各组制定到各组参与学生的练习，并提出建议	在小组长及体育骨干的组织下，各小组积极创编趣味身体素质练习的动作，并积极地投入练习	（略）	在这部分练习旨在充分地利用现有的场地器械，进行身体素质的练习，学生在老师的要求下，发挥集体的力量，培养学生的创新精神和实践能力
放松活动	3分钟	进行双人肌肉放松，在音乐“四小天鹅”的伴奏下，师生共同进行舞蹈练习	学生两人一组进行相互间的肌肉放松活动跟老师进行模仿舞蹈的练习	0 0 0 0 0 * 0 0 0 0 0	在优美的旋律中结束本课的所有练习
课堂小结		对学生的总结进行补充和评价，回答学生提出的问题，布置课后作业；阅读课本第八章武术，自主练习本课所有内容，并预习健身棍 11 ~ 收势	对本课的收获进行评价和小结，人人自由发言，向老师提出困惑和问题	围绕老师自由站位	培养学生善于总结学习的习惯
场地器材	健身棍 44 条 跨栏架 4 副 小黑板 4 块 教学挂图 4 张		**练习负荷曲线**	（略）	
课后小结	（略）				

3. 评析

（1）从教学目标上看有知识目标，了解武术的好处和如何对待我们的民族传统体育；有技能目标，学习健身棍 4 ~ 10 动的动作；有体能目标，学习健身棍，发展学生的力量、柔韧等身体素质。身体素质练习有快跑、跳跃、钻的动作；情感目标：①体验成功。②在小组开展合作、探究、创新学习和展示交流活动中，培养合作交流的行为能力和文明素养。

（2）在组织形式上采用分组不轮换的组织形式，在组织上教师及时指导，充分体现了教师的主导作用。在组织过程中把练习的方法和组织方法放给学生，给学生自主发挥、合作、探究学习提供了较大的空间，培养了学生的合作能力和自信心。

在教学评价上不但有教师的及时评价，而且有学生的自我评价和相互评价，让学生从积极的评价当中体验成功的感觉，树立学习的信心，充分体现出学生的主体性，让学生参与与评价的目的是体现评价手段的多样化，发挥评价的激励功能。

三、课时教学内容的选择

根据新的课程标准的三维健康观和五个维护目标，课时教学内容的选择应根据教学目标、教材、运动项目、人体基本的活动能力和身体素质（体能）筛选一节课的教学内容。体育的功能给教师留有较大的选材空间，教师可以根据当地学校、学生和自身的实际情况，自主选择教材内容，因此，在教学内容的选择上应注意以下几点：

（1）要根据课时主要和辅助的教学目标选择符合学生生理、心理特点，贴近学生实际的教材，并因地制宜、因材施教。

（2）教材要以新的课程标准为基础去拓宽。符合“健康第一”、以人为本的指导思想的原则，要有利于学生的创新、协作精神和探究学习等能力的培养。

（3）人体基本活动能力的设置要体现出时代性，关注个体差异。在某一活动中教师可提供多个练习内容让学生自主选择能达到教学目标的练习内容，甚至学生可以自主设置或创新练习的内容以达到目标。

（4）课堂教学的关键是教学内容要对应教学目标，落实课的目标。在设计课时教学内容时还应考虑到本节课的教学设计。

（5）运动目标的选择应有利于激发学生参与练习和学习的积极性，对学生的身心发展起到积极的促进作用，其难易程度适合学生的实际情况，能有效落实到教学目标。

（6）教学内容要促进学生的发展，课堂教学要充分体现以学生为主体，发展学生的个性、创造性、促进学生的身体健康、心理健康。

四、课时教学内容的选择应注意的事项

由于受传统教学内容的影响，不少教师在教学中选择了过于竞技化的内容，这类内容往往枯燥乏味，再加上难度大，学生学习时感到困难，就很难使他们产生兴趣，更不用说自觉地把它们用于课余锻炼中了。要解决这个问题，就要求教师在选择教学内容时注意基础性。

（一）了解学生基础，把握课程难度

教师对教材内容的选择必须考虑学生的实际情况，也就是说所选择的内容是能使大多数学生在规定的课时内通过努力都能够熟练地掌握的（这就需要教师对教材进行创编、改编和拓展、采取多种方式来选择教材），只有这样，才能达到面向全体学生的目标，从而提高学生学习的积极性。

（二）立足课内，面向课外，培养学生终身体育的能力

每周两节的体育课，每节课不超过 25 分钟的实际练习已远远不能满足学生锻炼的需要，如果我们的教学仅仅局限于课内，那无论怎样科学地安排运动负荷，都是不能达到增强学生体质的目的。因此，教师应从着眼于学生未来这一角度出发去选择那些有利于开展课外活动的教学内容，让学生能把课内掌握的技能运用到课外的锻炼中去，养成自觉锻炼的好习惯，为终身体育的形成和发展打下基础。

五、课时教学内容的案例

1. 案例：快速跑课时教学内容

（1）快速跑。（2）跳：单脚跳、双脚跳。（3）搬运。

2. 案例：合作游戏、趣味投篮课时教学内容

（1）趣味投篮。（2）移动篮筐投篮。

3. 案例：双杠课时教学内容

（1）双杠跳上成分腿坐→分腿坐前进。（2）双杠臂屈撑、直角悬垂。

4. 案例：韵律操教学内容

（1）兔子舞。（2）手臂、脚步组合。（3）自编节奏操练习。

5. 案例：短棍简化套路第一段课时教学内容

（1）短棍简化套路第一段。（2）短棍游戏。

6. 案例：持轻物投远课时教学内容

（1）打老鹰游戏。（2）打地靶游戏。

7. 案例：跨越式跳高课时教学内容

（1）跨越式跳高。（2）跳皮筋游戏。

8. 案例：羽毛球正手侧身扣杀课时教学内容

（1）羽毛球正手侧身扣杀球。（2）多种跑练习。（3）20 米距离创编比赛游戏。

9. 案例：健美操课时教学内容

（1）女生练习、创编健美操，男生自主练习。（2）男生练习、创编健美操，女生自主练习。

第四节　体育课堂组织形式例解

一、案例之一

在学习双杠支撑摆动时，可根据学生的能力趋向，将其分为能力强、次强及一般3个组别。一般组初学时要求下肢摆动要高于杠面；次强组要求下肢摆动高度平行于肘关节；强组则要求下肢摆动高度超过肩关节。进而，一般组仍学习支撑摆动，但要求摆动幅度加大，下肢摆动高度超过肩关节；次强组学习支撑前摆臂屈伸技术，强组则学习支撑后摆臂屈伸技术。按不同层次提出相应的教学要求，可以满足不同能力层次学生的求知欲，使其学习内容始终处在“最近发展区”。

分析：

该案例是根据学生的运动技术水平分组的，这也是体育教学中常见的分组形式。因为学生的能力不同、所表现出的技术水平不同、学习的基础不同，如果都合在一起学习，那么水平高的学生必然练习的积极性很高，练习的次数也会很多，而一些水平较低的学生或不能完成动作的学生则会因为练习不到位或有困难而减少练习的次数，甚至放弃练习，只是在一旁观看其他同学的练习，这种现象也是时有发生的。因此根据学生的能力分组可以把一些同等水平的学生组合在一起，这样不会造成同组学生之间太大的差异，从心理上消除消极的因素。这些都是有利的一面。当然，在教学过程中，我们安排一些激励的措施，就是以上三种分组形式不是固定的，学生在练习过程中，水平较低的同学通过努力如果达到水平中等组的水平，那么就可以上升为中等组，中等组的学生也可以上升为高级组，这样的教学安排可以调动学生的自主性和积极性，如果通过教学，三组变成了一组，都成为水平较高的学生，那是最为理想的教学效果。

这个案例的一个限制条件是学校必须要有三副或更多的单杆等器材条件，同时，教师还需说明，开始的分组并不是按学生的等级分组，而是学习有先后，教学有先后，分组是为了更好地教学，而不是把学生分为高低之分，轻视弱势群体，还需要注意的是教师一定要注意安全，在确保安全的条件下，教师可以特别关注水平较低一组的学生，帮助他们分析原因，解决问题，共同进步。

二、案例之二

在篮球技术教学中，可按学生的性格，气质特征，将其分为“外向型”和“内向型”，根据外向型学生具有“果断、勇敢、独立性强”的特点，在教学中注意培养他们的配合意识和协作精神，使他们谦虚、耐心、细致的品质得到发展；根据内向型学生一般具有“犹豫、怯懦、依赖性强”的特点，在教学中鼓励他们大胆运用突破技术，强攻篮下，使其“犹豫、怯懦、依赖性强”的特点向“果断、勇敢、独立性强”的方面转化，使其促进个性心理品质得到全面和谐的发展。

分析：

这个案例表面上是具备一定的心理学理论支撑的，但是仔细分析，笔者认为有些不妥，其中的原因有：（1）外向型与内向型只是相对的概念，没有一个学生绝对是外向的，也没有一个学生绝对是内向的，除非他或她有心理的疾病。因此外向与内向要根据不同的场合与情景，在一定的场合，有的学生表现为外向、有的学生表现为内向；但是换一个场合，那些外向的同学可能表现为内向，这是因为场合中的情景对于那些同学可能非常的陌生。所以按内外向分组具有不合理性。（2）在班级教学中，学生众多，要把学生区分外向还是内向，连测量起来都比较困难和麻烦，不要说只是通过观察而分组了。（3）把学生分为外向和内向，这无疑是制造了本无矛盾的矛盾，学生上完体育课之后，难道这样的分组不会给学生留下一定的阴影吗？这样的强行分组符合教育性原理和道德性原则吗？

三、案例之三

采用关系分组法：即按照平时相互间的人际关系，自愿结合分成若干小组，在班级集体中，同学间关系密切的学生可自愿纳入同一小组中，鼓励吸收后进的同学加入该组共同学习。由于良好的人际关系，学生在学习过程集体荣誉感增强，自我管理意识增强，心情愉快。

分析：

按照心理学视角来看，这样的分组似乎符合情理的，但是理论与实践总是有一定距离的，在正常的教学中，如果把学生关系好的一组组合在一起，这就在无形之中把学生分为好几个“派别”这对于开展体育活动，促进学生社会关系是有利还是有弊呢？读者可以自己去分析。何况学生平时学生的压力很大，在课堂上的交往仅仅限于同桌之间，在室外这个大的环境中让学生自由交往是一个很好的相处途径。何必还要强行去把他们按人际关系进行分类呢？退一步说，那些没有一点人际关系的或本身比较孤独的学生怎么办？把他们都集中在一起吗？他们会有何想法？

四、案例之四

在篮球教学中，根据学生的基础条件将学生分成精英组、基础组、初学组。精英组的队员按教师布置的练习的目标和内容，在组长的带领下，自主进行学习；基础组的队员按教师给他们的指定的练习内容，在组长的带领下自主进行学习；初学组的队员由教师进行示范，及时纠正错误的动作，认真学习篮球的基本技术。经过几课的学习，学生对篮球技术的掌握都有不同程度的提高。以往见到篮球就躲的女生，在学习后，也跃跃欲试地要求参加比赛。

分析：

这种分组方法也是按运动技能水平进行的，这个案例的优点在于基础组和精英组都有水平高的学生作为组长来带领与指导，教师则更多关注初学组的教学。这也是基本符合教学的实际情况的，因为对于篮球而言，其在群众中的普及程度较高，学生在课外或校外可能经常参与篮球活动，他们之中有的人水平比老师还高，这也是事实，因此，在班级中就表现为参差不齐的现象，这种现象有利有弊，弊的是水平不一，给老师的教学带来一定的困难；利的是可以利用水平较高的学生指导水平较低的学生，会在一定程度上减轻老师教学的压力。通过分组教学，正是可以把不利的因素转化为有利的因素，这样分层次教学也就可以顺利实现了（表 3–3）。

表 3–3　不同水平学生分组一览表

练习内容	精英组	基础组	初学组
足球	动作掌握好	能够做出动作	第一次进行学习
篮球	动作掌握好	能够做出动作	第一次进行学习
其他动作	动作掌握好	能够做出动作	第一次进行学习

五、案例之五

为了体现分组教学质量效果，作者对 2004 级初一（1）（2）两个班来对照。一个班实行分组教学，另一个班实行传统教学。为了明确分组教学和传统教学的方向，确定教学的内容、项目、考核，我对两个班在开学的前 3 周进行篮球、立定跳远、100 米跑三项的测验做了记录。学期末再对三个项目测验来对照：传统教学班的合格率提高 15%，分组教学班的合格率提高 35%。实践证明，从学生的生理、体能、心理特征实际出发，根据地方传统体育运动的发展结合学生的兴趣和爱好，建立分组教学模式，让学生更好的积极锻炼，对提高教育质量，改善教学效果有着重要的意义。

分析：

这是一个教学实验，自变量是分组教学，因变量是篮球、立定跳远、100 米跑三项的测验成绩，从表面上看，这个数学实验的设计是合理的，因为教学分组可能会对教学效果产生一定的影响，但从教学实验的科学性角度而言，它是不规范的，也缺乏一定的科学性。理由如下：①自变量是分组教学，文章没有说明如何分组。②传统教学中就没有分组吗？因此自变量不是真正意义上的自变量，还掺杂了其他干扰因素；③验证分组教学效果的指标存在问题。通过分组教学，有可能对篮球、立定跳远、100 米跑三项的测试成绩产生作用，但是因变量不足时测试的成绩可能对于学生运动技术更有意义与价值，但是这个设计没有涉及到这些指标。按常理判断，如果学生已经掌握这三项运动技能，那么安排循环练习法可能对于提高他们的成绩更有好处；如果学生主要的目的是学习运动技术，那么这个教学实验设计就应该把运动技术掌握情况包含在效果测验的指标之中。

第四章
常用体育教学方法应用与例解

第一节　体育教学方法总论

一、体育教学方法的相关概念

体育教学方法是新课标课程改革理论研究与实践探索中谈论比较多的词语，也是体育教学改革中力度较大的一个重要内容，但同时也暴露出一些较大的问题，并产生了一些混乱现象，这些问题有的是理论问题，但更多的是实践中的问题，其中有学习方法与教学方法，教学方法与教的方法、学的方法，教学方法与教学手段，教学方法与教学模式之间等各种混淆，因此需要在理论上进一步探讨与深化研究。

（1）**学习方式**：指“个人在学习时接受或加工信息的方式。不同年龄和智力水平选择的方式有一定的差异，如有些人喜欢听觉学习，有的人则习惯于视觉学习，有的人喜欢安静中学习，有的人喜欢背景音乐，有的人喜欢单独学习，有的人喜欢团体学习，有的人喜欢个人自主学习等。”

（2）**教育方法**：指“为实现教育目的和内容而采用的各种方式运用的各种手段和程序的总和。包括教育者施教及自我教育的方法，具有可操作性。”

（3）**教学方法**：指“①某种教学理论原则和方法及其实践的统称。可运用于一切学科和年级。②师生为完成一定的教学任务而在共同活动中所采用的教学方式、途径与手段。”

（4）**教学方式**：指“教学方法的活动细节。教学过程中具体的活动状态，表明教学活动呈现的形式，如教授法中的讲述、讲解、讲演。”

（5）**体育教学方法**：师生为实现体育教学任务或目标所运用的方法、途径、手段的总称。在实现体育教学目标或任务中起到桥梁的作用。

（6）**广义与狭义的体育教学手段**：体育教学手段有广义与狭义之分，广义的体育教学手段包括教学原则，教学内容，教学方法和一切组织与技术措施；狭义的体育教学手段特指为了达到体育教学目的的所运用物质方面的场地、器材、仪器与设备等。

（7）**体育教学模式**：体育教学模式是指具有特定的体育教学思想，用以完成体育教学单元目标而设计的相对稳定的教学程序。

从上述概念中我们了解到，教学方法与教育方法的区别比较明显，体育课程教学中也同样存在着教育方法，但它们主要针对的是学生学习与联系过程中存在的思想问题，而不是运动技术本身。所以与教学方法有比较大的差异，但是体育教学中的教育方法也是很重要的，因为学生出现了思想问题，若得不到及时解决，那么对学习的效率必然产生很大的影响。

学习方法或学习方式基本是从“学生个人”角度来认识的，在学习过程中，个人所采用的学习方式是自由的，但是作为学校教育，有其一定的特殊性，这个特殊性就是班级授课制，在同一个班级里，虽然每个学生都有自己喜爱的学习方式，但在集体环境中，个人的利益必须要有所牺牲，因此在达成大部分学生利益并有利于大部分学生的学习方法，应成为主要的学习方法，体育课程教学也不例外：另一方面，虽然从概念上说学习方法主要是学生的事，但是在课程教学过程中学生的学习方法需要教师给予一定的帮助与引导，即使开展学生自主学习、自学活动，也有教师的一定要求，并不是盲目地活动，因此，课内的自主学习是教师主要教学活动的补充，课外的自学活动也是与教师整体的教学安排有关（当然也有一些自学活动与教师的安排是无关的）。

教学方法与教学方式的区别是抽象与具体的关系。教学方法是一种总称，而教学方式是更为具体的活动细节，同一教学方式可用不同的教学方法，不同的教学方式也可以包含于同一教学方法之中。体育教学手段虽有广义和狭义之分，但一般概念上的是狭义的体育教学手段，而体育教学方法则比体育教学手段更有广泛的意义，它不仅包括体育教学手段，也包括体育教学方式，体育教学途径等，而不仅仅是达到体育教学目的所运用物质方面因素。

体育教学方法与体育教学模式之间区别则不易区分，目前无论是理论研究还是教学实践中体育教学方法与体育教学模式相互混用的情况比较严重，因此有必要把它们区别开来。

（1）从概念上看，体育教学方法是“实现体育教学目标的途径”，而体育教学模式的概念是指“具有特定的体育教学思想，用以完成体育教学单元目标而设计的相对稳定的教学程序”，体育教学模式有四个不可缺少的成分，即教学思想、单元教学，教学方法组合，教学程序，因此笔者认为体育教学方法是组成体育教学模式不可缺少的重要因素，但体育教学模式与教学方法并不是包含与被包含的关系，即体育教学方法并不是体育教学模式的子概念，只是组成一个完整的体育教学模式中必要的要素。

（2）体育教学方法本身是一个“物化”的概念，不代表什么思想，只要根据不同的情况进行了各种的分类，体育教学方法只有被体育教师所采用并用于解决教学实际问题时才具有“人的气息与意识”，而体育教学模式则是“已被人为设计的”、体现某种教学思想的教学程序。

（3）体育教学方法可以单独被使用，也可以集中不同的方法同时被使用，这要根据体育教学具体情景、运动技术学习阶段、学生练习所需要等情况而定。而其余教学模式中的教学方法则比较复杂，它是由各种体育教学方法精选组织而成的一个“方法组合体”即在整个模式中一定存在着各种教学方法，如在快乐体育教学模式中可根据不同的学习阶段选择如下的教学方法：游戏竞赛法→技术教学法（如示范法、讲解法、直观法等）→想象法、创新法、技术组合法→竞赛法、评比法等。

二、目前体育教学方式体系的研究现状与问题

体育活动除了与其他学科一样的有关知识的传授外，具有本质特点的是室外运动技术的教学活动，因此在室外广阔的空间中学生受外界干扰的因素很多，学生还要承受生理上和心理上的双重压力，因此在教学方法上应与其他学科的室内教学活动有本质的区别。首先我们来看看体育教材与词典中有关体育教学方法概念的叙述（表 4–1）。

表 4–1　体育教材与词典中有关体育教学方法概念的叙述

来源	体育教学方法的分类
《体育科学词典》，高等教育出版社 2000 年版，第 284 页	教师指导的方法：语言法、直观法、纠正动作错误等方法 学生学习方法（练习法）：重复练习法、变换练习法、循环练习法、游戏练习法、比赛练习法、综合练习法、集中注意力练习法、念动练习法、放松练习法等 学生思想品德培养方法：说服法、榜样法、评比法、表扬法、批评法
《学校体育学》，体育学院通用教材，人民体育出版社 1991 年版，第 67 页	指导法：语言法、直观教学、完整教学法、分解法 练习法：重复练习法、变换练习法、循环练习法、游戏练习法等 思想品德教育法：说服法、榜样法、评比法、表扬法、批评法
《学校体育学》，金钦昌主编，高等教育出版社 1994 年版，第 121 页	传授体育知识与技能的方法：语言法、直观教学、完整法、分解法、矫正法 发展体能的方法：负重法、持续法、间歇法、游戏法、综合法、比赛法思想品德教育与发展个性的方法、说服法、榜样法、评比法、表扬法、批评法
《学校体育学》，李祥主编，高等教育出版社 2001 年版，第 121 页	体育与卫生保健知识教授法：教授法、谈话法、演示法、讲练法 运动技能教授法：语言法、直观法、完整与分解法、预防与纠正错误动作法、游戏与竞技法 体育知识与运动技能学练法：自学法、自练法、自评法 思想品德教育与发展个性的方法：说服法、榜样法、评比法、表扬法、批评法

表 4–1 的分类方法中，存在的问题有：运动技术教学各阶段的教学方法相互混淆，学生在运动技术学习过程中，由于处于运动技能的初步学习阶段，技术动作还不稳定，此时不宜运用重复练习法，变换练习法，循环练习法，游戏练习法；当运动技术到了提高与改进阶段，此时运用纠正错误法则会恰到好处。因此应按运动技能掌握的不同阶段来划分运动技术教学方法才会比较合理；如各项目单元教学可分为三个基本阶段，即运动技术初步学习阶段；改进与提高运动技术阶段；运动技术巩固与自动化阶段。在不同的阶段中选用

的教学方法是不同的，如初步学习运动技术阶段应以教师的指导为中心，因此宜选用教师示范法，讲解法，分解法，直观法，多媒体法，模拟法，辅助练习法，暗示法，比较法，预防与纠正错误动作法等为主要；在改进与提高运动技术阶段则选用纠正错误动作方法，局部完整练习法，动作比较法等；在运动技能巩固与提高阶段则宜选用强化练习法，重复练习法，变换练习法，完整练习法，自练法，游戏与竞赛法，比赛法等方法。

基于以上基本思路，为了厘清教学方法，学练法，练习方法，教法、学法相互混淆的关系，我们有必要进行深入探讨体育教学方法。

教学方法具有多样性，可分为以教师为主的教法和以学生为主的学法：语言法、直观法、分解完整法、情景法、纠错法、观察法、探究法、自主学习法、小组学习法、练习法等。在第一节体育课中不可能罗列与运用所有的教学方法，因此，体育教师在课堂教学设计中可以根据教学内容的特点、教师特长、学生的情况、教师用具等来选择相应的教学方法，并穿插在课堂教学过程中，并且在不同的教学进程实施这些教学方法。由于体育教学方法中教师的活动与学生的活动是相互交错的，本不应把教师的活动与学生的活动强行地分割为“教法”与“学法”，但在编写教案时如果把教师的各种活动与学生的各种活动混合在一起，同时还要结合分组教学的各种形式，那么教案的思路与层次就显得比较混乱了。因此，为了在编写教案时思路清晰，层次分明，笔者建议把教师为主的“教法”与以学生为主的“学法”分开阐述，具体内容见表 4–2。

表 4–2　教法与学法

教学方法	教法（从老师的角度而言）	学法（从学生的角度而言）
课内	语言法（讲解、启发、说服、评比、比较、表扬、批评等）、直观法（示范、媒体、图示、教具、模型等）、分解完整法、情景法、纠错法等	观察法、探究法、自主学习法、小组学习法、练习法（重复法、交换法、游戏法、循环法、竞赛法等）。
课外	无	自学法，自练法

以教师为主安排的教法对于体育教师来说并不陌生，关键是我们如何来理解与细化“学法”。从上述学法的含义来讨论，“学法”主要可以用三层含义来表述——一般课程的学法（观察与思考等），个人或小组学法和体育教学特殊的学法（练习法）。一般学科所具备的学法是共性，而个人或小组学习法又可以把它放在教学分组形式中讨论，因此我们需要认识清楚的是“学法”在体育教学中的特殊性。由于体育教学活动本身的特点，即没有学生的身体练习就不可能掌握稳定的运动技能，完成课堂教学目标。因此从本质上说学生“学法”的主要特点应体现在“练习方法”上，其他的学法如观察法、小组合作法等属于辅助方法。按此理解，我们有必要把学生的练习方法从教学方法中独立出来排列，这样又便于教师有效实施与观者的清晰理解。如上分析，我们可以总结为：以教师角度为主来设计与安排“教学方法”是“教法”，以学生角度为主来设计与安排“学法”是“练习方法”。

由于课堂教学中穿插了多种练习方法，而其中多个练习的安排需要具有一定的顺序，这个次序就构成了“练习步骤”，也就是通常我们在教案中设计的学生练习的环节。由于练习步骤中又包含了数个练习，每个练习可以采用不同的练习方法或同一个练习可以采用不同的方法，为了更好地理解这个问题，我们举一个例子来说明：在“跳大绳的教学方法”一文中就存在着教学方法与练习方法之间混淆的现象，该文提出了“创新跳绳方法”——在单大绳内跳小绳；在双大绳中跳小绳；双绳十字交叉；单绳正进反出；双向跳绳；跳绳游戏。笔者认为这些是学生跳绳的练习方法，教师在具体课堂教学过程中可以选择几个或全部并组成一定的次序，构成学生的“练习步骤”，而“练习步骤”中的各练习方法是不同的，有单跳绳与双跳绳的区别、大绳与小绳的区别、正进反出与双向的区别、交叉与不交叉的区别等等，但这些练习方法绝不能简单地说成是教学方法。

需要进一步说明的是，“练习步骤”中安排的各种练习并不是连续排列与实施的，因为教学活动本身就是教师与学生共同的活动，因此以教学为主的“教法”与以学生为主的“练习方法”是相互交错的，相互结合的。如在传统的课堂教学中先有教师的示范与讲解，后有学生徒手的模仿练习，初步练习；接着可能有教师的直观演示，因为教师发现学生并没有领会动作要领，经过演示再让学生进行练习；学生集中观看正误对比，教师进一步示范等，这些教学过程穿插了学生的各种活动，教师的各种活动，当然也包括了各种教学组织。

三、重构体育与健康课程的体育教学方法体系

结合教育学中有关教学方法的原则、学生的主体性原则，根据现代体育课程教学的多维特点与变化特征，把体育教学方法按不同的依据划分如下。

1. 从教师教学的角度划分方法

（1）体育健康知识和运动技术理论教学方法：语言法（讲解、谈话）、问答法、多媒体法、讨论法、归纳法与演绎法和比较法等。

（2）运动技术教学方法。

（3）体育课思想教育方法：说服法、鼓励法、榜样法、评比法、表扬法和批评法等。

（4）发展学生体能方法：负重法、持续法、间歇法、游戏法、综合法和比赛法。

2. 从学生学习的角度来划分方法

（1）以个人为主的学习方法：自学法、自练法、自主法等。

（2）以集体为主的学习方法如：全班合学法等。

（3）以分组为主的学习方法，如小组合作学习法、分层学习法、分组探究学习法和差异学习法等。

3. 按运动技能形成的各阶段划分方法

（1）运动技能形成第一阶段（初步学习阶段）所采用的方法：如情境设置法、兴趣激励法、目标设置法、需要满足法、启发法、直观法、示范法、多媒体法、模型模拟法、辅助练习法、暗示法、比较法、分解法、预防与纠正错误法、积极反馈法和归因法等等。

（2）运动技能形成第二阶段（改进与提高阶段）所采用的方法：部分完整练习法、对比法、辅助练习法、目标设置法、纠正错误动作法、信息反馈法、鼓励评价法和暗示法等。

（3）运动技能形成第三阶段（技能巩固阶段）所采用的方法：重复练习法、变换条件法、完整练习法、过渡练习法、细节提示法、点拨法、强化法、比赛法、循环练习法、对比评价法和信息反馈法等等。

根据以上分析，笔者认为体育教学方法体系如图 4–1 所示。

- **体育教学法**
  - 教师教授法——以“教师为主、学生参与”为本质
    - 运动理论知识教授方法
    - 运动技术教授方法
    - 体育课思想教育方法
    - 发展学生体能方法
  - 学生学习方法
    - 教师指导下的学习方法——以“学生为主，教师参与”为本质。如分层学习法、小组学习法、差异学习法、合作学习法、探究学习法、自主学习法等
    - 无教师指导下的学习法：如自学法、自练法、自主法、自评法

图 4–1　体育教学方法体系

四、体育教学方法体系的说明与选用策略

以上笔者的划分方法只是一家之言，更为深化的探索还需要广大学者共同参与，因为要把体育教学方法体系划分得十分完美是一件很困难的事，在教学的分类体系中也同样暴露出一些问题，如发展学生的体能方法可以在教师的指导下进行，也可以采用学生自我学习、锻炼的方法；如在体育教师教授方法与学生学习方法中也可能会有一定的重复现象如小组学习方法，既可以成为学生为主的学习方法，也可以完成以教师为主的教授方法。换句话说，这种教学方式可以被学生的学习方法与教师的教授方法共用；又如在运动技术学习的后期可以采用以学生为主的自我学习与练习方法，而上图又把运动技术教学归于以教师为主的方法。当然区分的方法在图中也有说明，即根据“以教师为主”还是“以学生为主”的理念作为区分这些重复方法的分水岭。

其次，尽管体育教学方式形态各异，五花八门，但其万变不离其宗，广大的体育教师只要把握教学理念，教学目标，方法的选用是十分灵活的，因为方法始终是为目标服务的，同时，不同的教学方法组合也构成了体育教师的不同教学风格，即同一体育教材与目标，不同的体育教师所选择的体育教学方式可以是不同的；同一体育教师所选择的体育教学方法也可以是不同的。正因为存在着这个“不同性”，体育教师的高超水平才有体现的可能。

1. 根据不同的运动技术学习阶段选择不同的教学方法

运用技术学习阶段不同，教师所施予的教学方法也应不同，这部分内容于前已有述，在此不再多言。总的原则就是运动技术学习的前期应以教师的教法为主，教学方法体现形象、生动、具体、直观，帮助学生建立完整正确的运动技术感知觉，而在后期或自我练习阶段则应以学生的学法为中心。

2. 根据学生学习内容的性质选择不同的教学方法

学习内容的性质主要有运动技术，运动理论知识，发展体能性的练习等，性质不同，体育教师所用的方法也应各异，才能有的放矢，起到预设之效。

3. 根据学生在课堂中出现的问题选择不同的教学方法

课堂中往往会出现一些预想不到的问题，如运动技术上的困难，思想上的问题，意志上的问题等，此时体育教师应灵活应变，根据出现的问题的性质，及时运用正确的方法去应对，才能变被动为主动，变无序为有序，达到较好的教学效果。如学生出现不愿意练习、怕苦、怕累等情况，体育教师则要有耐心与学生沟通，不要采用训斥、谩骂等强硬的态度，这样学生才愿意与教师合作，配合教师的教学，完成一些难度较大的教学任务。

4. 根据课内外不同要求选择不同的教学方法

体育教学方法不仅仅局限于体育课中使用，也可以广泛地使用于体育课外活动和其他形式的体育活动，但体育课中使用的方式应以“教师为主的教授方法”与以“教师指导下的学生学习方法”为主，而在体育课外活动中则以学生自我学习与锻炼方法为主。

5. 根据不同的教学对象选择不同的教学方法

年龄越小的学生，由于他们主要以形象思维为主，抽象思维能力还比较缺乏，因此所运用的教学方法应以“教师为主”的教授法为主，随着学生的年龄增大，并达到一定的抽象思维与自学能力，体育教师所采用的教学方法也应逐渐转向能发挥学生主体作用的学法上来，毕竟“授之以渔”的方法才是学生学习的“上法”。

6. 根据体育教师的教法，擅长发挥教学的特殊作用

体育教师不可能是面面俱到的能手，但每个教师差异性构成了体育教师的独特性；有的教师可能在运动技术教法上十分突出，有的体育老师可能十分精通做学生的思想工作；有的体育教师可能激发学生动机，在激励学生学习兴趣方面很在行。因此在具体教学实践中不必按部就班，所谓“法无定法”，广大的体育教师尽可能地各显其才，运用自己的特长方法与经验，发挥体育教学方法的独特功效。

第二节　讲解与示范法应用与例解

讲解与示范是体育老师在课堂教学中最为基本的能力，职前的科班教育主要的目的是学习各项术科的运动技术，并同时学习各种运动理论知识，具备初步的运动技术讲解能力，但是科班毕业的新教师由于缺乏一定的实践经验，他们的讲解示范能力与水平还是非常粗浅的，较多地停留在教科书中知识的背诵上，缺乏一定的应变性和灵活性；具有一定的实践经验后，老师在讲解能力方面虽然有了较大的改进，但也不尽如人意，主要原因是科班毕业的层次不同，对运动技术的理解程度不同，个人的教学经验不同，从而导致了对同一运动技术，其说法各异的现象，当然这也是很自然的事，教学从不要求规格划一，苛求一

致。但绝不能偏离讲解示范的基本要求，只是在满足基本条件情况下各显其能，发挥各自的功效。

就教师的讲解与示范能力而言，总体来说，体育老师的示范能力要强于讲解能力，但查阅教师的讲解与示范能力研究文献来看，过往的研究主要集中于具体的教学内容的案例分析方面，缺乏比较系统的理论研究，教科书中也曾提到讲解的概念与要求，但比较抽象，过于理论化。本书就体育老师的讲解与示范及其有效性等问题进行初步探讨并与同行学者商讨。

一、理论剖析——讲解与示范的内涵与外延及其要求

从严格角度来说，讲解与示范分属于不同的领域，讲解属于教师语言运用的一种方法，而示范则是教师直观法运用的一种方法，此处我们把它们合而论之，主要是因为这两点皆是教师最为基本的能力，而且在运动技术学习的新授初期，必定涉及了运动技术的示范与讲解，从这个角度而言，两者是结合在一起的，但我们有必要把两个概念区分开来。在教科书中有关讲解的概念是："教师给学生说明教学目标，动作（练习）名称，动作要领，动作方法，规则与要求等，指导学生进行运动技能的学习，掌握运动技能的方法，因而可以认为讲解的内涵应是通过教师简洁有效的讲述动作结构、原理、要领、方法，使学生有一个准备的动作概念认知。"在体育教学中，其具体要求为：明确讲解目的，讲解内容正确并符合学生特点，讲解生动形象并简洁扼要，讲解富有启发性。而示范的概念为：教师或教师指定的学生以具体的动作范例，使学生了解动作的形象、结构、要领的方法。因而可以认为动作示范的内涵应是主要通过教师动作正确演示，使观看者在大脑中产生一个明晰的运动表象。其教学中具体的要求为：如明确示范目的、示范正确、选择示范位置与方向，示范与讲解相结合等。示范的使用情况可因种类不同而不同（表 4–3）。

表 4–3　示范的种类、特点及适用性一览表

分类依据	种类	特点与作用	适用性
方向	背向示范法	利于同步跟练，但不利于看体前动作	适用于左右方向的动作，如广播操、基本体操等
	正面示范法	学生看到教师的动作像照镜子一样，方向完全一致，但对教师要求较高	适用于示范者意图清楚，体现体前动作是其主要作用
	侧面示范法	易于观察动作的前后线路及动作的整个过程	一般用于前后方向运动的动作，如途中跑，助跑跳远等
运动轨迹及难易程度	完整示范	利于学生建立动作概念，了解完整的技术环节	新教材教学，不能分解的技术，如体操上、下杠，田径中的腾空
	分解示范	把完整或复杂的技术动作分解成多个技术环节来示范	适用复杂的技术动作，如跳高分为助跑、起跳、腾空、过杆和落地。

续表

分类依据	种类	特点与作用	适用性
运动轨迹及难易程度	慢速示范	把技术动作放慢，使学生看得更加清楚	连贯性强，完成的时间短，在正常练习中难看清的技术，如投掷项目的鞭打和拨球
	错误动作示范	让学生发现错误，从而改正错误	当学生对自己的错误动作不确切了解而又坚持错误动作练习时
	对比示范	正与误的比较，建立正确的动作概念	当学生对技术动作有疑惑或认识模糊时

笔者在此基础上，结合讲解与示范的有效性问题，对讲解与示范的外延及有效性问题具体详解如表 4–4、表 4–5。

表 4–4　讲解的外延与有效性要求一览表

讲解外延	讲解内容	讲解形式	讲解语言	讲解速度、频率	讲解时机	讲解目的
讲解有效性评价指标	正确、生动形象、符合学生年龄特点	符合教学内容特点。主要的形式有：口头讲解、结合图示讲解、结合教学模型讲解等	准确、清晰、精练、口诀化、具有启发性、逻辑性、层次性、条理性、重点突出	抑扬顿挫、语速适中、富有节奏感	可根据教学具体情况边示范边讲解，先讲解后示范、先示范后讲解等	了解运动技术的概念、结构、要领、重难点与要求等

表 4–5　动作示范的外延与有效性要求一览表

动作示范外延	示范动作	示范形式	示范面与位置	示范动作速度	示范时机	示范目的性	讲解示范结合
动作示范有效性评价指标	正确、优美、经济，符合运动生物学、运动学原理	具有多样化：完整示范、分解示范、重点示范、正误示范、学生示范	根据运动技术的特征，正确四个示范面：正面、反面、侧面、镜面；让学生背风、背光	采用中速正常示范为主，还可根据教学情况采用慢速示范、借用媒体、教学模型示范	初学者的直观认识；纠正错误动作的过程示范；突出动作重点的示范	使学生在大脑里形成运动技术的清晰、正确的表象；解决运动技术难点	根据教学具体内容与情况，讲解时可结合示范动作进行

二、实例分析

（一）课堂教学中的讲解实例与有效性分析

体育课堂中教师的讲解形式是多方面的，有全面讲述、片段讲解、集中讲解、语言提示、个别辅导等；从另一个层面说，还有口头讲解、结合图示讲解、结合教学模型讲解等，可以说，教师的讲解语言贯穿于整个课堂教学。笔者曾试图把一节课中教师的讲解语言全部记录下来并进行全面分析，结果发现教师课堂语言的运用似乎没有一定的规律性，而且非常复杂、比较杂乱、语言口语化现象严重等。因此，笔者把视角锁定在具体教学内容的新授课的某一片段上，因为在此次课的片段中，教师的讲解是最完整的、最集中、也是最重要的。下面我们选择了一个教学实案并进行有关有效性的分析。

1. 案例具体信息：第三届全国中小学体育教学观摩展示会

授课内容：直腿后滚翻（水平五）

授课教师：张 × ×

教学对象：高一男生

2. 该课堂中教师的主要讲解内容——直腿后滚翻新授课内容讲解

讲解新内容：好！直腿后滚翻的动作要领是由站立开始，其次呢，做上体前屈，然后呢，手从大腿中部向后伸，啊，大腿中部向后伸，然后呢，后倒，后倒，手撑垫，撑垫以后呢，迅速上挺，后倒，然后举腿翻臀，当背部触及垫子的时候呢，手呢，放到肩上，放到肩上，大家注意啊，掌心朝啊，朝上的，手指向后，这个动作大家把它一起做一做，这个动作，哎，模仿老师的动作，然后呢，当这个手触及到垫子的时候，迅速用力推手，手留在后，哎，经屈体立撑，经站立姿势，啊，再看一下老师讲的啊，注意从站立开始，屈体，啊，手在大腿中部，后倒，啊，这个，好！后倒、撑垫、然后滚动、推手、站立、经屈体站立，啊，这个动作呢，要领，它的重点呢，是屈体、叠起，所以一定要叠起。

3. 讲解评价

前后语出现重复次数过多，逻辑性不强，给人断片的感觉。讲解条理：仅从讲解的用语看，普通话不够标准，而且口头禅过多（“呢”有 9 个，“啊”有 9 个，“哎”有 2 个）；语言不够精练、没有口诀化；语速适中，具有一定的节奏性；讲解时机比较准确：复习团身后滚翻之后，开始讲解直腿后滚翻的动作要领；讲解目的没有说清动作的阶段，因此学生把握运动技术的要领、过程就比较困难。

4. 科书中对动作技术的描述

站立开始，上体前屈，重心后移，臀部后坐，两手在大腿外侧撑地。当臀部着地时，上体迅速后倒，举腿翻臀，成屈体后滚，同时两手急速置于肩上（手指向后。掌心向上），两肘内夹上翻。当滚至肩部着地，两手用力推地，同时低头、含胸、收腹、提臀、使身体向后翻转经屈体立撑成站立。教科书中的讲解字数 129 个（含符号），而该课堂讲解字数达 302 个（含符号）。

5. 讲解策略

无须只字不漏地把教科书中的讲解要领背诵出来，但需仔细分析与理解该运动技术各个环节与要点，使调整后的讲解内容简洁、明了、结构清晰，最好能口诀化。

6. 讲解内容改进（仅供参考）

（1）准备讲解动作的三个阶段。

①准备姿势：站立开始，上体前屈。

②过程动作：重心后移，当臀部着地时，上体后倒，举腿翻臀，成屈体后滚，同时两

手急速置于肩上（手指向后，掌心向上），两肘内夹上翻。当滚至肩部着地，两手用力推地，使身体向后翻转经屈体立撑成站立。

③结束姿势：做好站立姿势。离开垫子。

（2）该动作过程的简洁口诀拟编为：上体前屈，重心后移——臀部着地，举腿翻臀——两手置肩，用力推地——身体后翻，立撑站立。

（3）可以结合动作要领图示与自身示范进行讲解。

（二）课堂教学示范的实例与效果分析（表 4–6）

表 4–6　课堂教学中教师示范案例呈现

案例信息	该课示范次数	示范的准确性	示范的目的	示范时机	示范面	学生队形排列	讲解与示范结合
案例出处：第三届全国中小学体育教学观摩展示会。 教学内容：直腿后滚翻 授课教师：张 ×× 教学对象：高一男生	教师示范 1	完整示范，准确，动作到位，连贯优美	给学生建立动作的整体性形象与动作的表象，明确顺序	新动作演示	侧面示范	学生成 4 非梯形坐下	先示范后讲解
	教师示范 2	反方向完整示范，动作准确示范	从另一个侧面观看整体动作与运动顺序	从反方向演示动作	侧面示范（反方向）	同上	先示范后讲解
	教师示范 3	分解示范，（屈体、伸手、举腿）动作准确规范	把动作技术的难度降低，分解教学，突出动作的重难点	示范完整动作之后	侧面示范	同上	边示范边讲解
	教师示范 4	辅助性分解示范（膝盖绑护套），示范动作准确到位	观看在辅助条件下动作的过程	辅助动作练习之时	侧面示范	同上	先讲解后示范
	教师示范 5	辅助性动作完整示范。动作规范，到位连贯，但分腿角度过大	提示与突出动作迅速、连贯，重点懂得推手动作	在用海绵辅助练习条件下要求屈体时	同上	小组四周站立	先讲解后示范
	教师示范 6	辅助性动作完整示范（腰间绑有两根橡皮筋）动作规范到位	观看在辅助条件下动作的过程，重点突出手臂力量的重要性	推手不足的情况下	同上	小组四周站立	先讲解后示范
	学生示范 1	错误动作示范（推手不足）	让学生学会推手动作	在巡回指导发现问题时	同上	小组四周站立	—
	学生示范 2	完整动作示范。动作到位，但连贯性不强，比较美观，但力量不足	保护与帮助，辅助学生完成动作	观看学生比较正确的动作	同上	全班四周站立	—

1. 从教师示范的次数角度分析

整节课教师共进行了 6 次动作示范，其中完整示范有 2 次，分解示范 1 次，辅助性动作示范 3 次；学生示范 2 次（其中学生正误示范各 1 次）。就教师示范次数而言，笔者认为该教师的示范次数基本达到了课堂教学的要求，因为教师的动作示范是体育课运动技术教学的必需，体育课如果缺少这个环节，就显得很不完整了，这是体育教学的基本要求。但教师的动作示范次数也不是越多越好，因此教师的示范主要的目的是给学生一个最直观的认识，这仅仅是开端，最终的目的还是要通过学生的亲力亲为的实践才能把运动技术学会，因此，观看示范是前提，学生练习是根本，学会动作是目的。其次，在各组个别辅导过程中教师示范次数可略增加，以满足少数学生的个别要求。

2. 从教师示范的准确性角度分析

该教师的基本功比较扎实，“直腿后滚翻”动作示范做的比较到位漂亮，并多次赢得学生的掌声。这也是一个体育教师的基本素质，运动技术的基本功如不扎实，则难以在学生中建立真正的威信，也难以形成良好的课堂气氛，这是众所周知的事实。

3. 从示范形式与练习手段的角度分析

教师的示范并不是一两次就完成的，特别是新授课，需要教师实施多角度、多层次、多种类的示范，才能满足学生的需要，在头脑中逐渐形成一个清晰的运动表象。

该课在这个方面做得较好，课中既有完整示范，也有分解示范、辅助性示范、学生正误对比示范等，这些各个层次的动作示范对于学生建立正确的运动技术概念与表象起到了较好的作用。其中第二个辅助性示范与练习（膝盖绑护套直腿后滚翻）对于解决屈腿问题的确起到了较好的纠正作用，是一个比较好的练习手段，学生也感兴趣，这对于调节课堂的气氛与教学实际效果起了很好的作用。

但笔者认为有两个辅助性示范动作存在一定的问题：第一个辅助性示范与练习（腹部夹海绵后滚翻）效果不大，因为收腹是后滚翻的基础，既然已经学会了后滚翻，就说明收腹不是问题，因此这个“腹部夹海绵后滚翻”示范与练习就基本失去意义了；其次，第三个辅助性示范与练习（学生腰间系橡皮筋，当该学生后倒举腿翻身，两个学生分别从两侧手拉橡皮筋）效果不是很理想，在课堂教学中这个练习方法虽然好看，也丰富了教学过程，但“好看不中用”，因为这个辅助性练习费时费材。另一方面，在“直腿后滚翻”动作的保护与帮助方法中，特别是强调“手扶腰部帮助学生直腿后翻起立”的要求与“学生腰间系橡皮筋，两个学生分别从两侧手拉橡皮筋”的要求是一致的，因此该辅助练习有些多此一举，效果也没有“手扶腰部帮助学生直腿后翻起立”方法好。

4. 从教师示范面的角度分析

考虑教师的示范面问题主要用以使学生看清动作的结构、过程、方向、细节等情况，但在班级教学中，由于学生人数较多，要确保所有的学生都能看清动作技术，其难度较大，但在班级教学中，由于学生人数较多，要确保所有的学生都能看清动作技术，其难度较大，那么教师就应该运用不同的示范面从各个角度进行示范加以弥补，尽力使绝大部分的学生看清运动技术过程。

该课中教师运用了正反两个侧面动作示范进行演示，基本符合该运动技术的运动学特征，因为该运动技术主要的运动线路是前后的关系。但与此同时，有些细节就难以让学生看清，如两手撑地的位置等，而两手的撑地位置与时机对于完成整个运动技术来说是极为重要的，因此笔者认为在进行正反两个侧面动作示范之后还可增加正面示范，并提示学生重点关注两手撑地的位置与时机，这样，教师的示范面就更为完整了。

5. 从教师示范过程中学生的站位角度分析

在考虑教师示范面的同时，还要注意学生的站位，因为两者是合二为一的，学生需要有一个较好的站位，才能看清教师的示范动作。学生的站位一般有：左右两排，教师中间示范；四排站立，教师在前示范；圆形站立，教师在圆心示范；自由站立，教师在中间示范；器械周围站立，教师中间示范等等，此间前后排学生由于高度相差无几，有的教师要求前排或蹲或坐，对看清动作做一个弥补等。总之，学生的站位各式各样，采用哪种形式较好，应根据具体的教学内容特点而定。

该课中教师在演示示范动作时，采用了两种主要的学生站位队形："学生成四排梯形坐下"与"学生四周站立"，这两种站位的形式各有各的好处，"四排梯形坐下"站位法学生比较集中，教师又采用了正反侧面示范来弥补单侧示范的局限，如果教师再增加一些正面示范，则可达理想效果；而"学生四周站立"则不是很理想的站位队形，有的教师很喜欢学生圆形站立，教师在圆心做示范，笔者不敢苟同，此队形适合学生做比较熟悉的简单动作，如慢跑、徒手操等，但是在学习中有一定的动作时，学生观看教师示范动作的局限性就暴露出来了，教师不可能每个侧面都做一次示范，照顾了前面，忽视了后面；照顾了左面，忽视了右面，顾此失彼。

6. 从讲解与示范结合角度分析

在新授课中，讲解与示范孰前孰后，教师对之颇有争议，有的教师认为应该讲解在线，示范在后，其中的道理是通过讲解让学生对该动作有一个初步的了解，这样有利于建立动作的基本概念；持教师直观示范前的理由是，首先应让学生对动作有一个直观的表象，再进行讲解动作要领，这样才能有的放矢；更多的提法是讲解与示范必须相结合。他们的说法似乎各有各的道理，笔者认为这个问题不能一概而论，应视具体内容而定。一般来说，运动技术简单的、非动态的，可以边示范边讲解；运动技术较简单的、动态的（不可能边示范边讲解），可以先示范后讲解；运动技术较复杂的，可先作非常简单的介绍，再进行示范，也可先示范后再进行具体讲解。

该课中教师的前二次采用了先示范后讲解的方法，这是比较符合教学内容的特点的；在接下来的几次分解教学中，则采用了先讲解后示范的方式，也是比较好的做法。因为在经过一段时间的练习之后，学生对运动技术已有一定的了解，只是在运动细节上或重难点把握上尚有不足，这时教师先讲解一些要求与注意点，再结合讲述内容进行分解示范，可以帮助学生进一步了解教学重难点与自身的薄弱之处。因此笔者认为在讲解与示范结合方面该教师还是做的不错，这对于学生看清运动过程的同时，正确及时地理解运动技术的原理、方法起到了较好的作用。

第三节　完整与分解法应用与例解

运动技能是体育课堂教学的本质特征与目标之一，教学方法是实现运动技能目标的主要途径，因此教学方法使用的准确性直接影响了运动技能教学的有效性。完整分解法是体育教学中常见的方法，在教学实践过程中，是选择完整法来传授运动技术还是选择分解法，在体育教师的印象中只是有一个初步的感受——简单的动作采用完整法，复杂的动作采用分解法。但仅仅停留于此是不够的，因为有时比较难以区分动作技术的难易程度；其次，光有动作的难易程度还不足以说明选择哪种方法，还需要从另外的视角来综合分析。按此逻辑思路，笔者认为深化研究运动技术教学过程中完整、分解法使用情况，对于实现运动技能教学有效性具有一定的理论价值与实践意义。

一、理论剖析

从概念上说，完整法是指“从动作开始到结束，不分部分与段落、完整地传授某种运动动作的方法”。分解法是指：“将一个完整的动作技术，合理地分解成几个部分与段落，逐个进行教授，最后完整教授运动技术的方法”。

在运动技术教学过程中是采用分解法还是完整法，主要的焦点应该是运动技能的性质与特点，我们按运动技能的不同划分标准对运动技能进行比较具体的分类，主要有：开放性运动技能、锁闭性运动技能；复杂的运动技能、简单的运动技能；技术组织化程度高的运动技能、技术组织化程度低的运动技能；连贯性运动技能、间断性运动技能；精细的运动技能、粗大的运动技能等。当然这些分类并不十分严格，在各个分类之间还存在着交叉的现象，如足球，既是粗大的运动技能，又是开放性运动技能。而以上运动技能到底适合怎样的教学方法（完整法与分解法），基本缺乏实验研究的支撑。

（一）从运动技能的开放性角度分析适宜运用的方法

从目前一些研究表明，只有开放性与锁闭性运动技能有一些教学实验（如投掷铅球）的证据：分解法较之完整法更有利于锁闭性运动技能的完成，其中的原因是分解法能使学生掌握运动动作的细节，把握课题的个别属性。对开放性运动技能排球也进行了实验，结果是：采用以串联技术为主的教学方法，即把传、垫、扣、拦等技术串联起来练习（也就是我们通常所说的完整法），较之在战术阶段才使用的传、垫、扣、拦结合传统方法，虽然前者在练习次数上少于后者，但是不论在技评、达标或技术、战术的运用能力、比赛意识等方面都优于后者，这就是提示完整法更优于开放性技能的学习。

（二）从运动技能的内部组织化程度与复杂程度分析适宜运用的方法

从课题的复杂程度和组织化程度方面来考虑，目前的研究结果认为，课题的性质是影响完整法与分解法教学效果的重要因素。课题性质包括两个方面：一是课题的组织化程度；二是课题的复杂程度。课题的组织化程度是指构成某一课题的下位技术单位和构成要素间的相互关系。二者之间的关系越密切，其课题的组织化程度就越高。就运动项目而言，一般认为，该运动项目若由几个下位技术同时构成，就要看其技术的关系程度，如自由泳中手臂的划水动作和腿的打水动作结合是同时进行，其相互之间的关系特别密切，那么其组织化程度就高；相反，运动项目的下位技术单位相继构成，如球类项目中的运球、传球、投篮等，由于这些技术通常不同时出现，它们的组织化程度就较低。课题的复杂程度是针对学习者而言的。表现为学习者所能够接受和处理的课题信息量与课题总信息量之间的函数关系。因此，学习者的智能及技能水平和学习能力是决定课题复杂程度的重要因素。

运动项目内部的组织化程度和复杂程度与采用完整练习法与分解练习法存在着一定的关联：内部组织化程度高而运动技术复杂程度低的运动项目，适合于采用完整法进行教学；而内部组织化程度低而复杂程度高的运动项目则适合于采用分解法进行教学。

（三）从运动项目内部的连贯性角度分析适宜运用的方法

与运动技能的内部组织化程度联系起来考虑，连贯性较强的运动技术一定是内部组织化程度较高的，如蛙泳，既有手臂的动作，又有双脚的动作，还要配合呼吸等，但是连贯性较强的运动技术也有难易之分，难度较大的动作如上述的游泳，难度较小的动作如跑步等，综合难易程度、内部组织化程度特点，笔者认为难度较大的、技术内部组织化程度较高的，可采用先分解后完整的教学，但在教学过程中必然关注各个分解动作的连贯性，注意分解动作练习的时间，不要造成各分解动作做得很漂亮，完整动作却很难看的局面（这样的情况在教学实践中时有发生）。因此对分解难度较大的连贯性动作，在基本学会各个分解动作之后，就需要与前后的单个动作结合起来练习。而难度较小的连贯性动作如跑步，基本以完整练习为主，当然也可以做些分解动作的模仿练习，如摆臂动作等，但只能停留于模仿练习,因为跑步动作本身较为简单,没有一些较难的单个动作,因此不需要分解练习。

（四）从运动技能精细化程度分析适宜运用的方法

其实精细化程度也是相对而言的，它主要针对身体活动的肌肉而言的，要求大肌肉群参与运动的项目，如足球、排球、篮球、网球等，而一些运动项目主要要求小肌肉群参与，如射击等，当然这些项目也有难度、复杂程度、内部组织化程度等方面的差异。要综合各种因素来考虑选用的方法是难以下最后结论的。因此就运动技能精细化程度分析，一般来说精细化程度越高的项目，它比较适合完整法，而一些粗大的运动项目如足球则采用分解练习为主。

二、应对策略

（一）按不同运动技能的性质选择适宜的教法（表 4–7）

表 4–7　按不同运动技能的性质选择适宜的教法

运动技能分类	程度	举例	教法要求参考
按是否开放分类	开放性运动技能	篮球、排球、足球	适合完整法为主
	锁闭性运动技能	投掷实心球	适合分解法为主
按运动技能的复杂程度分类	复杂运动技能	复杂：跳高	复杂：适合分解法为主
	简单运动技能	简单：跑步	简单：适合完整法为主
按运动项目内部各运动技术的组织化程度分类	技术组织化程度高	游泳、跳高	适合完整法为主
	技术组织化程度低	篮球、排球、足球	适合分解法为主
按运动技能连贯性分类	连贯性运动技能	游泳、跑步、前滚翻	简单的连贯性动作：以完整为主 复杂的连贯动作：先分解、后完整
	间断性运动技能	跳远	以分解为主、完整为后
按运动技能精细化程度分类	精细的运动技能	射击	适合完整法
	粗大的运动技能	足球	适合分解法

（二）降低难度使用完整法

在采用完整法教学时，常常运用一些辅助手段来降低或提高运动的难度，以确保学生能完成各种练习。常用的方法如下。

（1）改变器械（器材）的高度、长度或重量，如跨栏时降低高度，跳高时降低高度等。

（2）改变其他器械（器材）练习，如铅球练习改用实心球练习、跳纵箱改为跳山羊等。

（3）改变作业条件，如做跳远练习时可以前置踏跳板。

（4）加助力完成。

（5）改变动作速率、幅度等。

（6）给予信号刺激，如采用喊声或击掌声指示学生准确起跳的时间。

（三）使用有效分解法

1. 注意各个分解练习的有效性

分解后的动作或部分在结构上要与完整练习有某些相同或相似的地方，这样的练习才有可能奏效。例如跨栏采用的偏向一端练习后腿的过栏动作，就是完整的跨栏动作的一部分，这样的练习对于整个完整动作是有效的。

2. 注意各个分解练习动作的简单实用

分解后的动作，除具有有效性之外，还要简单易行。越简单，实用性就越广，否则即使有效，但花人力、物力，时间的代价太高，也不是一个好教法。例如在练习跳远中的“挺身”分解动作时，我们可以采用从高处跳下（下面必须要有海绵垫）做“挺身”动作，这个高处可以是场地的自然条件，也可以是辅助器械等，这种方法简单易行。

（四）分解动作必须有利于完整动作过渡

分解法就是把难学的技术分成几个易学的单个技术学习，最后把掌握的几个简单的技术合起来成为一个完整的技术了。但在具体分解教学时，我们必须注意所分解的单个动作要与整个技术动作中的某一个部分类似，这样就容易过渡了。如在学习跳跃纵箱时，助跑起跳后坐箱是整个完整动作的一个部分，学会了起跳后手臂前伸动作有助于向整个完整动作的过渡。

另外，在过渡时，还有一个过渡方法问题。在过渡到完整动作时，开始不应过于全面要求动作的质量，而可以先侧重于某一方面，比如侧重于完整动作的一部分或被分解成两个分解动作的连接上，然后再要求其余的部分。如前例中助跑起跳后越过纵箱，一开始不要求第二次腾空，只要越过就行，待学生基本能完成该动作后，才逐渐提高要求，着重腾空跃起的高度。

（五）分解练习时间不能过长，衔接时注意辅助器材

对于具有一定难度的技术动作，分解教学是必要的，但是在分解动作练习时要注意练习的时间、次数，当单个分解动作练习基本能完成时，就应该练习下一个分解动作，几个分解动作基本完成后，要关注几个分解动作的衔接，这样才不会破坏整个完整动作连续性。如在练习跳远技术时，可以把整个跳远动作分解为助跑动作、起跳动作、空中动作、落地动作等，在基本练习助跑方法后，就应转向助跑与起跳的结合；同样，在基本学会了空中姿势后，就应该试图结合助跑、起跳与空中姿势的结合，这样就不会破坏跳远的整个完整动作。但在这三个动作结合过程中，体育教师务必注意放上“踏跳板”，否则这个动作难以衔接。因为学生在平跑中起跳肯定没有一定的高度，而缺乏一定高度的条件，学生就难以做出空中姿势，这样所学的空中姿势就失去意义了。

三、案例分析

（一）案例之一

鱼跃前滚翻教学实例基本情况见表 4–8。

表 4-8 鱼跃前滚翻教学实例基本情况

内容	相对完整法	重点难点	教学建议
鱼跃前滚翻	在保持动作完整性前提下，有意识地强调突出动作的某一部分（环节），简化其余部分（环节）。有重点、相对完整地进行教学	重点：鱼跃落撑向前滚翻动作。 难点：动作协调连贯，鱼跃腾空有一定高度和远度	此教材可按小单元（4–6）进行教学 1. 1 ~ 2 学时：侧重屈臂落撑向前滚翻动作教学 主要手段：利用高物向低处起跳（蹬），简化鱼跃腾空部分环节，降低练习难度；在保持动作完整前提下，强调突出对落下屈臂推撑（接前滚翻）重点环节动作的体会有感觉，便于学生尽快突破难点，完整的掌握教材。利用标志线（物）控制进行远撑前滚翻练习（诱导）；高物上向低处做远撑前滚翻，要求先蹬离（地面）再推撑前滚翻；平垫上做减小腾空高度和远度的鱼跃前滚翻练习 2. 3 ~ 4 学时：改进鱼跃前滚翻的完整动作技术 主要手段：第一，减少动作幅度的完整练习（突出落撑接滚翻的主要环节，简化其余部分）。第二，利用标志线（物）定向的完整练习 3. 5 ~ 6 学时：改进提高鱼跃前滚翻动作的完整技术主要手段；自主（合作）学习，比赛游戏与考评

分析：

（1）从上述动作的教学设计中可以看出，其教学方法基本属于完整教学法，只是在完整法的前提下突出了整个动作过程的某些细节，降低了练习的难度，并根据单元学时进行教学。该设计基本符合鱼跃前滚翻教学的特征，因为这个动作属于“连贯性运动作技能”“较为复杂的动作技能”“技术组织分化程度较高的运动技能”，由于运动技术的这个特点，我们无法把各个阶段强行分开，进行分阶段教学。

（2）从单元教学设计角度分析，体现了一定的层次性。1 ~ 2 学时侧重屈臂落撑向前滚翻动作教学；3 ~ 4 学时改进鱼跃前滚翻的完整动作技术；5 ~ 6 学时改进提高鱼跃前滚翻动作的完整技术，比较符合运动技能形成的规律，只是没有说明其中的教学对象，我们无法判断这个教学设计是否符合学生的年龄特征。

（3）从教学手段来看，该设计运用了“利用高物向低处起跳、利用标志线（物）控制远撑”，基本属于降低动作难度的教学策略，这个教学策略对于初学者来说是很合适的，因为在学生初涉该运动技术时，如果在学习中造成太大的难度，那么就会形成一定的畏难情绪，这对于深化学习是不利的，因此我们一般采用降低难度的完整教学方法。但是随着学生学习的深入，仅仅停留于此时不够的，我们在教学设计中必须考虑到使用提高动作质量的教学手段，如在学生基本掌握鱼跃前滚翻动作时，就要设计提高腾空高度与远度的手段，如前置有一定高度的橡皮筋让学生越过皮筋做鱼跃前滚翻，在前面画上标志线要求学生跳起后手越过标志线等，这些教学手段都是提高运动技术质量的手段，在学习的后期可以安排。

（二）案例之二

蹲踞式跳远教学实例基本情况见表 4–9。

表 4–9 蹲踞式跳远教学实例基本情况

实例信息	教学内容	教学目标	教学方法	教学手段	课堂练习方法	教学问题
地点：杭州市×××初中 时间：2019 年 11 月 教师：×× 教学对象：初二女生	蹲踞式跳远（新授）耐久跑	1. 激发学生跳远与耐久跑的积极性 2. 使 85 % 学生掌握蹲踞式跳远，耐久跑技术 3. 增强学生的体质，培养学生刻苦耐劳的精神 4. 发展学生合作学习精神	1. 教师讲解示范 2. 学生正误示范 3. 完整练习法	1. 踏跳板 2. 橡皮筋 3. 海绵垫 4. 沙坑	1. 跑 3 ~ 5 步，做单脚起跳双脚落地于垫子练习 2. 跑 3 ~ 5 步踩踏跳板，做单脚起双脚落地于垫子练习 3. 跑 3 ~ 5 步过两人拉起的橡皮筋，做单脚起跳双脚落地于垫子练习 4. 接力游戏	1. 初中内容与小学内容有低水平重复的嫌疑 2. 完整教学法的效果较差，因为学生根本没有掌握跳远的关键技术——腾空步 3. 这几个练习过程中学生的技术表现较差，效果不好

分析：

（1）从完整法与分解法选择的角度分析

从学生的年龄特点分析有关运动技术学习，一般来说，小学阶段，他们主要接触运动技术的目的是体验，而不是学习全面完整的运动技术；就教学方法而言，也应以完整教学为主，以蹲踞式跳远技术为例：助跑、单脚起跳、双脚落地；但是初中阶段基本具备了全面学习运动技术的能力，他们学习技术的主要目的就不能停留在“体验”上，而应深入到运动技术的细节，掌握一些难度较大的运动技术，初中教学方法也应从整体的完整数学法转化为部分的分解数学，而且分解数学的重点是蹲踞式跳远技术各个环节中的关键环节：助跑与起跳的结合，而不是“单脚起跳、双脚落地”，因为助跑与起跳的结合既是关键技术，又是学生能否提高跳远远度的核心。

（2）从运动技能的特征分析

蹲踞式跳远属于“锁闭性运动技能”“复杂运动技能”“间断性运动技能”“技术组织化程度较高的运动技能”，如果不把运动技能的各个特点考虑在内，则无法判断到底采用完整法还是分解法比较妥当。问题总有个主次，这是一个较为复杂的运动技能，学生一时之间无法掌握，如果简单地采用完整教学法，则达不到一定的教学效果。教学实践的经验也证明“蹲踞式跳远”运动技术一般采用分解教学法。

（3）从分解法中各个环节的教学重点分析

由于蹲踞式跳远由助跑、起跳、腾空、落地几个阶段组成，在分解该动作时，我们必须抓好问题的关键，分析该运动技术的核心。那么该运动技术的重点在哪里？毫无疑问就是“起跳技术”，助跑的目的是获得一个水平速度，但只有这个水平速度是不够的，还需要一个垂直速度，两个速度的和速度是学生跳得远的关键，因此该运动技术的重点是助跑与起跳的结合。但由于该课堂中没有涉及到分解教学，因此要深入讨论这个问题显得有些多余，在此只有简述略过。

第四节　预防动作错误与纠正法应用与例解

在运动技术教学过程中，学生从不会到会是一个不断改进技术的过程，从运动技能掌握的过程与规律来看，学生掌握动作可以分为四个阶段：认知定向阶段、掌握局部技能阶段、初步掌握完整技能阶段、运动技能的协调完善阶段（或自动化阶段）。在各个阶段中，学生学习运动技术是一个逐渐克服错误动作的过程，没有一个学生一学就会，因此可以说，出现错误动作是正常的，特别是一些具有一定难度的动作，错误动作的出现也是必然的。既然是必然的和正常的，我们就应该心平气和地正视它、重视它，细致观察学生在学习过程中的动作，帮助学生分析产生动作错误的原因，并施以良好的教学手段和方法，使学生少走弯路，快速掌握该学的运动技术。但是在班级教学中，由于班级人数众多，而每个学生学习情况和掌握程度都是不同的，因此学生的错误动作也是五花八门，又由于教学的任务比较紧凑，教师经常无暇顾及各位同学的学习情况，忙于实施教学过程，有的老师虽然也观察到了，但由于事先的教学设计没有充分考虑一些纠正错误动作的教学方法与手段或钻研教材不够深入，临时所施的教法效果不好，同样对学生的动作纠错没有什么帮助。因此，我们需要进一步深入探讨预防与纠正错误动作方法方面的问题。

一、理论剖析

预防与纠正错误法是指：“在运动技能教学过程中，针对学生形成于掌握运动动作中产生错误动作及其原因，预先在教授中及时采用有效手段措施，防止出现和及时纠正学生错误的方法。”

认知心理学的核心概念是认知，在承认动作本身是一系列刺激——反应联结的同时，更强调动作技能的学习必须有感知、记忆、想象、思维等认知成分参与。该理论认为，在动作技能的形成过程中，学习者必须理解与某动作技能有关的知识、性质、功用，比较过去学过的与眼前任务相关的动作行为，预期与假设解决问题所需要的反应和动作示范，形成目标意向和目标期望，把自己的反应与示范者的标准反应进行比较分析，进行归因，找出误差，采取对策、调节自己的反应。从心理学角度分析，这个过程主要由三个子系统组成：反应系统、控制系统和反馈系统。为了便于理解，我们以图 4–2 说明。

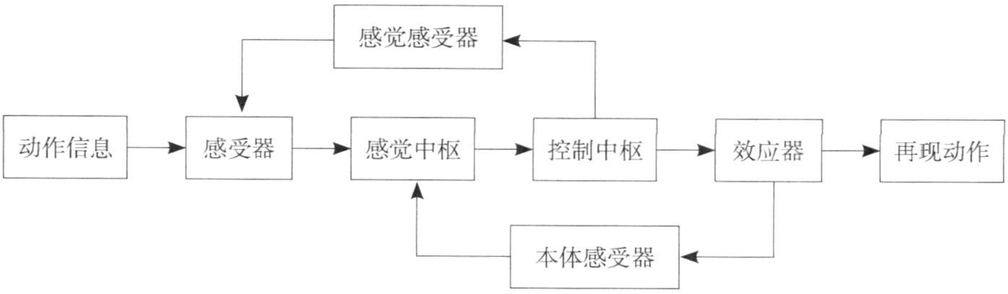

图 4–2 动作技能学习的心理机制示意图

其中反馈系统对于学生的自知自控、纠正错误动作有着重要的意义，这种反馈来自于两个方面，一个方面来源于学生本身，当本体感受器（肌肉、肌腱、关节等）和感官受控制（可控制感官的肌肉）感受的动作信息再次反馈到感觉中枢，这种反馈的表象同反映系统中接受的动作信息进行对照、判断，继而纠正错误动作；另一个方面来自教师为学生提供的正确信息，直接反馈给学生的控制中枢来纠正错误动作。因此，学生掌握正确动作的过程就是一个不断纠正错误动作的过程，使学习的动作不断精细化。

当然，学生掌握运动技能的过程会受到内外因素的干扰，外部因素主要是信息来源的正确性，如教师的示范、讲解、反馈的准确性；其次还有运动场地、器械等因素的干扰；同时干扰因素还来自于内部因素，主要有已有的知识经验、习惯性错误动作、心理状态等。

二、应对策略

（一）预防为主，纠正为辅

凡事应未雨绸缪，预则立，不预则废。教学过程也不例外，课堂教学的功夫在课外，体育教师在不断教学实践过程中，应认真钻研教材教法，积累教学经验，善于做好课后总结与反思；其次，要加强体育教师之间的交流，不能闭门造车，坐井观天，虚心向身边的体育教师学习，向书本学习，通过网络向全国的体育教师学习，只有这样，才能紧跟教学前沿，以最新的专业知识与技能武装自己，做好课前的各种预防工作，在充分了解学生（身体条件、心理需求、前期学习状况等）的基础上，预计出学生在学习过程中“可能”出现的各种错误，并找到有效的解决方法，尽力减少学生错误动作的发生。

（二）提高教师讲解示范的准确性

学生学习行为的最初信息源很重要，如果教师的技术动作本身有问题，学生也以讹传讹，这是最不应该发生的。因为这是体育教师的基本的素质，也是体育教师的看家本领。但是在现实中，由于运动项目的多样性，体育教师不可能掌握每个运动项目技术，总有一些运动技术对于教师来说熟悉一些，另一些项目则相对陌生一些。对于高中教师来说，由于实施了选项教学，因此，对教师的运动技能广泛性要求相对较低，而小学、初中教师则要掌握的运动技能可能多一些。目前许多省市大力提倡的教师比武、教师运动技术大赛等举措就是为了进一步提高教师的教学水平，增强运动技术能力。当然，最重要的还是要做好教师的职前教育。

（三）运用各种直观的手段弥补教师示范的不足

要使学生在初学时就产生清晰的运动表象，当然教师的示范是很重要的，也是最要紧的，但是一个教师要面对四五十个不同的学生，通常教师在新课中的示范动作是十分有限的，不可能一遍又一遍无限制地做示范，要让每个学生都看清并记牢明晰的运动技能，除了老师的正确示范，还应该充分运用其他一些资源， 如动作掌握情况较好的学生示范，这些被老师肯定了的行为动作会对学生的学习进行强化，这就是所谓的班杜拉替代强化，它在学生运动技术学习过程中是十分重要的，因此在教学中需要加强学生同伴之间的相互观察、对照、借鉴的过程。还有其他一些弥补资源：运动员标准动作的多媒体演示、变形金刚、人体模型、动作图示、助力与阻力等等，这些直观的教学手段可以弥补教师示范的不足，让学生在尽可能的条件下观看与接受正确的动作技术。当然在这些资源利用过程中，教师的把关与指导十分重要，不至于偏离正确的方向。

（四）给予学生不断的反馈信息

学生做错误动作是很正常的，不可以勉强他们，更不能讥讽学生的无能，设想一下，作为教师你自己在初学运动之时不也是磕磕碰碰的吗？因此要在观念上调整想法，要耐心细致地辅导学生做好各种练习，当学生的动作出现错误时，要不断给予正确的动作信息，帮助学生建立自信心，按照教师的正确指导慢慢地改进运动技术，最后达成掌握运动技能的目标。

在动作学习的初期，学习者主要依靠自己行为结果的知觉来改进技术。某些运动技术学习的结果容易察觉，如投篮是否命中、排球是否过网等等。但更多的运动技术初学者是不易知晓结果的，特别是初学者对自己的动作过程或姿势是否正确不易察觉，这时教师可及时提供反馈信息。当然，也可通过录像或其他手段，记录动作的结果并记录动作的过程，让学习者自己观察自己，提供真实与客观的信息。在运动技术学习的后期，基础动作或技术本领已基本掌握，反馈的信息主要来自内部的协调、平衡、节奏等感觉。因此练习的初期，及时反馈是十分必要的，而且要有足够的反馈次数，这就要求体育教师在教学过程中，必须加强对学生练习的指导，对学生完成动作的情况及时给予恰当的评价，以避免学生盲目、机械地重复练习。

（五）细心观察学生的动作、善于发现动作错误的原因

对于一些有一定难度的运动技术，学生出现错误动作是很正常的，作为一个好的老师要善于发现学生错误动作的共性，这就要求教师经常细心观察学生、深入研究教材教法、探明学习的重难点，并对错误动作进行分析，找出问题的原因。这些原因可能来自学生的身体素质、运动技术本身的难度、教师教法的问题、教学进度、运动习惯的干扰等等，只有发现原因，才能对症下药，解决问题。

（六）对症下药，及时矫正

把脉是治病的关键，但没有好药也是徒劳无效的，对于教师来说，这药就是我们通常所说的特殊的教学方法、手段、练习方法等。对于学生运动技术的通病，我们可以集中辅导，施以相同的教学方法与手段，而对于一小部分学生产生的错误动作，我们则没有必要集中纠错，可采用分层教学，组织那些学习有一定困难的学生采用比较独特的方法进行纠错，这样我们就能有的放矢，收到效果。

（七）正确选择预防与纠正错误动作的方法

预防与纠正错误的方法有很多，如强化概念法、转移练习法、降低难度法、自我暗示法、阻力助力法等等，这些方法并不是对所有的学生都会有效，因为学生产生错误的原因不同、学习进度、学生的能力和水平不同等等，因此要结合学生的具体情况、学校的场地器材特点、矫正方法的针对性等有针对地选择预防与纠正错误动作的方法。

（八）个别化辅导

并不是所有的学生都会出现同样的错误动作，由于学生个体的差异性，学生在完成同样的运动技术时，出现的问题也具有一定的差异性，因此教师在关注与集体纠正运动技术错误动作的同时，也要深入学生中间，利用学习练习过程中教学的间隙时间，开展个别化指导，做好一些学生特别是体育学习困难学生辅导工作，使全体学生受益。

三、案例分析

（一）案例之一

篮球双手胸前传球教学实例基本情况见表 4-10。

表 4–10　篮球双手胸前传球教学实例基本情况

基本信息	内容	课堂教学方法	教学问题
地点：杭州市 ×× 初中 时间：2009 年 ×× 月 教学对象：初中二年级男生 授课教师：王 ××	篮球双手胸前传球（单教材——新授）	教师的示范讲解 二人一组篮球双手胸前传球 教师集中指出错误动作：传球时肘关节外展；传球抛物线太高变成了抛球。二人一组传反弹球练习。结合传球的教学比赛	1. 教师只是指出了几个错误动作，并要求学生们注意正确的动作，但缺乏改进错误动作的具体教学手段 2. 二人一组传反弹球练习的原意是“提高双手传球的难度”，但是由于学生基本没有掌握传球的技术，因此这个练习不仅对传球技术的改进没有好处，相反却加深了错误动作 3. 安排的教学比赛纯粹是提高学生的趣味，对于学习双手胸前传球技术却是个破坏

分析：

（1）该案例的课堂教学中出现了篮球胸前传球运动技术学习的错误问题，即学生普遍出现了错误动作；传球是肘关节外展；传球抛物线太高。按常规，教师也集中了全体学生，指出了该错误动作，并要求学生按正确的动作要求完成练习。但是教师光说是没用的。在之后的练习过程中，学生还是照旧如初。是体育教师无视学生的错误动作吗？不是的！那么为什么学生不能按照老师的提点来纠正错误动作呢？问题出现在哪里？

笔者认为光有教师的提示是不够的，教师在提醒学生之后，应安排有效的教学手段进行练习来纠正已产生的错误动作。在教学实践中，广大的体育教师总结了许多实用的方法，如学生两排分前后同方向站立，后排学生前平举起双臂，前排同学做双手胸前传球动作，这样前排同学做动作时肘关节外展就在一定程度上受到限制，对于纠正错误动作具有一定的作用。

其次，老师深入分析了产生“传球时肘关节外展”的技术原因——双手持球位置过高，如果持球在腹部，若此时肘关节外展，那么所持篮球也就把握不住了。因此可以降低持球的高度，这样就在真正技术层面上分析解决了错误动作的根源。

至于“传球抛物线太高、传球变成了抛球”的错误动作的根源之一在于学生面对面传球的距离有关，针对不同年龄与水平的学生可以采用不同的传球距离。年龄小的学生由于传球力量不足，那么就缩短传球距离，同时在传球时需要学生身体重心前移的同时做出随前的传球动作，这样传球就不会因为力量不够、距离太远而做出抛球的错误动作了。

（2）从实施的教学手段之间的衔接性来考虑，后面的教学手段应该是对前一个教学手段的延续。但从实际效果看，后一个教学手段“两人一组传地面反弹球练习”不仅对前一个教学手段“双手胸前传球”没有帮助，反而使得“肘关节外展”这个错误动作更加明显化了。

（二）案例之二

前滚翻教学实例基本情况见表 4–11。

表 4–11　前滚翻教学实例基本情况

教学基本信息	教学内容	课堂教学方法	教学问题
地点：宁波慈溪市 时间：2008 年 5 月 教学对象：小学二年级 授课老师：李 ××	前滚翻（新授）；快速跑接力	1. 教师示范讲解 2. 每个人发一张纸片，学生下巴夹纸片在小垫子上做前滚翻动作 3. 每个人发一张纸片，学生双腿夹纸片在小垫子上做前滚翻动作	1. 有的学生做的较好，但大部分做的不好，有的学生本来会做，夹了纸片反而不会做了 2. 运动技术产生了变形

分析：

（1）教学手段应围绕教学现象来展开，如果学生出现了“低头不够、夹腿不紧”的问题，那么以上这些教学手段才有用武之地，但如果学生不出现这方面的现象，这些教学手段的使用却帮了倒忙。从该案例的教学现象观察来看，教师一开始就给全体学生发纸片是不合理的。学生下巴夹纸片在小垫子上做前滚翻动作与学生双腿夹纸片在小垫子上做前滚翻动作是纠正“低头不够、夹腿不紧”两个错误动作的教学手段，但是在教学中是否全体学生会产生这两个错误动作还是一个未知数，就轻易使用这两个教学手段，难免操之过急了。对于教学手段与教学现象的关系是教学现象在先，教学手段在后，教学手段为解决教学问题服务的。这个案例似乎颠倒了这种关系，导致先后次序的混淆。

（2）也许有人会问，这位教师是否在课前了解学生时或前一次课上该内容时就明确学生的错误动作，以至于这节课基本部分一开始就实施这两个教学手段，即便如此，但也不是全体学生都产生同样的错误动作，由于学生的身体素质、心理品性、基础条件等的差异性，学生的学习状态是有区别的。有的学生出现了“没有低头含胸”或“夹腿不紧”的错误动作，但并不是所有的学生都出现这样的问题，从教师的安排手段来看，有的学生可能需要使用以上这些教学手段，但另外的学生并不一定需要这些手段，要求全体学生都使用这些手段的做法会导致不会的可能还不会，原来会的倒可能不会了。因此进行差异性分层教学是课堂教学应该重点关注的一个核心问题。

（3）没有一个教学手段是十全十美的，一个教学手段的过度使用，必然会带来一定的副作用。如上述的“学生下巴夹纸片在小垫子上做前滚翻动作”这个教学手段，虽然对于解决“没有低头含胸”错误动作会产生一定的作用，但是使用过多，则容易造成学生颈部紧张感、局部肌肉疲劳感。另外由于局部肌肉的过度紧张又会导致身体其他部位动作的不准确性，顾此失彼。另一个教学手段也是如此，“学生双腿夹纸片在小垫子上做前滚翻动作”，如果做多了，动作看上去就很不自然了，甚至有些失真。因此教师安排的教学手段应具有针对性，应有的放矢，掌握一个“度”字，更应具体分析问题。

（三）案例之三

纠正起跑错误动作教学实例基本情况见表 4–12。

表 4–12　纠正起跑错误教学实例基本情况

错误动作	解决方法
起跑“垫步”错误动作：在站立式起跑教学中，常发现一些学生在起跑时前脚有向前“垫步”，即起跑的瞬间前脚习惯地抬起向前迈一小步或向下跺地后，后脚才开始蹬地向前跑出	1. 后脚蹬墙站立式起跑。后脚抬起蹬紧墙体，也可以两人一组，一人起跑，另一人用前脚掌抵住其后脚，使其前脚来不及“垫步” 2. 低支撑做两脚蹬伸、抬腿练习。手扶住肋木或低单、双杠，两脚前后成弓步站立，上体前倾。听口令迅速蹬伸（踝、膝、髋伸直），同时后腿迅速折叠前摆，体会站立式起跑时两腿正确的蹬摆用力顺序 3. 听信号后蹬腿配合摆臂练习。站立式起跑姿势，异侧臂在前。听信号迅速摆臂同时后腿蹬地折叠前摆。反复练习，强化学生两腿快速抬和积极主动摆臂的意识 4. 异侧手撑地做低重心站立式起跑。这种一手撑地的姿势类似于“半蹲踞地抬起向前式起跑”，身体重量主要由手臂和前腿支撑，在这种状态下前脚根本无法“垫步”，有利于纠正错误 5. 按压练习者前脚背。教师站在练习者前脚外侧，一压一按其前脚背，由于受到外部力量的限制，练习者前脚难以抬起。同时教师用另一只手迅速拍击其后腿膝关节处，刺激、提示其迅速做出蹬、摆动作

分析：

（1）该案例提示，在教学实践中发现了学生错误动作的同时，教师也列出了一些解决该错误动作的方法，这些方法是体育教师在长期的教学实践中总结出来的行之有效的方法，但这些方法只是一个罗列，在具体教学过程中，并不一定所有的教学手段都能用上，教学手段使用的情况应根据学生的具体特点、课堂教学情境、学校的场地器材等情况而定。如该学校没有肋木或低单、双杠，那么第二个教学手段就不能使用；其他几个教学手段对场地器材没有什么特别的要求；但另一方面，教师还要判断这个错误动作是否所有学生都有，按常理说，这种情况是十分罕见的，因为学生的经验、经历、学习能力等方面各有不同，因此可想而知，学生在练习“站立式起跑”时，不可能所有的人都产生起跑“垫步”错误动作，因此教师应该采用分层教学，让一些没有产生这些错误动作的学生还是按常规练习其他内容，而把产生该错误动作的学生集中起来进行纠正，但是也还要考虑一个“度”字，纠正练习不要过分，否则这个问题解决了，其他问题又出现了。

（2）“法无定法”，所有教学方法与手段的使用都因教学问题而生，也皆因教学问题的解决而灭，决不能过于执着于固定的方法。

第五节　运动竞赛法应用与例解

运动竞赛法是体育课堂教学中采用的一种方法，也是体育教师喜欢运用并运用较多的教学方法，特别是在体育课堂优质课的评比中，该方法使用的频率很高，其中原因是体育教师为了调节课堂气氛，把一节课的热情推向高潮，往往就选择了运动竞赛的方法；的确，学生对于运动竞赛活动的热情也是很高涨的，在群体活动中，同龄学生之间的较量与竞赛也是符合青少年学生身心特点的，但是我们在观看众多的课堂竞赛活动中，发现一个罕见的现象，那就是竞赛活动与课前半部分的运动技术教学相悖。按教学设计常理分析，竞赛活动的内容是前面的运动技术学习内容的延伸与巩固，也就是说，竞赛活动应把该课运动技术学习的成果通过竞赛的方式加以提高与巩固，但是该目的往往会在竞赛活动中成为泡影，因为学生的注意力忙于关注谁输谁赢，很少注意自己的运动技术，因此虽然课堂气氛升温了，但却牺牲了前期运动技术教学的成果，有些得不偿失。鉴于此，本书在理论讨论的基础上，分析在课堂教学中运用运动竞赛法时应关注一些事项。

一、理论剖析

有关运动竞赛的概念有不同的表述，如（狭义）：“就是体育比赛在各运动项目裁判员主持下，依据各运动项目统一的规则，组织实施的运动员个体或运动队之间的以争取优胜为目的的竞技较量的总称。”①从教科书上也可以查找有关竞赛法的概念：“在比赛条件下，组织学生进行练习的方法。”该概念非常简单，看不出有啥奥妙之处，但在提到运用竞赛法的注意事项时我们或许可以看出些端倪；②明确运用竞赛的目的。运用竞赛法中胜负并不是目的，而是为了更好地完成教学任务，因此无论是内容的确定，竞赛方式的选择，结果的证实都要服务服从于教学任务；③合理分配队员分组。为了充分调动所有学生的积极性，在运用竞赛法时，无论个人与个人比赛还是组与组比赛，都要注意学生的实力比较均衡或创造均衡的条件；④适时运用。由于竞赛法时，学生往往把注意力集中于竞赛的结果，而忽视动作过程与动作要求，进而可能导致错误动作的产生。这三个注意点事实上已经说明了运用竞赛法的关键，但是为什么在教学实践活动中却往往事与愿违呢？到底问题的根本在哪？笔者认为问题的核心还是要从运动竞赛法的特点上去寻找。

运动竞赛方法的最大特点是人与人之间的能力较量。要理解这个道理，我们需要从人的本质来思考这个问题，攻击性是人类的本性之一，运动竞赛是缓解人类攻击性的一帖良药，古代人们通过战争来宣泄人类这种本能，但那是十分野蛮与残酷的行为，为世界人民所不齿。在长期的实践活动中人们发现，体育运动特别是竞技运动对于发泄人类的情绪、缓解人类的攻击行为有着特殊的作用，它是一个无硝烟的战场，在此可以不分种族肤色、地位尊卑、男女老少，均以平等、公正的机会共同参与，享受运动带来的快乐。这就是运动竞技的本质，也是人们喜欢运动比赛的根本原因。说明以上道理的目的就是为了证明一个不变的事实——学生的确喜欢体育竞赛，比一比、互相较量一下适合于任何年龄段的学生，就体育课堂教学而言，运动竞技不仅是完成任务的一个很好的途径，也是调节课堂气氛的一剂良药；既是提高运动强度、锻炼身体的手段，更是缓解学习压力、改善学生心理状态的有力措施。

如前所述，体育课堂中的运动竞技比赛比比皆是，如何运用得当则是体育课堂教学的最大亮点，如运用不当，则顿失亮丽，留下遗憾。

二、应用对策

（一）结合技术，避免教学与竞技相互脱节的现象

竞技活动能起到调节课堂气氛的目的，如果能与课堂前半部分的运动技术教学内容相结合，那么课堂教学前半部分与后半部分就能紧密相连，这样的课堂教学设计是合理的也是紧凑的，这就是说，我们的课堂教学既能达到前一段运动技术学习的目的，在后一段的教学环节中，还能充分利用竞赛活动的特点，调动课堂的气氛，激发学生学习体育的热情，更能对前一段技术学习的成果得到加强与巩固，并在实践中灵活运用运动技术，起到一举多得的效果。

当然也有一些竞技赛活动是出于弥补课堂教学某些环节的不足来安排与设计的，如在双杠教学内容中，由于在课的前一阶段双杠运动技术的学习中，学生的运动负荷较低，运动量不足，为了调整整堂误的运动负荷，教师在课堂后的后期安排的一些素质练习的竞赛活动这样的设计思路本身并没有错，但是如果此时安排的竞赛活动若能结合刚刚学练过的双杠技术来考虑竞赛活动的内容与方式，则能锦上添花，作用更为显现，设计更为完美。

（二）合理分组，避免产生胜负“不决自明”的状况

如何分组原是不难的问题，有许多传统的方式，如安排原来站立的 4 个小组自然分为 4 组，如小学生按男女性别分组，如按素质与能力进行分组等，但无论怎么分组，都不要小看它，分组情况不同直接影响了竞赛活动的效果与学生参与竞赛的氛围。往往在竞赛活动出现这样的场景；竞赛的胜负不决自明，特别是在平时上课的过程中，老师们、学生们也都会有这样的体会，每次竞赛活动的第一名、第二名基本是固定的。那么如何避免这样的现象呢？有的老师试图把各组学生的能力均等化，但是这个思路从理论上说是正确的，但从实践中却难度很高，因为众多的学生如何估算出各组的实力？再说重新调整组别必然会带来时间上的浪费，那么如何来解决这个棘手的问题呢？有一个思路值得参考；在运动竞赛过程中增加“或然性因素”。此设计是在原来 4 个小组人员不变的情况下改进，即增加一个环节，增设一个不确定因素——或然性因素，这样，传统的竞赛场景就发生了以下几方面变化。

（1）每个队取胜的概率均等，谁都有获得冠军的机会，谁都会有成功的体验。

（2）学生参与游戏的兴趣大大增强，每次比赛都能听到情不自禁的加油声和呐喊声，谁都想获得比赛的冠军。

（3）原来一些实力相对较差的一组也有机会得胜，也能享受到成功带给他们的乐趣，以此来激发他们参与体育课的热情和兴趣。以接力跑为例。改进后的竞赛方式是这样安排的，在传统竞赛方法的基础上，增加了“或然性因素”——“猜拳过关”：同样的四路纵队站立，老师先确定 4 位猜拳手 A（可以任选）站在对面标志线上，第一位同学 B 在老师下令后速“奔跑”至标志点与猜拳手 A 猜拳，待 B 胜之后（输的继续猜拳，直至胜为止）方可绕猜拳 A 跑回本组与第二个学生拍手，第二个学生继续第一个学生动作，以此类推，以先完成的队为胜。这样的安排弱队也有获胜的概率，强队则并不一定能获胜，机会给每一队的学生，因此无论是强队还是弱队都会有获得成功喜悦的机会。

（三）明确目的，避免竞赛对技术学习带来副作用

运动竞赛的目的本是清晰的，但在教学实践过程却往往事与愿违，这个问题也并非体育老师的心愿与本意，而经常是由于竞赛活动本身的刺激性所造成的，按体育老师课前的设计，在课的后一段安排一个竞赛活动，可以对前面所学的技术起到巩固的作用，还可以把课堂教学推向高潮。但结果却是：学生只图快速，只想第一，才不会去理会竞赛前教师的叮咛与嘱咐，把运动技术与要求一概甩在脑后了。因此，这种牺牲了前期运动技术成果的竞赛活动虽然调起了气氛，但也留下遗憾。如何解决这个问题，看来难度很大，如果不比谁胜谁负，竞赛的兴趣顿减，如果光比速度，还是回归老套。我们的设计既要考虑学生胜负的较量，又要关注前期运动技术的作用，这就为我们提出了另一种思路；我们不比时间，可以比技术得分；我们可以提出技术上的要求，如果学生技术不达标则要扣除得分等等，当然这是笔者的一些看法，更好的思路与做法还是留给广大的教师们去思考、去发挥、去完成。

（四）严格规则，避免只有形式没有实效的竞赛

当然，在体育课堂教学中的竞赛活动与一般意义上的竞技运动是无法比拟的，我们在体育教学过程中可以简化竞技运动中的一些因素，但是不能丢失竞赛活动的最基本的要素；竞赛规则。正是由于这个规则，才确保了运动竞赛的公平性、公正性、合理性、也正是由于这个规则保持了无数人对竞赛活动的热情与向往。由于体育教学中竞赛活动的群体不同，中小学生因体育素养的局限性，在竞赛活动中往往由于竞赛的紧张性、激烈性，就忘记了竞赛活动的规则，经常导致一些现象发生，例如学生不在标志线后击掌，而是越过标志线就开始奔跑；接力棒不是手与手的传递而是接近同组同学时手扔接力棒以图快速；原来奔跑的学生应跳过障碍物，却为了节约时间而绕过障碍物，这类现象比比皆是，不胜枚举。

要解决这种松散的问题，方法很简单，就是教师事先一定要有明确规则，所谓“凡事预则立”之道理；其次，要严格执行。若学生在竞赛过程中违规，那么就应该加以纠正。

这样几次下来就养成了遵守规则，纪律严明的习惯，学生在这样一种竞赛的氛围中成长，不仅能体验运动竞赛带来的乐趣，还能促成运动竞赛教育学生人生哲理的意外收获。

三、案例分析

（一）案例分析之一

双杠前滚翻分腿坐接前摆下教学实例基本情况见表 4–13。

表 4–13　双杠前滚翻分腿坐接前摆下教学实例基本情况

基本信息	内容	竞赛法运用情况	产生的教学问题
第三届全国中小学生体育教学观摩会 教学对象：高一男生 教师：林 ××	双杠前滚翻分腿坐接前摆下	在学习完“双杠前滚翻分腿坐接前摆下”动作后，接着做一个竞赛游戏：在距离双杠前 10 米处分成 4 个小组，在同一条线上起跑后跑向双杠，然后双手撑杠做前摆下动作并绕过双杠回到起跑点，击掌后第二个同学开始起跑，依次类推，以时间最短的一组获胜	起初几个学生还是按老师的要求去做，在教双杠前摆下时动作还算比较准确。但是在之后的比赛过程中，学生做双杠前摆下的动作就不标准了，甚至很难看 第二次、第三次同样的竞赛内容，学生做双杠前摆下动作时基本就没什么技术要领，“双杠前摆下”动作只是徒有其形

分析：

（1）该教学实例中，教师安排了一个与教学内容相关的竞赛活动，是一个比较好的设计思路，该教师在竞赛活动之前对活动的内容也提出一定的要求，但是由于这个竞赛活动比的是时间，因此在竞赛过程中，学生势必要提高运动速度，如果按照教师的要求认真做好双杠前摆下的技术动作，势必会减慢速度，影响比赛的名次，若小组内每个学生都认真做“双杠前摆下”的练习，那么就会给整个小组耽误不少时间，就注定要输，因此，学生为了谋求快速，就自然舍弃了技术动作的要求，这是在所难免的。

（2）面对这类竞赛的现象，该教师没有采取相应的变动措施，而是一如既往做了同样的三组竞赛，这说明该教师无视教学的诚信本质，没有表现出一个教师应有的教学机智。其实，对教师提出应具备一定教学机智，这样的要求并不算太高，因为一个教师如果原原本本按课前备课的流程进行授课，不会根据教学实践中发生的场景进行调整教学过程，那么这个教师相对来说就缺乏了灵活性与教学应变能力，因此从教学的诚信角度而言，体育教师不能死板扣紧备课，而是要根据现场发生的情况相应的调整，充分发挥一个教师的教学机智。

（二）案例分析之二

立定跳远教学实例基本情况见表 4–14。

表 4–14　立定跳远教学实例基本情况

教学基本信息	教学内容	竞赛法运用情况	产生的教学问题
地点：××市××小学 时间：20××年5月 教学对象：小学四年级	立定跳远	在学习立定跳远之后，安排了一个竞赛活动：分为人数均等的4个小组，比赛开始后，排头4个同学立定跳远至15米，绕过标志物再跑回原处，击掌后第二个同学开始立定跳远，依次类推，时间最短的小组获胜	起初几个学生还是按老师的要求去做立定跳远，但后面这几个同学基本不按规范与要求做了，有的甚至接近于跑 第二个同学为了争取时间，不在线后待前一个同学击掌后就越过线在前面等待，造成了一些混乱场面

分析：

（1）从教学设计角度来分析这节课，竞赛活动内容安排还是比较合理的，因为学生的练习立定跳远的技术之后，可以通过连续蛙跳来提高所学技术要领；其次可以调节课堂气氛，起到一举多得的效果。从实际情况来看，课堂气氛是提高了，但在运动竞赛过程中，学生并没有按照要求去做，对于巩固课前一段的学习所得，基本没什么作用。相反，对于蛙跳技术反而是一种副作用，因此，这种牺牲前期运动技术来换取竞赛气氛的做法存在争议。

（2）由于竞赛活动有严格的规则，如果大家都不遵守，竞赛活动就失去了原来的魅力。这节课的竞赛活动中，由于小学生对于规则的概念比较淡薄，为了获胜不遵守规定是常有的事，但作为课堂教学的竞赛活动，教师一定要有方法来制止这种现象的产生，几次下来就养成了学生遵守规则的习惯。从这次课的观察来反推教师的教学风格，不难看出这个教师对于学生的要求还是比较松散的。

第六节　正确或错误选择体育教学方法的实例与分析

一、正确选择体育教学方法的实例与分析

在体育教学中常有较好地运用了教学方法的实例，使用教学方法恰当的原因是他们能够根据教学目标、教材特点、学生情况和教学环境、条件等恰当地选择那些合适的教学方法，特别是他们能够根据自己的能力和特长运用教学方法、下面就是四位特级教师根据自己的特点运用教学方法的实例（表 4–15）。

表 4–15　四位特级教师采用不同教学方法的实例

教师实例	教师特点	运用教学特点
WSS 教师（北京某中学特级教师）	为人正直，工作和教学作风严谨，要求自己和他人都严格，有威严，不善于言辞，运动技能属一般水平，教学风格中透有爱心，教学严肃但不使学生反感	教学方法特点为讲解朴实无华，流畅清晰，练习步骤细致入微，教学组织严密，对学生要求严格
DYQ 教师（浙江省特级教师）	人很聪明智慧，作风活泼而不失严谨，各方面运动技能都不错，特别是体操技能非常突出，音乐、舞蹈、节奏感、身体表现和模仿能力突出，语言幽默，组织能力很强	教学方法特点为讲解生动有趣，教学过程运用语言很多，经常利用各种节奏媒体（哨、掌声、口号等）和身体形态动作帮助学生学习，教学组织多样、有趣而严密
WZS 教师（北京东城区特级教师）	人很聪明而灵活，很具幽默感，喜欢学生，运动技能比较一般，但语言能力极强，说起话来声情并茂，对学生了解很透彻，组织能力很强	教学方法特点为教学过程如行云流水，对教材理解和加工常有出彩的地方，语言生动有趣而且讲解能贯穿在教学的各个角落，教学中的表扬、提醒、批评用得恰到好处
GHX 教师（北京朝阳区特级教师）	属于那种情商很高的人，聪明而灵活，热爱学生，热爱体育工作，其他运动技能比较一般，但模仿、语言、音乐和舞蹈能力极强，说起话来娓娓动人，反应很快，组织能力很强	教学方法特点是多运用故事化教学、情景化教学、舞蹈性教学、唱游教学等，教学中语言生动而亲切，很具形象化，能充分把学生的兴趣调动起来

二、错误选择体育教学方法的实例与分析

在体育教学中也常有不能很好运用教学方法的例子，这些不恰当地运用教学方法的原因是教师不能很好地根据教学目标、教材特点、学生情况和教学环境、条件等来选择教学方法的缘故，而且也是他们不能很好地根据自己的能力和特长来运用教学方法的缘故。下面就是几个不能根据教学的要求和实际情况来运用教学方法的实例。

（一）错用教学方法实例 1

某年，在的一节公开课上，一位女教师上小学五年级的课。课中有个游戏，老师给同学们的头上戴上动物的头饰，教师也戴了个小兔子的头饰，然后突然改变音调（与刚才教学时的口气大相径庭），嗲声嗲气地说："同学们，我们做个游戏好吗？"同学看到女教师如此这般，不知是受到感染，还是童心大发，也嗲声嗲气地回答"好——啊。"

分析：

这个教法错误是用错了对象，小学五年级的学生在身体和心理上已不属儿童，用这样充满童稚的教学方法应该是不符合学生们的心理特征，甚至会引起他们的反感，另外，教学也使人感到很幼稚。

（二）错用教学方法实例 2

某年，在一节公开课上，一位教师上初一年级的短跑课，准备活动后，教师要教学生蹲踞式起跑。

教学从讲解开始，教师讲道："同学们，现在我给大家讲解一下蹲踞式起跑的动作要领，大家好好听。听到'各就位'的口令后，两脚依次踏于起跑器上，后腿膝跪地，两臂伸直约与肩同宽，两手四指并拢，与拇指分开成人形虎口朝下手指接触地面。重心前移肩与臂基本垂直地面。此时，头颈放松与躯干约成一直线，静止不动听预备的口令；听到预备口令后，从容地抬臂基本垂直地面。此时，头颈放松与躯干约成一直线，静止不动听预备的口令；听到预备口令后，从容地抬臂，使股骨转子高于肩轴，两点延长线与地面夹角在 15 ~ 25 度，重心前移使肩的投影点超过双手支点 5 厘米，并缓慢地做一次深吸气，然后静止听鸣枪信号，这时应注意的是两脚掌紧贴起跑器抵足板；当听到鸣枪信号，前腿用力迅速蹬直，后腿积极蹬离起跑器并马上向前摆出，注意防止小腿后撩，同时两臂迅速前后大幅度地摆动，当蹬离起跑器的一瞬间时，后蹬腿充分伸直，后蹬角在 30 ~ 35 度，前摆的大腿与地面夹角在 60 ~ 65 度，大小腿夹角约小于 90 度。头与躯干略成一条直线，眼看地面，前摆的臂、手与头同高，后摆的上臂与前摆的臂约成直线。"

同学们刚开始很认真地听，但是在教师繁杂又晦涩的讲解过程中逐渐失去了眼中的光芒。体育教师看到这样的情景，心中生急，忍不住突然大喊了一声："你们听懂了吗？"同学们吓了一跳，马上大声地回答道："听懂了。"

分析：

这个教法的错误是用错了方法，学生学习蹲踞式起跑这个不复杂的动作，完全没有必要进行这么细致甚至是繁缛的讲解，这时，讲解远不如一个示范来得生动明白。教师可以先做一些各种姿势的快速起动练习，在学生感到乐趣并对快速起动有了一些体验和掌握了基本要领后，再导入蹲踞式起跑。教学前先做个正确示范，然后做个常见错误动作示范，随后，让学生练习，教师在练习中重点地纠正一下错误动作即可。

（三）错用教学方法实例 3

某年，在一节公开课上，一位女体育教师上初一年级女生的排球课，教学内容是学习下手发球。教师在进行了下手发球的讲解后，就让学生分两队站在排球场的两个端线上进行发球练习，并在每次发球后都让发球过网的学生举手，但举手的总是寥寥无几，这是因为初一的女生当面对成人的排球网、用正规比赛的排球、在正规的比赛场地上发球实在是困难。结果，几次来回后学生的练习欲望似乎低落了下来。

分析：

这个教法的错误是没有充分考虑学生的实际情况（初学、力量小、技能差），过早地使用了完整法教学，让学生在初学阶段就从端线发球，而且也没有将球网降低或用软式排球练习，还不恰当地运用了类似比赛的方法（让发球过网的学生举手，因此很容易让学生体验到挫折感和失败感），其实此时可以用分解递进的方法，如在离端线靠近球网方向画几条线，先从靠网近的线上发球，连续发过两次的同学可以向后移，逐渐回到端线上发球，这样既可以让同学不断体验成功感，领会运动的乐趣，又不至于因为过分用力而导致技能上的错误。

（四）错用教学方法实例 4

某年，在一节公开课上，一位体育教师上初三女生的田径课，教学内容是弯道跑。教师采用挂图演示的方法来讲解弯道跑中的力学原理和动作要领。第一张图解是摩托车的弯道拐弯的图像（说明弯道运动的离心力和向心力），第二张图是人在弯道跑中的动作（解说要向内倾斜和内侧摆臂要小、外侧摆臂要大等），第三张图是弯道跑时的脚步动作的放大图（要说明内侧的脚是脚外侧着地、外侧的脚是脚内侧着地）。教师用了 10 分钟左右进行上述演示，但学生表情木然。以后的弯道跑练习由于学生本来就跑得慢，加上是 400 米跑道弧度很大，学生体会不到什么离心力和向心力，几乎用不着“内侧脚的脚外侧着地和外侧脚的脚内侧着地”，也根本不可能出现“向内倾斜”和“内侧摆臂要小、外侧摆臂要大”等与动作要领相反的错误动作，看后总觉得那 10 分钟的演示和讲解很浪费时间，而且还有画蛇添足之感。

分析：

这个教学的错误是错误地用了演示法，因为弯道跑的离心力和向心力问题对于初三的学生来说用不着靠演示摩托车转弯的照片来说明，弯道跑的技术动作也不是非要靠图解演示就说不清的高深技术，特别是“内向倾斜”“内侧摆臂要小外侧摆臂要大”“内侧脚是脚外侧着地、外侧脚是脚内侧着地”这些道理不讲学生也不会做错，顶多稍加提醒就足矣了。另外，如果真是要让学生体验向心力和离心力在弯道跑中的作用，就应画出小弯道或蛇形线跑道让学生跑，而决不能让学生在 400 米弯道上跑，因为那是无法感觉向心力和离心力的，也是根本不太需要“向内倾斜”“内侧摆臂要小、外侧摆臂要大”“内侧脚是脚外侧着地、外侧脚是脚内侧着地”等技术要点的。

第五章
体育课学习方法应用与例解

第一节　自主学习的有效性与例解

《普通高中体育与健康课程标准》中指出："普通高中体育与健康课程强调以学生发展为中心，从课程设计到课程实施的各个环节，遵循高中学生的身心发展规律，充分关注学生的体育与健康学习兴趣和需求，在发挥教师主导作用的同时，突出学生的主体地位；创设师生和谐互动、形式灵活多样、气氛热烈活泼的课堂教学氛围，注重课堂教学的实际效果，充分调动学生学习的积极性，增强学生内在的学习动力，引导学生深刻体验运动的乐趣和理解运动的价值，促使学生由被动运动向主动运动转变，喜爱体育与健康学习，乐于参与课外体育与健康活动和竞赛，养成良好的体育锻炼习惯，形成积极的体育与健康消费观，使体育与健康成为学生生活中不可或缺的重要组成部分。"这段话十分明确地指出了体育课程应以学生发展为中心的思想与理念，而自主学习是学习方式的一个重要组成部分，在体育课程中，要改变学生的传统学习方式，必将带来学自主学习的变迁。但由于在体育课程教学中有关学生如何进行自主学习的探讨只是初步的；在体育教学实践中，体育教师也习惯于传统的灌输式为主的教学。因此无论是对于新的体育课程理解方面，还是在实践教学中的运用方面，都会在不同程度上出现各种偏差，这需要我们认真地总结，并得到进一步深化探索。

一、学生自主学习容易出现的几个误区类型

（一）放任自流型

由于在新的课程中要强调学生的主体性，调动学生的积极性，摆脱传统的灌输式教学方法，鼓励学生开展自主学习，多动脑多思考，对此，一些体育老师则片面地认为体育课中以学生自学、自练为中心，老师的讲解示范传授越少越好。于是有的老师一改过去只能自己滔滔不绝地教的做法，完全让学生自我练习、自我表演，教师本人则成为闲人，这样

学生就在迷迷糊糊、闹闹哄哄中上完了一堂体育课，这种“放羊式”的教学活动导致学生放任自流，学生爱干什么就干什么，最终的结果只能是一无所获，达不到预期的教学目标。传统的灌输式教学是一个极端，而“放羊式”的教学又是一个极端，我们在新的课程中提出学生自主学习的要求，是针对过去体育教学中以教师的绝对权威压倒了学生做法的反思意见，但并不是说不要教师的主导作用，而使学生随意自由。

（二）无事可做型

新课程强调新理念，体育教师为了贯彻自主学习的新理念，在体育课程的设计中增加了这部分的教学时间，但由于体育教学对自主学习的理解不到位或产生了一定的偏差，认为自主学习就是让学生有一定的自学、自练时间，因此在具体的教学实践中，自主学习就变成了无所事事，因此老师没有提出具体的要求与目标，学生对于什么该做，什么不该做，什么去做等不明确，所以自主学习就变成了课间休息，教师眼睁睁地期待学生有好的变化，学生则傻乎乎地不知所措，这样的课堂表面上安排了学生自主学习，但无实质性的内容或实际的意义和价值不大，错误地把学生的自主学习理解为自我学习，从而导致自主学习漫无边际，费时低效，当然也谈不上真正发挥学生的主体意识与作用了。

（三）形式主义型

在体育课堂教学中，鼓励教师运用丰富多彩的教学手段、形式、方法，如可以运用自主学习法、探究学习法、合作学习法、分成学习法等来改变过去那种教师运用简单的讲解——示范——练习——纠正错误——再联系的运用技能教学模式，调动学生的积极性，活跃课堂气氛，增强教学的效果，真正发挥学生的主体作用，但是有的教师在运用这些手段时却又走进了另一个误区——不顾学生的年龄层次特点、认知水平和教学内容等特点，盲目追求，致使教学手段与内容发生错位，无法实现预期的教学目标，甚至使教师与学生都感到非常别扭，如不管低年级还是高年级，不管简单还是复杂的内容都千篇一律地安排学生的自主学习，结果适得其反。因为自主学习是有一定的条件的，在自主学习前，学生对该项目的内容应有一定的基础，包括知识基础、技能基础，有了这样的基础，学生在进行自主学习时就能根据老师提出的要求进一步开动脑筋，边练习边思考，达到正确理解运动技术、综合运用运动技术、巩固提高运动技能的目的。但是并不是所有的运动项目都要安排学生自主学习的，一些介绍性的项目、无须深化发展的项目，一些简单的容易掌握的初期就不应该安排什么自主学习。因此不能搞形式主义，要根据教学的具体条件、情况加以运用，才能收到好的效果。

（四）喧宾夺主型

在运动技能整个运动教学过程中，学生从不会到会，从不懂到懂并不是一个简单的事，在学习的过程中，我们虽然鼓励学生开展自主学习活动，但是发挥教师的主导作用应处于主要的地位，因为学生对于一项比较陌生的运动项目，如果没有教师的主动引导，学生的学习就会变得很盲目，也可能造成学生一无所获的结果，特别是运动教学的初期，更应以体育教师的引导作为重点，以学生的运动技能的强化练习作为基础，以传统常用的运动技能教学方法为核心，才能把握整个学习的进程，因为自主学习活动只是起到一个教学方法的补充作用，并不是教学方法的主体。因此在开展学生的自主学习活动中应明确自主学习的地位，控制好自主学习的时间、时机、次数，自主学习的次数不能安排过多，时间也不能安排过长，在运动技能教学的后期可适当安排一些自主学习的活动和时间，而不能为了开展新的学习方式在每节课中都要安排自主学习，这样容易造成丢了西瓜捡了芝麻的结局。

二、走出学生自主学习误区的几个思考

（一）正确理解自主学习的含义与作用

“自主学习是一种新型的学习方式，要求在教师的指导下，结合个人的自身条件和需要，由学生自定学习目标、自选学习方法、自行进行评价，并完成学习目标。”自主学习方法主要针对过去学生的学习比较被动、缺乏热情前提下提出的，但不能把学生的自主学习方法无限扩大，因为教师的教法始终是运动技能教学方法的主体，学生自主学习方法则是教学方法的补充。因此在运动技能教学过程中应合理地安排自主学习的时机、时间、内容等，才能提高运动技能的学习效果。

（二）正确处理学生自主与教师主导的关系

教师的主导作用，是指教师在教学中主要起引导、指导、疏导的作用．这种作用是建立在主导学生使之实现主体地位的基础上，即威廉姆·多尔所界定的“平等中的首席”，而不是教师在绝对权威条件下在知识传授上的全包全揽作用。

学生的自主学习不是课外的自学，在课外的自学活动中，学生的学习完全是个体行为，当然也含有教师的一定要求，但是课堂的自主学习却很不同，它是一种教师教学方法的补充，也就是说教师运用了自主学习的方法后，可以帮助学生积极地开动脑筋，通过自我实践、自我体验的方法进一步领会老师在课中所传授的知识要点。从总体上说，学生的自主学习是教师预先设置好的一种教学策略，而不是临时抱佛脚或异想天开的教学行为。因此学生的自主学习活动需要在教师的控制之下，是一种有序的教学活动，这种教学活动如果失去了教学的控制，将会变得杂乱无章，无所事事。

（三）创设课堂教学中学生自主学习的各种条件

1. 创立自主学习的民主教学环境

教学民主是顺利进行有效教学的内部环境条件，是发挥学生主体作用的必要环节。发扬教学民主就是在教学过程中，师生相互尊重、相互信任、相互配合，创造一种自由宽松的民主气氛，利用融洽的师生关系与和谐的心理气氛来促进教学的顺利进行。由于年龄、

生活环境等因素的影响，学生在思维能力等方面与成年人有较大的差异，要让学生表现出求知的主动性、积极性，教师就不能威严逼人，否则就会限制和压抑学生的想象能力、表达能力和思维的拓展。教师应让学生说话、积极与学生对话，要为学生想象、思考、发现、创造提供最大的空间，让学生敢想、敢说、敢做，使教学活动真正建立在自主活动和探索的基础上。

2. 设立自主学习目标与要求

为了避免课堂中学生漫无边际的发问、乱撞乱闯的现象，在开展学生自主学习活动中，要有一定教学目标。如果脱离了教学目标，学生自主学习就没有了方向，成了无源之水、无本之木，虽然看上去学生们个个“主动”，但这种主动也只是无意义的精力消耗。但学生由于知识水平发展到了一定程度，又因为个别差异水平参差不齐，出现在课堂上提问漫无边际的现象，有的滞后，有的超前，不能切中要害。这时，教师要“扶”一把，把学生引到教学内容中来，引到具体的教学目标上来，这才能真正发挥学生的主体作用。

目标的设立使学生有事可做，这是一个大的前提，有了这样的前提，在体育课堂教学的环境条件上还要有一个比较好的布置，如适合该项目自主学习的充足场地器材，因为开展自主学习，所准备的材料是非常重要的，有没有材料或材料准备充分不充分是顺利进行自主学习的外在必要条件，因此体育教师应在课外充分挖掘进行自主学习内容的特点与性质，并准备好必要的场地器材，使学生的自主学习能顺利进行。

3. 在学生困惑时给予引导

“师者，所以传道受业解惑也。”教师所肩负的主要责任之一就是解惑。教师的教学活动不应该停留在知识的系统介绍上，在教学中运用各种方法如模型、联想、比喻、电教、推理进行观察、比较、分析等，帮助学生解决学生的难点和关键之后，使学习内容变得通俗易懂，使学生基本明白运动技术的结构与难点，才能更好地进行自主学习。其次，在学生自主学习中，仍然可能遇到困难，体育教师应善于观察学生自主学习的情况，并在学生困惑时及时给予引导，才能使学生走出困境，真正达到自主学习的目的与效果。

4. 控制学生自主学习的时间

从单元教学的角度来说，学生自主学习应安排在每个运动技能单元学习的后期。主要的目的是利用学生自身学习的自觉性、主动性达到巩固与提高运动技术，其安排次数可以控制在每单元 2 ~ 3 次；从一节课 45 分钟的角度来看，开展自主学习的时间一般在 10 分钟左右，但安排自主学习的时间也不能过短，因为自主学习需要一个学生开动脑筋，进行自我探索、自我体验、自我感受、自我领悟的过程，在这个过程中，如果时间太短，学生自主学习活动就会刚进入就收尾，起不到什么效果与作用。

5. 培养学生自主能力是一个过程

学生的自主能力是新的课程标准中所倡导的一种教学理念，它是针对以往教学中缺乏学生主体意识的培养而提出的，但如果把它作为一种能力来培养，这需要一个过程，并不是一二节课就能完成的，因此需要体育教师具备这种意识并在具体的教学设计中贯彻这种思想，在一段时间内或作为一个长期的目标，在教学中安排合理的自主学习，才能使学生具有一定的自主意识并上升为一种能力。

三、学生自主学习活动例举

（一）基本情况

（1）教学内容：篮球原地投篮小单元。
（2）前期教学情况：在体育教师的指导下学习投篮的正确姿势与用力顺序。
（3）场地条件：篮球与篮球场地比较充足。
（4）第二节课中自主学习安排：后 10 分钟左右。
（5）自主学习目标与要求。

（二）目标

（1）复习与巩固已学篮球投篮姿势与用力顺序。
（2）重点体会和领悟在不同位置条件下调整不同的姿势和用力，命中率达 40% 以上。
要求：“在 3 秒区线”上各点依次定点原地投篮，并计算一个过程中的投篮命中率，要求在 40% 以上。

教师引导：在各个场地中边观察边指出学生的错误，寻回指导。

四、案例分析

（一）案例之一

这是本人一堂上岗课的教学情境课，当时的情景大概是这样的。

首先，我提问：大家都知道《天龙八部》里面的郭靖和他耍的降龙十八掌吗？话音未落，满场的学生互相比画着降龙十八掌，好不热闹。接着我控制了场面，“今天我不是让大家学这个的，我也不会这些。但是我可以让大家来设计一下武术套路，让你们过把武林高手瘾。”于是全场顿时安静了下来，纷纷都期待着这节课的开始。

接着我较为仔细地示范并让学生跟练了这个单一的武术套路的动作，并详细地介绍了这些动作的发力顺序、用力特点和做该动作的时机。待学生熟练地掌握了以后，我将学生分成了 6 个小组（女生由于人数较少，由原来的 2 小组组成了 1 组），并要求学生要在 6 ~ 8 分钟时间内，将今天所学的 4 个单一动作选择任意 3 个或 3 个以上的动作，组合成一组连续、完整、合理的武术套路，然后由每小组推荐几名同学“上台”表演，在每组表演结束后，由场外各个小组的小组长和我组成的 6 位评委，拿着记分牌进行现场评分。最后再选出今天得分最高的一组武术套路进行推广教学。

时间到，我将学生集中起来，并让 6 组的学生组成一个六边形的“比武台”进行武术大比拼。首先上来的是男一组，他们推荐出来是个小个子，让大家不可思议的是，平时看起来文质彬彬的他竟很有架势地比画出：抱拳——马步——马步右冲拳——马步左冲拳——马步横打——转身弓步冲拳——弹腿冲拳——抱拳。刚一结束，同学们就纷纷叫好，同时场外的5名裁判也亮出了9分和10分的高分。看着此时的情景，让我很受鼓舞："其实同学们还是喜欢这么上体育课的。"由于很多同学还要欣赏一下刚才这个小同学的表演，于是我提议让他在比武台上领着大家再做一遍，大家都很开心地跟练了起来。同时配合上我的讲解，很快的同学们就熟练了由自己设计的武术套路。此后连续好几组也上来表演了自己的武术套路，也都得到了大家的认可。最后轮到第6组的女生出场，只见这个女生一上来就是个外摆腿——马步——左右弹腿冲拳——左右马步横打。真是巾帼不让须眉啊！整套动作同样也非常流畅，并赢得了满堂喝彩，裁判也纷纷打出了很高的分数。最后经全班的讨论，大家一致推崇由第一组先选上来的武术套路作为本堂课的武术套路的推广套路。

分析：

在这个教案中，我们看到了自主学习的基本情况：先激发学生的兴趣，后教动作，为学生自主学习打好基础，最后明确自主学习的目标——在4个单一动作中任意挑出3个动作组合成一组连续、完整、合理的武术套路。同时还规定了自主学习的时间——6 ~ 8分钟，因此从自主学习的机构来看，比较符合开展自主学习的条件，其教学效果也比较理想。

（二）案例之二

在"篮球赛游戏"活动的设计中，教师可以先出示篮球后，没有示范动作，只是说："你们能想出玩篮球的各种花样吗？比比看，谁想出的花样最多？"接着让学生充分自由地、无拘无束地玩出各种不同的花样来。活动中教师留意观察谁想出的花样多，与别人不一样，然后请这些学生示范，其他同学则模仿学习，最后教师将学生想到的动作综合成游戏。

分析：

这个案例中出现的问题是：教师在进行自主学习之前没有介绍学生学习的背景，如果学生的篮球运动技术学得比较全面，那么可以开展这样的自主学习活动，但如果是低年级的学生或是学习篮球技术基础较差的，那么这样的自主学习是不合适的，因为学习是在对篮球技术没有什么概念或比较陌生的情况下开展自主学习，那么学生就会无所适从，这在大量的教学实践中已经得到了很好的验证，其教学的结果会是：开始时学生还有一定兴趣，接着就冷场了，你看着我、我看着你，不知如何继续，因为他们没有基础和能力继续开展自主学习。

（三）案例之三

在学习简单、枯燥的教学内容时（如耐久跑等项目），为了调动学生的积极情绪，克服他们心理障碍，以发展耐力素质为主要目的，让学生们选择自己所喜爱的运动项目（供选择项目有计时跑、障碍跑、接力跑、篮球比赛、足球比赛等），友伴自由结合，效果自我评价，教师随时巡回指导、辅导学生。这样极大提高了学生学习的主动性、参与性，满足了学生不同层次、不同个性需求，唤起了学生的好奇、好动、好玩的天性，并且活动后心情舒畅、精神愉快、情绪高涨、回味无穷。

分析：

在这个案例中，教师给学生的选择是“计时跑、障碍跑、接力跑、篮球比赛、足球比赛”。也就是说，在开展自主学习之前，教师已经做好了前期充分的准备，这样的目的是让学生明确目的，并“有事可做”，这是开展自主学习的关键所在，也是大量自主学习中教师所忽略之处。该案例欠缺的是一个没有验证的过程，因为开展自主学习，学生选择不同项目进行耐久跑，其效果是不同的，无论在时间上、式样上、变现上都是各异的，为了展示这样的差异性，教师可以安排一个简单省时的环节——展示环节，这样可以验证自主学习的不同成果，同时也可以激发学习的热情，达到双赢的目的。

第二节　探究学习的有效性与例解

在体育课程中，要改变学生传统的学习方式，必将带来学生学习方式的变迁，而探究学习是“学生学习方式”的一个重要组成部分，但由于在体育课程教学实践中，体育教师比较习惯于传统的运动技能教学，对于探究学习的理解又十分不到位，因此在实践中产生了不同程度的各种偏差，这需要我们去认真地总结，并进行深入地研究。

一、探究学习可能出现的几个误区

（一）比较肤浅的问题探究

新课程标准只是提出了重视探究学习的理念，并没有提供体育课实践教学中的具体做法，因此在具体教学设计中还会遇到许多困难，如“如何提出探究学习中的问题”，一些老师认为这个问题无关紧要，其实这个问题很关键，它会直接影响到探究学习的成败。所谓探究学习，就要一个需要探究的问题，那么这是个怎样的问题呢？这是个真正的问题还是个虚假的问题呢？这需要我们的体育老师认真思考，并不是简简单单地提出比较肤浅的问题就可以了。如一个老师举着一个篮球问：“这是什么？”这样的问题未免过于表面化，除非智力有障碍，对于一般的学生来说，基本不是什么问题，还需要去探究吗？还有的体育老师找出的问题是：“单手肩上投篮为什么要把篮球举在肩上方”？这个技术不是说明了“单手肩上投篮”吗！还需要明知故问？因此我们在进行具体运动技术教学中，要真正结合该运动技术的关键问题来提出相应的问题，而不是把问题停留在表面，就“单手肩上投篮”这个技术，你可以找出这个技术的教学难点，并分析老师直接告诉学生答案与学生通过自我探究两者比较谁优谁劣，如果进行探究学习优点大于老师直接传授，那么可以设计并实施探究学习。探究的问题也可以改为“单手肩上投篮用力顺序为什么要从下肢开始并用力传送到上肢最后到出手”？这个问题也直接关系到学生在投篮过程中容易犯“只用手臂的力量投篮”的错误动作。

（二）解决不了的问题探究

有许多运动技术具有一定的难度，需要比较专业的人体运动原理与知识来理解，如体育锻炼对人体产生的作用需要通过解剖学、生理学、运动生物化学等专业知识来理解，高中学生基本没有这方面的专业知识，因此要他们来认识“体育锻炼对青少年的骨骼成长有什么好处”等问题是非常困难的，这些问题若成了体育教学的探究问题，那么学生是解决不了的。又诸如“背越式跳高为什么要转体”等问题还涉及运动生物力学的原理，虽然高中学生也学了力学的原理，但要运用普通的力学原理来解释跳高过程中的转体动作，还是不够的。因此我们在体育课教学中提出探究问题时需要结合运动技术的特点，还要根据学生的基础、条件来制定，才能有的放矢，真正起到比较好的效果。

（三）不需要探究的事实

提出好的问题是体育老师在设计探究学习的一个重要的要素，但也是比较困难的一件事，因为“问题”不是现成的，需要体育老师深入体育教学内容，深挖运动技术特性，并且能在运动技术教学过程中起到重要作用，才能提出好的问题。正因为提出问题是一个难点，因此在教学实践中，有的体育老师就会犯这样那样的毛病，如没有深入运动技术的特点就提出“跳远为什么要分成助跑、起跳、腾空、落地等几个环节”比较表面的问题。关于这个问题的答案，体育老师直接告诉学生就可以了，不需要学生去探究。

（四）形式主义的探究

在体育课堂教学中，鼓励教师运用丰富多彩的教学手段、形式、方法，调动学生的积极性，活跃课堂气氛，增强教学的效果，真正发挥学生的主体作用，但是有的教师在运用这些手段时却又走进了另一个误区——不顾学生的年龄层次特点、认知水平和教学内容等特点，盲目追求，致使教学方法与内容发生错位，无法实现预期的教学目标。如不管低年级还是高年级，不管简单还是复杂的内容都千篇一律地安排学生的探究学习，结果适得其反。因为探究学习是有一定条件的，在探究学习前，学生对该项目的内容应有一定的基础，并具备一定的探究素材，学生在进行探究学习时就能根据老师提出的要求进一步开动脑筋，边练习边思考，达到正确理解运动技术、巩固提高运动技能的目的。但是并不是所有运动项目都要安排探究学习的，一些了解介绍性的项目、简单的容易掌握的项目就无需安排探究学习，一些低年级的学生、一些运动技能较差的学生、运动技能教学的初期也不宜安排探究学习，因为探究学习需要花费学生比较多的时间，如果盲目安排，会得不偿失。

二、对探究学习的思考

（一）明确什么是探究学习

部分学者对探究学习方式概念的界定见表 5-1。

表 5-1　部分学者对探究学习方式概念的界定

学者	概念的表述
雷斯尼克	探究学习是指一种提出问题、计划探究活动、得出结论并评判结论的学习过程
布兰斯特	探究学习是指在学习活动中，学生自己或集体探究一个虚拟的或真实的现象，并得出结论
施瓦布	探究学习是指儿童通过自主地参与获得知识的过程，掌握研究自然所必须的探究能力，同时形成认识自然的基础和科学概念，进而培养探索未知世界的积极态度
任长松	探究学习是指学生围绕一定的问题、文本或材料，在教师的帮助下和支持下，自主寻找或自主建构答案、意义、理解或信息的活动或过程
安杰	体育教学探究性学习是一种引导学生自主发展的教学，这种教学要求教师创设情境，组织学生在类似科学探索研究的活动过程中主动获取知识，给学生一定的自由度，让其自己去探索、去发现、使学生会学、善学、乐学、好学，指导学生掌握科学的学习方法，培养学生自我发展健身强体的能力和体育学习的能力，突出学生的主体性，最终达到掌握知识、运用知识、具备一定创新能力的目的
潘绍伟	探究学习是体育教师在教学过程中引导学生在体育与健康学科领域或体育活动过程中选择和确定研究主题，创设类似于研究的情境，通过学生自主、独立地发现问题、实验、操作、调查、搜集与处理信息，表达与交流等探索活动，获得体育知识、运动技能、情感与态度的发展，特别是探索精神与创新能力的发展的学习方式

考察各种“探究学习”的概念，可归纳如下：从探究学习的本质来看，主要有两种意见：一是探究学习属于“学习过程”，二是探究学习属于“学习方式”。

从学习过程的内涵来看，探究学习又包含了两个方面：一是学生自我探究现象，得出结论；二是自主建构学习知识。但笔者认为体育课程探究学习应侧重于学生自我探究现象、得出结论的过程，并不是自主建构学习知识的过程。原因有二：一是体育的技术形成有比较长的发展历史，也是一种比较稳定的操作性知识，其中的变数较少，无需学生重新自主建构。二是高中学生还没有明确的专业分科，有关体育学科知识非常有限，将来也不一定从事体育专业，因此无需培养有关体育专业方面的建构知识的能力。

据上分析，笔者认为体育教学中探究学习的含义应是：在体育教学过程中，体育教师通过确定探究问题，引导学生自主、独立思考，利用小组讨论与交流，寻找和发现探究的问题答案，从而获得运动技能等方面的知识与技巧，促进学生思维、情感等方面的发展的一种学习方式。

（二）明白探究学习过程的构成要素

1. 了解探究学习的目的

探究学习应有明确的目的，即探究是要解决什么问题？根据体育课程教学的本质特性，这个问题应该是运动技术或战术中的一个重要的但又比较困难的问题，这个问题解决好了，一方面能对教学起到很好的帮助作用，使学生在学会运动技术的基础上学懂其中的原理，使学生对该运动项目有一个更深层次的了解并记忆深刻；另一方面能培养学生积极思维、善于思考、发现问题与解决问题的意识与能力。因此在教学设计中，体育老师可以对教学内容进行深入的分析，并比较运用探究学习与传统技能教学方法的益处。如果运用探究学习确实能解决运动技术教学重点与难点，那么就可以进行具体的教学设计；如果运用了探究学习浪费的许多运动时间，对学生理解运动技术本质没有什么帮助，那么就应该取消探究学习设计的想法。

2. 提出探究学习的问题

在解决了为什么要探究的问题后，接下来尚需明确应探究什么问题了，这是摆在探究学习面前必须解决的实质性因素之一。那么这个“需要探究的问题”从哪儿来呢？笔者认为它不是课堂教学的纪律问题、学生学习过程中的合作问题、也不是课堂气氛问题，而主要是体育教学内容中的技术关键或战术意识等问题，体育老师可以根据每节课所要传授的具体运动技术特点，分析教学的重点与难点，即针对学生在学习过程中不易理解的运动技术原理，设计具体的问题与教学情景。

3. 设计探究学习的程序

提出了探究学习的问题，并不等于完成了探究学习的任务，更重要的是需要体育老师精心设计探究学习的过程，这个设计决定了探究学习能否获得成功，因此体育老师应十分重视探究学习的教学设计。探究学习的程序主要有：提出探究的问题——设计相应的教学情景——教学实践——讨论问题（提供各种探究学习的素材与思考）——得出结论——教学验证。

（三）开展探究学习需要注意的其他几个问题

1. 探究开展之前，教师要准备好探究的情境，提供探究的材料或思考的方案

在探究之前，教师的一个重要任务是创造特殊的学习环境，给学生以一种发现和能胜任的感觉。也就是在体育教学实践中，教师要根据教学内容的要求、重点、难点创设一个问题情境，让学生带着问题去学习、去寻找答案、去探究、去实践验证，从而达到问题的解决这一目标。

这里需要重点强调的是在“问题讨论”这一环节中，学生由于知识的局限或思考点的不明确，可能讨论不出问题的答案或出现无从下手的现象，因此此时体育老师应事先设计好几个思考的要点或思路，并提出各种探究学习的素材，学生才能有的放矢，循序渐进，积极参与思考与讨论，有利于得出答案与结论。

2. 给学生自主探究的机会

在实施探究学习实践中，体育教师应给学生较大的空间，允许学生按自己的步子开展探究活动，允许他们对自己的经验进行自我调整；鼓励他们相互交流，并从同伴那里听取反馈意见。也可以让他们提出一些探究过程中的具体问题或质疑，以激发他们的好奇心，帮助他们理解正在学习的内容，而不仅仅是回答“对”或“不对”。

在探究学习中，同学之间应该有大量的交流情况。在研讨中，大家平等地面对面对话，老师不再是指挥者，主角将是每一位学生。教师要给予学生充足机会来逐渐发展起他们的系统分析能力，允许学生出错及从这些错误中吸取教训，并发展他们自己解决问题的方式。

3. 教师对学生探究应给予相应的帮助与引导

在探究学习过程中，学生出现一些困难也是正常的事，这时需要教师适时地给予一些点拨、建议、暗示或必要的信息等，以提醒学生注意他们忽略的地方，或给学生提示进一步探究的方向或线索。

4. 要因材施教，因人制宜

针对不同学段与不同层次学生的具体情况，如知识结构、技术掌握情况等，创设不同的问题情境，提出不同层次的问题和学练要求，以求得最佳教学效果。

5. 合理进行探究过程中分组

在班级教学中，探究过程并不是一个学生的个体行为，它是学生发挥集体智慧的过程，因此在设计探究学习过程中，小组合作也是一个需要解决的要素，如何进行分组，可根据探究问题的具体情况，以及授课学生的特点等决定。

三、探究学习的教学设计举例

（1）教学内容：挺身式跳远单元中第二次课“练习跳远中的关键技术之一：腾空步”。

（2）教学对象：高中二年级男生。

（3）明确探究目的：了解在跳远过程中腾空步的技术要领，并进一步明确要使自己跳得更远应注意的关键要素。

在传授这个运动技术过程中，还可以对实施探究学习方法与传授技能教学方法进行比较；这个技术既可以按常规传统的方法进行教学，也可以运用探究学习来教学。但实施了探究学习方法，它的主要益处是帮助学生在学习这个技术过程中，更好地理解该技术的要领与关键，让学生在掌握这个技术过程中学懂该技术的一些原理，并更好地运用该技术。它的短处主要是比传统的技能教学方法费时间，如果设计不好，会得不偿失。

（4）提出探究问题：跳远腾空步的练习为什么要在沙坑前放置一个踏跳板?

（5）设计探究程序：

①让学生在有和没有踏跳板两种情况下练习腾空步，并计算单脚落地时的距离，学生自己与自己比较——实践结果：设置踏跳板有助于学生的起跳与腾空。

②学生分组练习与讨论——为什么会有差别，踏跳板起了什么作用?

③提供学生思考的角度或思路：运用已学的运动学、力学原理对人体运动的状态进行分析。

④讨论预期结果——起跳的作用是使人产生一个向上的垂直速度，而踏跳板作用是有利于学生获得一个垂直向上的力量和速度，把向前的速度转变成为一个向前上方的速度。

（6）验证问题：在基于掌握了腾空步技术后，此时已撤掉踏跳板，但在沙坑前可拉一根不高的橡皮筋，要求学生在起跳后越过橡皮筋，测量一下前脚落地的成绩；同一个学生，在没有设置橡皮筋情况下起跳，再测量成绩，然后做比较——向前上方起跳与直接向前起跳有什么样的差别？

（7）教学提示与收获：跳远时，在获得较大水平速度的情况下，应在起跳时尽量向前上方腾空，才能使自己跳得更远。

四、案例分析

（一）案例之一

体育教学要对学生加强运动技能的传授。“摸线往返跑”是选自人教版教材水平二的教学内容，“摸线”是本内容的技术点，也是教学重点，教学难点是“摸线与快速跑的结合”。水平二（本案例教学对象四年级）学生已经接触多种形式的往返跑，但由于认知能力有限，他们对往返跑动作技术认识比较粗浅。本案例教学活动重生活化，注重让学生在实践体验中探究动作技术要领，并通过反复地练习，逐步形成摸线往返跑运动技能。

1. 情景导入

师：春节期间，很多学生都放过或看别人放过烟花。下面我们来做一个放烟花游戏好不好？

生：好！

师：烟花属于易燃易爆品，所以放烟花具有一定危险性，点放人员既要高度集中注意力，又要做到点燃烟花后迅速撤离。下面大家根据自己的经历或者见过的放烟花的场景，相互交流一下放烟花应该怎样保证安全。

生：情绪高涨，相互讨论放烟花情景，特别是亲自放过烟花的同学手舞足蹈地夸口自己的勇气和胆量。

师：我们现在就来模仿点放烟花（讲解点烟花游戏方法），我们现在所在的地方为安全区，离我们 15 米远的地方有一个粉笔画的白框，我们将它看成是烟花。听老师口令后第一组学生跑出，以手触碰与自己对应的白框为点燃烟花，然后迅速撤回到安全区。

生：（在教师组织下练习一次。）教学意图：点放烟花与摸线往返跑在动作形式上有相似之处。借点放烟花形式，既激发兴趣，又引出摸线往返跑教学，同时让同学初步建立摸线往返跑概念。

2. 教学深入

师：刚才摸白框点烟花，你是用双手呢还是用单手？

生：（有的回答用单手，有的回答用双手。）

师：为了安全快速撤离，你觉得用双手点烟花撤离快还是单手点烟花撤离快？生：（学生回答大部分说单手快，一部分说双手快。）

师：那么我们用与第一次不同的方式再来摸一次白框，比较以后回答这个问题。

生：（在老师指导下第二次练习）师：找到你的答案了吗？

生：单手快。（教学意图：以点燃烟花后安全撤离为条件，引出摸线往返第一个技术要点——单手摸线。）

师：那么，你们是以什么样的姿势单手摸框点烟花的，谁能给大家演示一下？

生：（在举手的学生之中，挑选一位给大家展示，并要求其他学生观察。）

师：你发现这位同学点烟花时身体是正面的还是侧面的？

生：侧身。

师：为什么要侧身点烟花呢？

生：（通过教师点拨）侧身有助于转身撤离。（教学意图：引出摸线往返跑的第二个技术要点——侧身摸线，并让学生“知其所以然”——摸线有助于侧身快速回跑。）

师：我们已经找到了点燃烟花安全撤离的两个窍门——单手和侧身，下面我们来练习一下，练习完后向老师汇报一下转身撤离有什么身体要求。

生：（在教师的指挥下练习了一次。）汇报：转身动作要快，反应灵敏，快速回跑，腿部用力……

师：听了大家的汇报，老师总结一下同学们的意见：安全撤离时要“反应敏捷、快速转身、迅速回跑”。根据这三点撤离要求，结合单手侧身的点烟花技术，我们再练习一次。

（教学意图：突破难点——学习运动技能摸线与快速回跑的结合。考虑到四年级学生的认知水平和运动能力，将如何侧身转身的技术要领淡化处理。）

师：刚才几次练习中，老师发现有些同学跑去点烟花时跑过了头，影响了返回速度，这个问题怎么解决？

生：快到烟花位置时跑慢一点，在烟花位置停下来……

师：大家讨论一下，你能用几个词语来概括动作要领吗？

生：（交流、讨论、汇报。）步子变小、慢跑、稍下蹲、刹车、蹲下……师：老师用三个词语归纳一下大家的讨论结果：点放烟花钱要“放慢速度、降低重心、制动下蹲”。根据这三点要求，我们再练习一次。

生：（根据教师提示，第五次练习。）

（教学意图：突破难点——快速跑与摸线的结合。）

3. 教学巩固

师：刚才我们学习的点放烟花游戏，其实就是本节课的学习内容——摸线往返跑。在游戏中我们找到了很多窍门：快速跑到烟花处要“放慢速度、降低重心、制动下蹲”，点烟花时要“单手、侧身”，返回的时候要“反应敏捷、快速转身、迅速回跑”。这些窍门也是摸线往返跑的技术要领。为使大家记忆，老师再用四个要点把摸线往返跑的技术要领概括一下：快速奔跑——制动下蹲——侧身单手——转身回跑，请大家跟随老师把这四个要点背诵一遍。

生：（跟随老师背诵摸线往返跑的技术要领。）（教学意图：强化理解技术要领，帮助学生形成摸线往返跑的技能概念。）师：带着技术要领，我们再练习一次，比一比哪个同学运用的最好。

生：（练习）

师：下面我们进行摸线往返跑比赛，前后四个同学组成小组，发令后第一个同学跑出，摸线返回，以打第二个同学的手为信号，我们比一比看哪四个同学全部跑完。

生：（比赛）

（教学意图：在练习和比赛中加强技术运用，形成熟练的运动技能。）

分析：

这个案例结合了日常生活中学生喜爱并常见的动作“点放烟花”，起到的效果很好，也比较符合探究学习的条件。该案例中，首先教师运用日常生活中的“点放烟花”激发学习的积极性；随后比较了点放烟花与摸线往返跑在动作形式上有相似之处。借点放烟花游戏，既激发兴趣，又引出摸线往返跑教学，同时让学生初步建立摸线往返跑的动作概念；第三，以点燃烟花后安全撤离为条件，引出摸线往返跑第一个技术要点——单手摸线；第四，引出摸线往返跑的第二个技术要点——侧身摸线，并让学生“知其所以然”——侧身有利于转身快速回跑；第五，进行深化教学——快速跑与摸线的结合，这样在教师的步步指导下，学生学习的兴趣浓烈，效果也很好。

美中不足的是可以结合该案例进行安全教育，虽然在课的前半部分，教师提到了“烟花属于易燃易爆品，所以放烟花具有一定危险性”，但没有进一步说明放烟花不能随地进行，首先需要在特定的场合放，这是国家的政策；其次孩子最好在家长的监督下进行；第三，我们学习快速跑的目的不是鼓励大家去放烟花，而是借助燃放烟花的动作学习躲避危险的行为。这样的安全教育是必须的。

（二）案例之二

探究学习是与学生知识技能密切相连的。体育教学是以学生身体为主要手段，以增进学生的健康为主要目标的课程，因而体育教学中的探究学习应是对运动技能和身体练习的感悟、迁移、运用和创新。如一位教师导入“跳跃，蹲踞式跳远”一课，设计了这样几个问题：“你知道有哪些跳跃方式吗？你喜欢哪一种？你知道蹲踞式跳远技术是谁最先使用吗？现在的高水平运动员最常用的是哪种跳远技术？”

分析：

在这个案例，我们发现教师提出的问题基本是理论问题，学生可能知道，但也有很多同学是不知道的。教师既没有让他们在课前去查资料，在课中也没有准备资料让他们有思考的机会，只是提出几个“真问题”乃至“问题串”，花费大量的时间仅仅为了引出新授课内容，这是得不偿失的，也是不符合探究学习的程序的。因为这个问题不需要探究，回去到网络上查查资料就知道了，再说，就是知道了上述的问题，对于学习本课的运动技术有何关联？这样的探究还不如直接告诉他们答案，并运用直观教学，如多媒体或挂图，学生一目了然，不必浪费时间。

第三节　合作学习的有效性与例解

合作学习是新课程中倡导的一种新的教学方式，准确地说，应该是发挥学生主体性前提下的一种学生学习方法。在教学过程中，学生处于主动还是被动，处于主体地位还是从属地位，这不仅是现在教育观与传统教育观的一道分水岭，也是素质教育与应试教育的一条分界线，因此强调学生的合作学习的理解不到位或者过分宣扬、扩大它的作用，从而导致实践中的各种偏差，这就是“摸着石子过河”的必然阶段，经过了这个初级阶段，我们需要对它反思与重新认识，才能使之更上一层楼，发挥它应有的功效。

一、体育合作学习的几个误区

（一）过于简单的合作学习

在一些教学公开课，评议课中经常可以发现一些教师频繁地开展所谓的合作学习，就是要求几个学生组成一个小组进行讨论，或安排学生凑在一堆说说话，或讨论些简单问题等，其中虽然不乏有学生的交流，但它设计过于简单，目标不够明确，不能构成一个完整的合作学习形式。

合作学习是一种经教师精心设计安排的教学过程，其中有分工合作，积极合作，围绕主题进行练习、探讨，合作总结汇报以及评价和经验交流等活动，事先没有很好地设计是不能很好地完成以上各个环节的任务。但在实际教学中，由于老师没有充分认识到合作学习的目标与过程的复杂性，他们往往从宣布合作到活动结束只不过短短的几分钟时间，学生还没有找到合作学习的感觉就被老师草草喊停与收场，各小组还得向全班汇报合作学习的成果，这显然是一种不负责的、随意的、毫无结果的教学态度和行为。

（二）形式主义的合作学习

一些教师在开展合作学习的过程中，提出的问题直接，答案显而易见，却要求学生就这些问题进行合作学习。在合作学习中，的确存在着一些个人无法解决的问题或合作解决比个人解决问题要好，问题可能是运动技术的要点、行为规范或运动的原理等，但不同学校、不同班级和不同性别的学生、不同的课程内容是否需要开展合作学习的情况是不同的，而不能盲目照搬、不切实际。但有的老师搞合作学习，没有从实际出发，易犯教条主义和经验主义错误，好像不管什么课、什么学生、什么教学内容都可以安排学生进行合作学习，在观念上总认为合作学习是新课程的一种新标志，如果没有了这个标志，深怕没有新意，不能体现新课程下的体育课内涵。其实这样的理解是十分错误的，是一种不符合实际的做法，如小学低段学生要通过小组合作解决一个运动技术上的问题可能性很小，因此就不需要安排合作学习，更合适地说，安排简单的合作练习就可以了；又如教学广播操，由于动作很简单，一学就会，在这样的教材教学内容下，如果再安排什么合作学习来解决广播操动作技术要领，简直是画蛇添足，既费了时间，又没有成效。

（三）漫无目的的合作学习

合作学习需要一个完整的教学设计和教学安排，教师课前必须要有一个充分的准备，并不是三五人凑在一起，教师一声令下，合作学习就完成了。这种表面上热热闹闹、熙熙攘攘，实际上学生十分茫然或不知所措，使小组合作学习流于形式。

教师对小组合作学习目的与要求不到位，表现有两种：一是没有明确宣布合作学习目的与要求；二是没有及时宣布合作学习目的与要求。从而容易造成学生对“合作些什么，如何进行合作？”“我在合作中做些什么？”以及时间限制、竞争条件、展示准备、汇报要求等情况不明不白，于是各做各的，你不想与我合，我不愿与你合，使小组合作学习作而不合。在合作学习中的讨论阶段，往往还会出现这样几种现象：一是有些小组一片安静，小组成员各不作声，不参与讨论，你看我，我看你，不知所措；二是有些学习小组，多数学生一言不发，心甘情愿当听众，合作往往使你成为个别学生的“一言堂”，滔滔不绝；三是过程一片吵闹。大家抢着发言，但见解无序，这种合作看似热闹，实质效果却很差。有时一堂课上三种现象并存，但无论安静也好，热闹也好，其实都不是真正的合作学习，因为体育教师在组建小组、明确目的与要求、分配学生责任等方面做的非常草率。

（四）解放教师的合作学习

在合作学习中，教师应该是学生学习的“向导”，也是学生学习的“伙伴”，但在合作学习中，有的教师认为合作学习是学生自己的事，与教师基本无关，于是变为以下几种教学情况：一是教师从不关心学生合作学习的过程，合作学习的开始就是教师漫步休息的开端，这看上去学生主体地位突出了，但教师却成了失去主导作用的旁观者；二是教师下组察看似走走形式，盲目巡视如蜻蜓点水，对各组活动放任自流，不给予介入与调控，对小组合作学习的进度和质量心中无数；三是教师在小组合作中阶段学习后没有评价或过于简单地评价，有的教师在各小组汇报时一味说“很好”或单纯地说“这一组最快”，这是由于教师没有很好地理解合作学习过程，没有明确教师在学生合作学习中的作用而忽略了参与或关注各组的进展情况的必然结果。

（五）相互混淆的合作学习

社会理论认为，群体是人存在的普遍形式，是人群活动的基本单位。在学校课程教学中，班级授课制是一种常见的教学形态，在班级中学生与学生之间的互动与交流是必然的，特别是在室外进行的体育课程教学，学生之间、师生之间的交往更为频繁。因此在体育课程教学中，合作是需要的，但合作的形式有很多种类，并不是学生几个人组合在一起就是合作，因为其中有的可能就是合作练习，有的可能是短暂的交流；有的只是瞬间的眼神或形体上的交换等等。在体育课实践教学中容易形成教师误解的类似合作学习的形式有合作练习、合作教学、合作教学模式、教学合作、学生交往与交流等，由于存在着这些不同的概念，难免会造成体育教师在实施合作时出现各种合作形态相互混淆的现象。

二、合作学习的有关理论

（一）合作学习的概念与内涵

合作学习于20世纪70年代初兴起于美国，其理论基础理论是建构主义和人本主义。根据建构主义学习理论，知识不只是来源于教师传授，还依靠学习者在一定的社会背景下，借助于他人的帮助，利用必要的学习资源，通过意义建构的方式获得，这种理论提倡以学习者为中心的学习，既强调学习者主体的作用，又不忽视教师的指导作用。其次，人本主义理论认为教学不是简单的传递，是双向或多向互动一个社会化过程。在教学形式上，合作学习是以集体授课为基础，以合作学习小组活动为主要形式，以任务为核心，把个人之间的竞争变为小组之间的竞争，并运用学习过程的教学评价环节，注重学生的个人进步。

因此合作学习可以理解为：学生在特定的小组中，明确分工，通过相互学习、相互帮助、相互评价，共同实现学习的目标，提高学习效率和培养合作意识的一种学习方式。

（二）几个与合作学习相关概念的区别

几个与合作学习相关概念的区别见表5–2。

表5–2　几个与合作学习相关概念的区别

形式	人群组合	目的	时间安排	举例
合作练习	学生与学生教师统一指挥	共同完成任务的某些练习	一节课的某个部分	如准备部分的双人操；比赛中各位置队员的配合
合作学习	学生与学生教师巡回指导	以小组的形式共同解决比较复杂的技术、原理、规范等问题	一节课的主要部分	如分组合作学习篮球三步上篮技术
合作教学模式	学生与学生教师巡回指导	通过比较长的合作教学形式培养学生之间的合作意识与能力	一个完整的教学单元（数节课）	如学习挺身式跳远的完整技术

续表

形式	人群组合	目的	时间安排	举例
教学合作	师生之间学生之间以教师为主	临时性的师生合作，解决教学细节	一节课的某个教学细节	如有一定难度与危险性动作教学中的互相帮助
学生交流	学生与学生	无明确目的	短暂、瞬间的交往	如“行进间走”过程中学生之间间距的控制

（三）开展合作学习的几个步骤

1. 选择恰当的内容

有些教材内容中的某些知识点或技术关键，学生在学习过程中可能会遇到一些困难或障碍，而这些困难或障碍如果得不到及时解决，必然会影响教学进度与效果，但是有关教学中的困难或障碍光靠体育教师的引导，作用不大或基本没有什么效果，这就要依赖体育教师合理的设计，并通过小组学习与交流的形式来解决。

但并非所有的教学内容都可以或需要安排合作学习形式的，那些运动技术简单，运动知识与原理显而易见、不属于运动教学或群体行为的问题就不需要开展合作学习，因为合作教学比较浪费时间，小组之间的组合比较困难，如果不需要合作学习也可以达到教学目的或不开展合作学习的效率更高，就可以不安排合作学习。

2. 制定相应的合作学习目标

根据具体的教学内容，提出合理的合作学习目标，使每个学生了解自己在合作学习中的主要目的与任务，有的放矢。

3. 课前进行充分的教学设计

对于大部分学生而言，开展合作学习有一定的难度，而且合作学习不一定都能收到实效，这就要求体育教师在备课时要深入教材、吃透教材，对有一定探究和讨论价值的问题进行合理的教学设计，在充分准备的基础上实施合作学习，才能提高合作的效率。

4. 建立比较合理的合作学习小组

在课堂教学中建立小组不能停留在表面形式，要考虑到学生多方面因素，一般可以按照异质分组，让每个成员的组织能力、学习能力、运动成绩、思维活跃程度等得到一个有机的组合，充分发挥各组成员的作用。

5. 明确个体责任

个体责任是指每个学生都必须承担一定的学习任务，这是合作学习形式中的一个基本要求，因为有了个体的责任，就能使每个学生有事可做，这也是合作性学习取得进展的关键。

6. 及时做好评价

合作学习中评价方式有学生的自我评价、小组评价、教师课后评价。

组内开展自我总结、自我反省、分析存在的问题及原因，讨论成员的学习态度、方法、成效等问题，可以改进之后的合作学习。

教师对小组的合作学习应做好课后总结，甚至跟踪调查、收集反馈信息，这也是十分必要的。

三、合作学习的教学举例

以“足球内脚背传球接地滚球技术教学”为例。

（一）课中安排分组合作学习具体情况

以一节课 45 分钟为例（单个学习教材），开展合作学习的时间为 20 分钟；以一个班 50 个高中男生为例，分 5 组，每组 10 人，每组由一个小组长负责。

（二）明确合作学习的必要性——为什么要在该课中开展合作学习

“足球内脚背接地滚球技术”对于初学者来说是一个有一定难度的技术动作，在传球的教学中也有一些合作学习的形式，如在教师讲解并示范了足球内脚背接地滚球的技术后，让学生组成面对面两队、2 人一组进行对练，但这是简单的合作练习。这种练习形式效率比较低、掌握运动技术比较慢，因为大部分学生知其然不知其所以然，容易产生错误动作、并造成练习全场混乱的状况。而采用分组合作练习的形式，可以得到以下几个好处：①缓解体育教师逐个纠正错误动作的压力，并把责任分散到各组之中；②把 2 人一组传接球练习中可能产生的问题“传球的路线不对，接球的技巧不好，造成场面混乱”的现象呈现给学生，让学生去思考、去探究其中的原因，并使学生在明白其中的根源与解决问题的答案，有利于激发学生的思维兴趣与练习积极性，并使学生在明白其中道理的基础上学练运动技术，而不是传统教学中体育教师直接告诉问题答案的做法；③通过合作学习，使小组每一个成员形成一个小团体的概念、明确自己的角色，并促使学生在练习中思考、在思考中练习，相互观察、相互帮助，群策群力，既对培养学生的合作意识起到一定作用，同时又能让小组各成员分享练好该项目技术的诀窍的乐趣；④通过小组之间的公平较量与竞猜，培养学生的团体凝聚力、协作力，并通过小组之间的交流进一步理解该运动技术的关键。

（三）进行合作学习的教学设计

（1）合作前期传授足球内脚背传接地滚球的正确技术。

（2）确立合作学习要解决的问题；让同学们以小组的形式都参与讨论并解决传球线路问题——把球传直，准确地传给对方；把对方踢出快速运动的球迅速合理地、静止地停在自己脚下。

（3）分组。

（4）以一组（10 人）为例，由一人担任组长。用白粉画好 5 条直线，2 人面对面一组一线（此线特指传球路线），分 5 小组。在小组合作学习中可安排以下练习手段；分 5 小组传接练习（按白色线路进行传球，并观察传球线路情况）——集中讨论（可采用 2 人一组对传练习轮换、其他同学观看的形式，讨论分析与总结“球没有传直的原因”，并提示接下来的练习应注意的技术问题）——再练习——再集中探讨（可以让练习比较好的与比较差的小组进行正误对比示范，分析“把球传直的技巧”和失误的原因，并要求组内同学按技术要点进行练习）——再实践与体会。讨论的主要问题是："如何把球传直的技术问题"（例如大腿外展、传球用力部位、用力方向、传球方向等等问题）与"停球的技巧问题"（可能有大腿外展、脚内侧接触瞬间的位置、顺势缓冲、身体姿势等问题）。

（5）各组交流：练习过程中，可由体育老师集合所有的学生，检查各组合作学习的情况与成效（各组派出比较好的学生进行练习与讲述其中的技术关键，老师进行评价）。

（6）根据各组交流的经验与老师的初步评价再次进行分组练习，体会运动技术的要领。

（四）合作学习的课后总结

对合作学习存在的主要问题（包括小组组合的技巧、学习的效果、运动技术的关键、小组的评价等方面）进行总结。

四、案例分析

（一）案例之一

在"跳跃"的教学中，教师要求各小组运用小垫子，通过小组讨论来排布垫子，看哪一组跳得高、跨得远。教师安排完毕后，各组成绩好、性格外向、表现欲强的学生扮演小组的主角，他们不断叠高、拉长垫子进行练习，而另一些身体素质相对较差的学生则在无意中成为了看客。

分析：

在上述案例中，表面上小组活动效果不错，但是部分学生没有积极参与活动，没有达到共同提高的目的。其实，这是合作机制不完善的体现。在合作学习中，机制包括几个方面：第一，分组设计要做到精简高效。具体地讲，人数要控制在 3 ~ 6 人，应确保组间技术水平没有明显差异，尽量做到公平分组；组内进行合理分工。第二，场地应相对集中，确保易于互动交流。第三，要各司其职。合理分配合作任务，让每一位成员都能在小组合作中发挥独一无二的作用，这是开展合作学习的关键。第四，轮流发言，人人行动，使每个学生都有锻炼的机会。第五，综合评价，共同提高。教师在评价时既要肯定个体的能力和进步，又要突出小组所有成员的积极作用。而在上例中，水平较低的学生变成没事可做了，这对于他们来说是一种不公平的方式和现象。

（二）案例之二

教师：同学们，今天我们学习立定跳远，现在你们 3 人一组，自由组合，希望同学们能合作完成学习任务。（在教师说完以后，学生们开始分组进行学习）在开始阶段，学生们还在练习或比谁跳得远，教师只是在"远远地观察"。在练习持续了 5 ~ 6 分钟以后，学生开始扎堆，有的在说笑，有的在追逐打闹。

分析：

在上述案例中，分组后教师既没有给予具体的学习目标，也没有深入到学习小组中去，导致学练的效果不理想。合作学习是一种目标导向性活动，既强调各类知识、技能教学目标的达成，也重视学生情感领域目标的实现，还期望学生的社会技能的获得。因此，在合作学习中，小组必须拥有共同的学习目标，每一个成员都要承担一定的责任，通过各自的努力，实现小组共同的目标。在上例中，学生没有明确的目标，教师也没有要求，这样必然导致混乱的现象。

（三）案例之三

在一次内容为"三级跳远"的课堂上，教师引导学生根据展示的挂图，分组讨论三级跳远的动作要领。2分钟后，教师在举手的学生中，任意请一名回答问题，被选学生回答道："三级跳跃就是跳跃三大步。"这时，和他在一起讨论的一名学生挥舞着手臂大声说："老师，老师，她回答错了，我会。"但教师并没有给他机会，而是继续提问第一位学生，在教师的引导下，该学生回答出了正确的答案。与此同时，刚才挥舞手臂的学生却因为自己丧失了表现自己的机会而在一边垂头丧气。

分析：

在上述案例中，教师忽略了合作学习中再讨论的过程，如果教师让这两名学生在班级中展开讨论，可能会收到意想不到的效果。这也是合作学习的时空性问题，即应给予足够的讨论时间和空间。教师必须为学生营造一种时空环境，使他们拥有宽裕的时间和发言、辩论的机会，从而形成合作互动的健康环境。在上例中，老师采用启发引导学生思考问题是一种好的策略，但是却打击了其他一些同学的积极性，长此以往，学生问答问题的积极性就下降了。

第四节　学生学习运动技术和掌握运动技能的步骤与例解

关于在体育教学中的具体学习方法有哪些，至今没有人归纳总结过，还是一个空白，也是一个难题。

在体育学科教学中，区别于其他学科的学法，主要体现在学生在学习运动技术和掌握运动技能中的特殊学习过程和学习方法，但是关于这个最体现体育学科特点的学习步骤和学习方略至今没有人归纳总结过。本书根据对学习运动技术和掌握运动技能的经验和体会，以及根据体育研究者对体育教学过程中学生学习行为的观察与分析，试在这里进行初步的归纳和总结，以供大家思考。

现在可以比较清晰地进行归纳的学生在运动技能学习中的学习方法（个人的学习方略）大概如下。

（1）“判断困难、判断兴趣、进行自我激励”阶段。

其中的学习方略主要是面对未来的学习和预想困难的学生自我暗示的方法（或称学习参与的方略）。

（2）通过观察感知动作表象，为学习建立形象概念的基础的阶段。

其中的学习方略主要是伴随教师讲解的学生听讲的方法（听讲的方略）和伴随教师示范的学生观察的方法（观察的方略）。

（3）粗略地掌握动作，同时发展相应的身体素质阶段。

其中的学习方略主要是：伴随教师指导的学生练习的方法（技能掌握的方略）。

（4）精细地学习细致的动作，不断提高动作质量阶段。

其中的学习方略主要是：伴随小组讨论的学生集体参与的方法（参与的方略）。

（5）形成动作的自动化，在灵活运用的过程中形成技能风格以及向其他技能学习迁移阶段。

其中的学习方略主要是：伴随展示和发表的课题学生进行表达的方法（表达的方略）、伴随他人评价的学生自我评价的方法（学习方略）以及伴随探究课题的学生进行思考的方法（思考的方略）。

一、“判断困难、判断兴趣、进行自我激励”阶段的主要学习方略

学生在体育的学习开始前，可能区别于其他学科的最大不同点是：学生对所学的内容并不完全陌生，走、跑、跳、舞蹈和各种球类运动与游戏比起数学、物理和化学的概念与公式来，学生们要熟悉得多，而且有的已经是饶有兴趣了，因此激发学生学习体育的动机似乎也容易得多。但是也有截然相反的情况：如某个学生因为身体上的障碍和体育学习的失败经验，可能一开始就对体育学习的内容产生拒绝和厌烦，这时激发学生的体育学习动机也就难得多。

无论怎样，学生对体育学习的动机和兴趣似乎要比其他学科更明显一些，更强烈一些。因此，学生对体育的学习方略和学习态度从这里开始；有的学生这时已按捺不住，他们的学习方略是“积极地学习、充分地表现自我”；而有的学生可能从这时就已经在考虑如何躲避，他们的学习方略可能是“躲避和将自己隐藏起来、混过体育课”。前述的这两头的学生会比较多，表现得也比较明显，而中间的一小部分学生的学习方略则可能是“躲避不必要的尴尬和痛苦、顺利完成体育课的要求”。由此可见，学生在体育学习开始前就有着自己的学习方略，他们是根据自己的体育学习经验在判断着未来体育的困难（运动技术难不难，是否可以掌握），判断着自己对眼前学习的兴趣（“我喜欢”或“我讨厌”），并进行着自我的激励（“积极地学习与锻炼、好好表现表现自己”或“躲避和将自己隐藏起来而混过去”，或“躲避不必要的尴尬和痛苦而顺利完成体育课的要求”等）（表5-3）。

表 5–3　面对未来的学习和预想困难的学生自我暗示的方法（学习参与的方略）

类型	学生的心理特征	方法的优点	方法的缺点
积极学习和趋向表现型	对眼前的课题和可能遇到的困难持乐观和进取的态度，属乐于表现自我的性格	具有强烈的学习推动性，对学习充满热情	容易产生轻视学习困难的倾向，当学习困难超出自己的预想后也会遇到挫折
努力学习和安全完成型	对眼前的课题和可能遇到的困难持谨慎对待的态度，属理性表现自我的性格	对学习比较冷静，对困难有理性的估计	容易缺乏学习的热情，学习动机有时不足，有脱离集体学习的倾向
消极学习和躲避困难型	对眼前的课题和可能遇到的困难持尽可能回避的态度，属不乐于表现自我的性格	避免大的学习挫折，避免更加的不自信	严重缺乏学习的热情，学习一般没有好的效果，会明显地脱离集体的学习

由此，学生以后的体育学习方略会因为在这个阶段的不同的自我激励而产生很大的不同。

二、通过观察感知动作表象，为学习建立形象概念的基础阶段的主要学习方略

学生在开始学习运动技术时，最先要完成的学习步骤是“通过观察感知动作表象，为学习建立形象概念的基础”。在这里，主要的学习方式是“听讲”和“观察”，而不同的学生在“听讲”和“观察”时的学习方略也是不一样的。

（一）伴随教师讲解的学生听讲的方法（听讲的方略）

学生“听讲”时的学习方略。

教师在讲解的时候，学生的听讲的方法是不一样的，大致可以分成“跟随听讲型”“重点听讲型”“趣味听讲型”“疑问听讲型”几个类型（表 5–4）。

表 5–4　伴随教师讲解的学生听讲的方法（听讲的方略）

类型	学生的心理特征	方法的优点	方法的缺点
跟随听讲型	对学习持认真和老实的态度，对教师很信服，善于集中注意力。生性比较踏实	能全面地接受信息而少有遗漏，能获得教师的好感	可能对应该注意的重点认识不够，可能形成僵死的学习方法
重点听讲型	在学习中很善于抓重点和要点，对教师也比较信服。生性比较理性和智慧	能有重点地接受信息，能对某些细节很注意，效率高	可能对有些信息有遗漏和疏忽

续表

类型	学生的心理特征	方法的优点	方法的缺点
趣味听讲型	具有滑稽和幽默的天性，经常以好恶来对待学习，生性比较聪明	有时是有重点地接受信息，学习有乐趣，有时也有效率	可能无法全面地接受信息，形成不认真的态度，一般不被教师喜欢
疑问听讲型	在学习中很乐于独立思考，并具有批判性，对教师一般不盲从，生性比较聪明和理性	能理性地接受自己认为正确的信息，有利于发现问题能力的提高	可能因为自身的水平而产生认识的偏差，一般不被教师喜欢

（二）伴随教师示范的学生观察的方法（观察的方略）

教师在进行示范的时候，学生的观察也是不一样的。根据经验，大致可以分成“顺序观察型”“重点观察型”“趣味观察型”三个类型（表5–5）。

表5–5　伴随教师示范的学生观察的方法（观察的方略）

类型	学生的心理特征	方法的优点	方法的缺点
顺序观察型	表象认识有跟随性特征。按照教师的动作顺序进行观察	能全面地接受表象的信息，表象具有完整性，有利于记住动作的顺序	可能对应该注意的重点认知不足
重点观察型	能有重点地进行观察，善于抓住表象的特征部分	能有重点地接受表象的信息，表象具有重点，有利于记住动作的关键环节	可能对有些表象信息有遗漏和疏忽。可能不易记住动作的顺序
趣味观察型	对有兴趣的表象集中地进行观察	有时是有重点地接受表象的信息	可能无法全面地、准确地接受表象的信息

三、粗略地掌握动作，同时发展相应的身体素质阶段的主要学习方略

此类方略主要是伴随教师指导的学生练习的方法（技能掌握的方略）。

在教师进行运动技术动作的指导时，每个学生进行练习的方略也是不一样的。根据经验，大致可以分成“努力练习型”“理性练习型”“捷径练习型”三个类型（表5–6）。

表5–6　伴随教师指导的学生练习的方法（技能掌握的方略）

类型	学生的心理特征	方法的优点	方法的缺点
努力练习型	对眼前练习的课题持勇于克服的态度，乐于通过努力的锻炼来提高运动技能力，并证明自我	具有很强的动力性，不畏困难，练习量有保证，精神状态好，有时学习效果很好	练习有些盲目，效率或高或低，甚至有安全隐患
理性练习型	对眼前练习的课题持理性克服的态度，乐于通过理性的有个性的锻炼来提高技能并证明自我	具有较强的动力性，认真对待困难，努力拼搏，练习量有保证，学习效果比较好	缺点不明显

续表

类型	学生的心理特征	方法的优点	方法的缺点
捷径练习型	对眼前练习的课题持巧妙克服的态度，乐于通过巧妙的练习方法来提高技能并证明自我	具有较强的动力性，比较轻视困难，勤于思考，练习量有保证，学习效果比较好	如不能走捷径可能会产生放弃的思想

四、精细地学习细致的动作，不断提高动作质量阶段的主要学习方略

此类方略主要是伴随小组讨论的学生集体参与的方法（参与的方略）。

教师在组织学生进行全班或小组的集体讨论时，学生的参与方法也是不一样的，根据经验，大致可以分成“热情参与型”“稳重参与型”“冷静参与型”三个类型（表5–7）。

表5–7 伴随小组讨论的学生集体参与的方法（参与的方略）

类型	学生的心理特征	方法的优点	方法的缺点
热情参与型	对与外界的交流具有热情、自信心和比较强烈的表现欲望	能与外界进行较全面的交流，获得的信息比较多，能比较充分地表达自己	交流的目的性可能不清，容易盲目接受各种信息，表达自己可能不恰当
稳重参与型	对与外界的交流持稳重的态度，具有自信心，有表现欲望，但更想展示个性	与外界的交流具有较明确的目的，获得的信息具有选择性，能有分寸地表达自己	获得的信息和交流有可能不太充分
冷静参与型	对与外界的交流持拒绝的态度，自信心不强并有不安全感，缺乏表现欲望	与外界的交流具有冷静的思考，有自己的选择性，获得的信息具有筛选性，表达自己很谨慎	获得的信息和交流很有可能不太充分，甚至受到阻断

五、形成动作的自动化，在灵活运用的过程中形成技能风格以及向其他技能学习迁移阶段的主要学习方略

（一）伴随技术展示和学习体会发表的课题学生进行表达的方法（表达的方略）

学生在形成动作的自动化，在灵活运用的过程中形成技能的个人风格的教学阶段中，主要的学习方略会体现在伴随技术创新和表达学习体会的方法，即“创新和表达的方略”方面，以及伴随他人评价的学生自我评价的方法“进行和接受评价的方略”两个方面。

学生的“创新和表达的方略”大致可以分成“积极创新和表达型”“理性创新和表达型”和“消极创新和表达型”三个类型（表5–8）。

表 5–8　伴随技术展示和学习体会发表的课题学生进行表达的方法（表达的方略）

类型	学生的心理特征	方法的优点	方法的缺点
积极创新和表达型	对眼前的技术学习充满创新精神，乐于表达自己的想法，乐于形成探求技能课题，对可能遇到的困难持乐观和进取的态度，属乐于表现自我的性格	有利于技术创新行为和形成个人技术特点，有利于提高技能水平和运动成绩	有时由于缺乏思考而造成创新的走偏和对技能的干扰
理性创新和表达型	对眼前的课题和可能遇到的困难持谨慎对待的态度，属理性表现自我的性格	有利于思考，也有利于技术创新形成个人技术特点	有时会因为过于谨慎而影响创新的广度
消极创新和表达型	对眼前的课题和可能遇到的困难持尽可能回避的态度，属不乐于表现自我性格	学习比较规范，学习慢，但可能稳定性强	不利于创新能力提高和形成个人特点

（二）伴随他人评价的学生自我评价的方法（学习方略）

伴随他人评价的学生自我评价的方法是不一样的，根据经验，大致可以分成“虚心听从型”“冷静接受型”“辩解反思型”三个类型（表 5–9）。

表 5–9　伴随他人评价的学生自我评价的方法（学习方略）

类型	学生的心理特征	方法的优点	方法的缺点
虚心听从型	对来自同伴的评价持虚心倾听的态度，乐于听取别人意见，对别人的评价持平常心	宽容的态度有利于和谐的同伴关系	有时不分对错地接受评价会有一定失实
冷静接受型	对来自同伴的评价持冷静倾听的态度，但会理性地辨认其中的对错，会进行一些解释	冷静的思考有利于正确地接受评价，进行解释会促进双向的交流	缺点不明显
辩解反思型	倾听来自同伴的评价但经常持反思的态度，当辨认出其中的“错误”时会进行辩解和辩论	反思的精神会提高思辨能力	有时过度的反思辩论会使人感到是不接受意见

（三）伴随探究课题的学生进行思考的方法（思考的方略）

此时，伴随探究课题的学生进行思考的方法（思考的方略）是不一样的，根据经验，大致可以分成“大胆思考型”“冷静思考型”“跟随思考型”三个类型（表 5–10）。

表 5-10　伴随探究课题的学生进行思考的方法（思考的方略）

类型	学生的心理特征	方法的优点	方法的缺点
大胆思考型	对于问题的思考充满自信，想象力丰富，指向广泛，主意多，脑筋灵	有利于多种思考方案的产生，促进思维的活跃性	有的方案并不成熟，需要出台后的再删除
冷静思考型	对于问题的思考充满自信，想象力丰富，指向广泛，但注意不断否定和删除自己的思考方案	拿出的方案基本成熟，不太需要出台后的再删除，给人以信赖感	缺点不明显
跟随思考型	对于问题的思考缺乏自信，想象力不丰富，但注意听取别人的思考方案并将其合理化	安全,不使讨论横出枝节,不招人反感	不容易拿出有特点的方案，不利于思维的活跃性，缺乏个性

第六章 体育教学手段使用与例解

在体育教育实践中，特别是在编写教案过程中，经常困扰着一线老师的首先是全国各地区是教案格式各不相同；其次，表格中的主题内容也有各种提法，有教学方法，教法（教师活动）、学法（学生活动）、组织教法、组织与教法、教学手段、学练法等。由于在概念上存在着一定的混乱，造成了体育教师在编写教案时写作内容的偏差与实际操作过程中的一些失误，因此有必要进一步澄清概念之间的内涵及其关系，才能在此基础上探讨体育教学手段的有效性问题。

第一节　体育教学手段的内涵

我们先来看看体育教育手段与其他几个相关概念的区别。

从表 6–1 所示可知，体育教学手段是达成运动技术教学目标在物质方面的要求，因为运动技术教学是课堂教学的重点所在，但由于运动技术难度不同造成了教学手段的复杂性各异，要完成难度较大的运动技术教学目标，就需要体育教师去挖掘运动项目技术的细节，充分了解运动技术的重点与难点，来构思与设计一些特殊的教学手段。体育教学手段运用的特殊性也是衡量一个教师教学水平、经验、教学效果的很重要的评价因素，一些有经验的老师会根据现有的场地器材或自制简单器械来设计出别出心裁的教学手段，使人感到耳目一新，所起的教学效果也很好。如在前翻滚的练习中有些老师为了解决需低头含胸的难点，运用了下颏夹红领巾、纸片的教学手段；为了解决需双腿并拢的难点，运用了双膝夹纸片的教学手段，这些教学手段对于解决学生在练习过程中特殊问题起到了独特的作用。

一般来说，体育教学手段是体育教师在长期的实践中根据教学内容的特征，深入分析教学方法的基础上总结出许许多多、丰富多彩的形式。在这里，我们例举一些简单的例子加以说明。

（1）练习跳远时，在踏跳处加一个支撑跳跃用的踏跳板，这样，练习时腾空有了一定的高度，动作能做出来了，跳得也远一些，信心就有了，当然就有兴趣了。再如低单杠翻上时，杠前放只山羊，让学生支撑腿踏在山羊上，使身体重心更靠近单杠，动作难度减小而容易完成动作。练技巧翻滚动作时，垫下加一个倾斜的踏跳板。推铅球时、投掷方向前加一个适宜高度的横杆，对掌握正确动作和改善出手角度都是行之有效的方法，而且能吸引学生练习的兴趣。

表 6–1　体育教学手段与其他各个相关概念的不同内涵

类别	各个相关概念的不同内涵
教学组织形式	教学组织形式简称教学形式，教学活动的一定结构方式按组织结构分，有全班的、小组的和个别的三种形式，按师生交往分，有师生直接交往和间接交往两种形式。体育课内教学组织传统形式包括全班教学、班内分组教学。而班内分组教学又有分组不轮换与分组轮换两种，分组轮换还包括两组一次等时轮换、三组两次轮换、先合（分）组，后分（合）组等。还有一些其他分组教学形式：同质分组、异质分组、友情分组、帮教型分组
教学方法	师生为了完成一定的教学任务在共同活动中所采用的教学方式、途径和手段。常用的体育教育方法有：语言法、直观法、示范法、分解完整法、游戏竞争法、纠错法。合作学习法、启发法等
教学方式	教学方法的活动细节，如讲授法中的讲述、讲解、讲演、练习法中的示范、模仿等，同一教学方式可以用于不同的教学方法，不同的教学方式也可以包含同一教学方法之中
教学手段	狭义的是指为了达到体育教育目标所运用的物质方面的场地、器材、仪器、设备等。常用的体育教学手段有挂图、模型、多媒体、哨、录音机、各种器材等
练习方法	应指练习步骤中各练习所采用的不同方式，如游戏法，竞赛法、重复法、也指每个具体练习不同的技术要求。如跳绳中单跳或双绳跳等
练习步骤	步骤是指“事情进行的程序”，按字面上理解，练习就是学生进行身体练习的程序。这个程序应该是有一定规则的、符合练习规律

（2）巧制纸球提高学生成绩。在日常的铅球教学时，学生往往会出现出手速度不够、铅球出手角度偏低等错误动作，对此，制作一种“纸球”作为铅球教学的辅助手段，对纠正错误动作，提高成绩起到了积极的作用，实践证明的确如此。

（3）如果在教学过程中设置醒目的标志，学生会切身体验适宜的起跳角度、起跳高度：在沙地用白色条带设置各种远度标志，当学生每跳出一次新远度，得到教师表扬，练习积极性会更高。又如；在教“高抬腿跑”时，能在跑道上按一定距离设置小体操垫，让学生做高抬腿跑过小体操垫，这样既可以激发学生的练习兴趣，又可以使学生动作幅度更大，动作更“标准”，效果更佳，又能培养学生勇敢顽强、勇于超越自己的精神。

（4）借助体操垫和篮球的进行跨栏与攻栏练习。具体方法是；在高约 90 厘米的台阶上，铺设两张垫子，并在垫子上放一个篮球。在做攻栏练习时，练习者的摆动腿积极折叠摆动；当摆至垫面高度时，迅速打开小腿；在超过垫面高度后，小腿继续前伸，用脚跟“踹”篮球，同时，上体继续前倾、异侧臂继续前伸，直至摆动腿在垫面上不能滑动为止。此时，两大腿的夹角达到最大，上体和异侧臂分别达到最大前倾和前伸程度。该设置的作用在于，使学生用脚跟去踹，帮助学生体验快速攻栏的肌肉感觉，掌握脚跟向前攻栏的技术，形成快速攻栏的意识。

（5）利用小沙包进行站立式起跑。教学站立式起跑的技能特征是一脚前一脚后，根据左右脚站位两手臂配合自然摆放，重心下降并前移，听到发令后快速蹬地跑出。站立式起跑的易犯错误包括：预备时两脚间隔太大，重心靠后；听到发令时，后蹬不充分、起跑慢，甚至会出现垫步现象等。为解决这些问题，教师巧妙运用小沙包，有针对性地解决了学生的易犯错误；用小沙包解决同手同脚问题；用小沙包当“起跑器”解决后蹬问题；用小沙包帮助学生的重心前移，有效地完成了技能教学目标。

（6）徐老师参加湖塘片体育教师“五个一技能大赛”课堂能力比赛，比赛内容是四年级垒球。徐老师设定的教学重点是学习投掷的鞭打动作。为了让学生掌握鞭打并保证练习密度，徐老师用废弃的横幅条包裹在垒球外，用细绳扎好，为垒球安装长约40厘米的“尾巴”，“尾巴”会发出呼啸声，以此判断鞭打的力量。此外，垒球被包裹后落地后不会滚很远，利于捡球，而且更安全。

（7）橡皮筋功能开发。本课器材用约1.5米长的橡皮筋首尾打结，形成环状橡皮筋，通过同伴之间的牵拉自然形成几何图形，从而形成安全、轻便的障碍物，通过变化高度、形状组合等练习障碍跑。橡皮筋经济实惠，携带轻便，组合变化丰富而且安全性强，非常适合障碍物的创设。

（8）体育教育活动一般在室外进行，活动空间较大，相互干扰因素较多，而小学生活泼好动、注意力不易集中。因此，教师需要多次讲解，反复强调动作要领与方法、游戏规则与做法、安全保护与帮助等。有时候，学生很难理解教师的讲解与教学意图，甚至造成教师越讲越复杂、学生越听越糊涂的尴尬局面，从而浪费了大量的练习时间。此时，教师可以在小黑板上画好动作技术的简化图、组织教学的路线图、场地器材的运用图，并且边讲边演示给学生看，这样就一目了然了，学生也会针对其中的疑问进行交流与改进，随着教师讲解与示范的有效性增强，学生的听讲与学习效益也随之提高。

（9）排球垫球辅助带的运用。由于松紧带具有伸缩性，将松紧带环套在两手腕上，有助于练习者夹紧两手掌根处，并促进练习者屈膝下蹲做好准备姿势。在练习过程中，在两臂由下而上抬臂击球时，松紧带产生了一个向下的牵引力，练习者可体验以肩为轴，促使肘关节不易弯曲，同时，手臂越抬高越费力，限制了手臂抬得过高的问题。此外，松紧带可作为手上的标志，要求垫球位置在套在手腕上的松紧带以上部位。

第二节　体育课堂教学手段的作用与有效性

一、教学手段与教学方法有效性的关系

体育课堂教学手段的作用即可理解为教师在课堂教学中安排什么样教学手段，使学生学习得更快，或能顺利解决教学的重难点。但它不是独立存在着的，它应与教学方法、组

织、练习步骤相连。即体育教学手段的有效性应与教学方法的有效性、练习方法的有效性、教学组织形式的有效性等几个方面联系在一起。这样我们就把一系列的概念联系在一起；课堂教学内容——课堂教学目标——教师运用的教法与教学手段——学生进行练习的组织形式——学生的练习步骤——课堂教学过程评价与即时反馈。按此思路，就构成了一个较为完整的课堂教学过程。因此，教师安排的教法与手段、学生练习方法与步骤主要是为达成课堂教学目标服务的，它的有效性直接指向目标的达成度。

二、体育课堂教学手段例解

下面是以一堂初中教学观摩课为例说明（表 6–2）。

表 6–2　体育教学实案信息一览表

课堂教学基本信息	教学目标	该课教法	该课教学手段	该课教学组织形式	该课学法（练习步骤）
实例出处：第三届全国中小学体育教学观摩展示会 教学内容：斜向助跑俯腾跃 教学对象：初二男生 授课教师：杨 ××	1. 学习斜向助跑俯腾跃动作，70% 学生能完成直臂顶肩、提臀后摆腿动作，增加学生上下肢、肩带和腰腹力量、提高跳跃基本活动能力 2. 在练习过程中学会（器械练习）保护与帮助，养成主动学练与互助合作的习惯，形成勇敢顽强果断的意志品质	1. 直观法：教师示范法、挂图法、教具法、助力法、学生示范法等 2. 语言法：讲解、提示、反馈等 3. 分解法 4. 完整法 5. 纠错法	1. 黑板挂图 2. 跳箱贴图 3. 手拉橡皮筋 4. 自制人体活动关节模型 5. 跳箱上放置数球	全班分成 4 个小组	1. 原地模仿练习 2. 跳箱上分解练习： （1）双腿后摆上箱； （2）双腿后摆，推手下 3. 在保护帮助下完成动作 4. 小组合作学习 5. 完整练习 6. 提高跳箱高度完成动作 7. 后摆越过橡皮筋完整动作 8. 后摆越过箱上数球完整动作

（一）该课具有较高的教学有效性

该课在教学方法、组织形式、教学手段方面有以下几个亮点并收到了较好的教学效果，即具有较高的教学有效性。

（1）该课的教法安排基本符合课堂教学的要求，既有教师的讲解示范，更有一些较好的教法实施，如直观法、挂图法、模型演示法、学生示范法、教师正误动作对比法，还有启发法、小组合作学习法等，对于解释斜向助跑俯腾跃的技术要领、运动细节、技术关键等起到了很好的作用。

（2）该课的教学手段运用有一定的新意，特别是自制的人体活动关节模型、跳箱上放置数球等，对于开展“双腿起跳后摆技术”的有效教学产生了较好的作用。

（3）在教学组织形式上充分利用的4个跳箱，分成4个小组进行练习，教学过程中组织比较简洁、利用了现有的器材，基本没有无效的、多余的队伍组织调动，练习的密度也较高，这对于学生的强化练习起到了有效的作用。

（4）从练习步骤来看，体现了循序渐进的条理；由原地模仿过渡到跳箱上；在跳箱上由分解动作到有帮助保护下完成动作再到完整动作，同时在提高难度下完成动作；提高跳箱高度、越过橡皮筋、越过箱上数球等。

（二）该课存在着几个有效性不足之处

（1）该课的运动技能教学目标的确立不是很到位，“直臂顶肩、提臀后摆腿动作”固然对完成整个技术动作很重要，但“直臂顶肩”与“提臀后摆腿动作”是前1～2节课所要解决的重点问题，因为这个问题不解决，那么整个运动技术基本模型就没有了，因此“直臂顶肩”与“提臀后摆腿动作”对于完成“斜向助跑俯腾跃”技术动作来说是最基本的要求。笔者认为应深入该运动技术的细节来制定更为细化的技能目标，如强化“直腿后摆”技术，因为这个技术是验证与衡量“双腿直腿后蹬技术”质量的关键指标，如果这个动作技术变成了或养成了“屈腿后摆”的错误动作，那么学习的后期就很难得到纠正了。观看整节课的过程后发现，学生的双腿基本处于“屈腿后摆”，因此该教师对于该运动技术的理解还需进一步深化。

（2）小组学习法效果不理想，因为在合作学习中，学生没有搞明白为什么要合作学习，合作学习需要解决什么问题，同时在合作学习中教师对学生没有做具体的要求，这样的合作学习就比较盲目了。

（3）跳箱上的分解练习次数与要求不够，从而影响了学生掌握“直腿后摆”技术动作的质量，同时也影响了下几个练习的有效性。

（4）没有必要安排“跳箱贴图”的教学手段，这个手段基本是无效的，因为在学习过程中直观教学手段已经有两个：黑板挂图演示与人体模型演示，这两个直观教学手段远比“跳箱贴图”效果好，而且已经完全替代了它的功效。

（5）手拉橡皮筋完成动作的练习效果不太理想，对于正在学习过程中的双腿后摆技术还有可能产生副作用，因为橡皮筋虽然对学生双腿后摆“高度”提出了一定的要求，但是在观看实践教学过程中，由于学生的前期动作不到位，在橡皮筋之后，学生的双腿后摆技术没有明显的改善，虽然有一定的后摆高度，但并没有做到直腿后摆；其次，因为橡皮筋是软的，双腿是否伸直后摆过橡皮筋基本没有什么影响。而接着安排的“后摆越过箱上数球做完整个动作”的教学手段倒是比拉橡皮筋教学手段要好，对于真正“膝盖伸直后摆”起到了限制作用，因为叠起来的数球正好处于膝盖位置，如果膝盖不伸直后摆，那么就有可能碰到叠起来的球，这就迫使学生以直腿后摆的正确技术动作去完成练习了。

（6）教师的示范动作不是十分的准确优美，因为在双腿后摆过程中虽然有很高的腾空高度，但是双腿没有并拢绷直，学生看不出来，但是行家却一目了然，当然这个体育教师的硬伤，并不是一朝一夕所能解决的问题。

（7）关键教学手段——“后摆越过箱上数球”练习的时间与次数不同，影响了关键技术“双腿伸直并拢后摆”的掌握程度。笔者认为“双腿伸直并拢后摆”是该教学内容的难点，但是这节课对于解决这个难点效果不明显，学生虽然在练习过程中掌握了一定的腾空高度，但是双腿往往没有并拢，膝关节没有伸直。在这些教学手段中，笔者认为最能解决这个难点的教学手段应该是“双腿后摆越过箱上数球”，但是由于这个教学手段安排在课的最后，且练习时间与次数的不足，绝大部分学生在练习过程中仍然是“屈腿后摆”的，从而造成了该课没有很好地解决课堂教学的难点。

第七章
体育课堂教学评价与例解

第一节　课堂教学评价的形式与原则

课堂评价是教育教学的重要环节。评价什么，怎么评，事关学生的进步与发展，新的课程需要新的评价理念，因此，新一轮基础教育体育与健康课程改革，需要全新的评价理念与之相适应，需要建立一个符合时代要求的、真正促进学生和教师发展的体育与健康课程评价体系。同时，评价是人们对某一事物的价值评断，它伴随人类一切有目的的活动。体育课堂教学评价就是依据体育课的教学目标和要求，对体育课堂教学的实施条件、过程及其达标程度作出价值评断。因此，在体育与健康课程的教学实施过程中，如何确定评价标准，如何科学合理地评价学生的体育与健康课程学习成绩，使评价成为促进学生更好地进行学习和积极参与体育活动的有效手段、是我国体育与健康课程改革亟待解决的问题。

一、评价的目的

《基础教育课程改革纲要（试行）》明确指出："评价不但要关心学生的学业成绩，而且要发展学生各方面的潜能，了解学生发展中的需求，帮助学生认识自我，建立自信。"体育与健康课程学习评价强调要时刻关注学生的发展，培养学生的自尊和自信，淡化学生之间的评比，提倡学生学会用课程标准、教育目标与自己的过去进行比较，并从比较中客观地了解和评价学生，从而为每一个学生的自主体育学习创造机会和条件。因此，体育学习评价的目的主要体现如下。

（一）了解学生的学习情况与表现，以及达到学习目标的程度

由于学习目标不仅仅是一个要求所有学生达到的统一标准，还应包括个人的努力程度。因此，体育与健康课程学习评价不仅仅要了解学生的体能与运动技能的情况，更要了解学生在学习活动中的行为表现。

（二）判断学生学习中存在的不足，分析其原因并改造教学

评价最重要的目的不是为了证明，而是为了改进。体育与健康课程学习评价主要是为了对学生在体能、运动技能、行为、态度、人际交往等方面表现出来的不足进行认真地分析，找到原因，以努力改进教师的“教”和学生的“学”。评价是实现体育与健康课程教学目标的“催化剂”。

（三）为学生提供展现自己的能力、水平、个性的机会，并鼓励和促进学生的进步与发展

体育与健康课程评价让学生在充分展现自己在体育与健康课程学习方面长处的同时，体验体育活动中成功的乐趣与喜悦，增强学习的自信心，而且还让学生在发现不足、体验失败的过程中，激发学生的学习潜力，有助于学生的学习与进一步的发展。

（四）学生正确地认识和评价自己与他人的能力，达到自我教育与相互教育的效果

在体育与健康课程学习评价中，通过学生的自评与互评，可以使学生对自己与同伴的体能、运动技能、态度、行为、人际交往等方面的情况有一个清醒而正确的认识，在此基础上看到与他人的长处与不足，以便扬长补短。

二、体育与健康课程学习评价的具体内容

体育与健康课程标准十分重视对学生体育学习的综合评价，强调在评价学生的体能和运动技能的同时，更重视学生的学习态度、情意和能力等方面的发展，真正体现“面向全体学生”的教育理念，真正体现评价的公平性和教育功能。

（一）体能的评定

发展体能既是体育与健康课程重要的学习内容，也是体育与健康课程的重要目标。依据我国学校体育要贯彻“健康第一”的指导思想，并考虑到目前我国学生的健康现状，体育与健康课程标准将体能作为学生学习成绩的评定内容之一。

《课程标准》中所反映的体能的评定与以往体育课中的身体素质与运动能力的考核既有联系，又有明显差别。《课程标准》更强调对健康有关的体能进行评价，如心肺功能、柔韧性、肌肉力量、肌肉耐力、身体成分等。学生的体能评价可根据相应水平的体能发展目标与内容框架，选择几项体能指标进行评定。在对学生的体能成绩进行评定时，建议结合各水平学生的年龄特点，参照《国家学生体质健康标准》，并结合学生的个体基础与进步幅度进行成绩评定。

（二）知识与技能的评定

对学生体育与健康知识与技能学习成绩的评定内容主要包括：对于体育与健康的认识，

体育与健康对人、社会的价值重要性；掌握体育与健康的相关知识以及运用实践的情况；掌握符合一定学习水平目标要求的运动技能以及运用于实践的情况。

（三）学习态度的评定

从终身体育的角度来看，体育与健康课程的目标就是要树立学生对体育与健康的正确认识，使学生形成正确积极的体育与健康态度。所以学生对待体育与健康课程学习与练习的态度就是体育与健康课程学习成绩评定的重要内容。对学生学习态度的评定指标可以包括以下几个方面。

（1）能否主动、自觉地参与体育活动。

（2）在体育活动过程中能否全身心投入。

（3）能否积极主动思考，为达到目标反复练习。

（4）能否认真接受老师的指导。

（四）情意表现与合作精神的评定

提高学生的心理健康和社会适应水平是体育与健康课程的重要目标之一。在体育与健康课程中，学生的心理健康主要表现在：能否战胜胆怯、自卑，充满自信地进行学习与练习；能否敢于和善于克服各种主观、客观的困难与障碍，挑战自我、战胜自我，坚持不懈地进行学习与练习；能否善于运用体育活动等手段较好地调控自己的情绪等。学生的社会适应能力主要表现在：能否对其他同学和老师理解与尊重，并在学习过程中表现出良好的人际交往能力和合作精神，努力承担在小组学习与练习中的责任；能否遵守规则、尊重裁判；能否不计较胜负，赞扬对手；能否认真分析失败原因，不埋怨他人；能否与他人很好地交换意见等。

三、评价的原则

在具体实施过程中，为了有效地发挥体育课堂教学评价的功能，必须根据课标的基本理念及体育教学的规律和特点，确定一些基本的要求，作为体育课堂教学评价的指导思想和实施的基本准则，具体有以下四个原则。

（一）即时评价与阶段评价相结合的原则

即时评价是在特定的情境下，对学生的某一行为表现，给以适时的鼓励和价值判断。它有如下三个特点。

1. 及时性、易行性

这种评价方式不受时间、空间的限制，能够在任何情境下及时给予评价，容易操作，具有及时性。如在技巧课上，某一同学完成了一个漂亮的动作，教师带头为他鼓掌；某一同学的动作完成质量不高，不敢在同学面前展示，这时老师对他说：“老师相信你，在困难面前你是永不退缩的。来，做一个更完美、更漂亮的动作，相信你一定能行！”

2. 广泛性

这种评价方式的内容涉及到体育课堂教学的方方面面，从学生的技术、战术水平到体能锻炼，从参与态度到思想意识，从集体精神到个性品质，从集体表现到个人行为。其实荣誉不在于大小，只要能及时发现孩子的亮点，给一个正确的评价，学生的愿望就得到了满足，也就激励了他们的进取心，评价的形式多种多样，如微笑、注视、手势口令、语言、奖牌、评分、等级等。

3. 导向性

根据一定的评价目标，教师的一种带有评价意义的精神或行为，犹如海上的航标灯，对学生起到指导的作用。学生处在不同的环境，就会有不同的发展，特别是低龄的儿童，心理状态很容易受外界的影响。因此教师的评价，可以使学生充分体验到成功和自信。

案例 7–1

师：“同学们，我们的课上完了，请……”“报告。”一个洪亮的声音打断了老师的话，“老师，这些东西还要吗？”有三四个女生手捧着那些“垃圾”问我。“要！要！”（老师事先故意没有安排收拾）“同学们，环境保护从我做起，从你做起，从我们大家做起，有 4 位同学已经走在了我们前面，我们其他同学怎么办？”“向他们学习！向他们致敬！”

这是一节《争做环保小能手》课的结束部分，老师根据课的情境及时评价，不但渗透了本节课的思想教育内容，突出了教育主题。这种评价起到了思想教育导向的作用。在这里，即时评价就是思想教育渗透的主要渠道，就是技术、战术思想的贯彻与强化，就是激励创新、鼓励先进的号角。

课堂即时评价又有如下六种方式。

（1）通融式激励评价（感情投资）

学生是有感情需要的，从上第一堂体育课开始，他们就需要从教师那里得到尊重、友爱、温暖、情意和教诲。当这种情感需要得到满足后，他们便会以更大的激情上好体育课。这种情感首先是要建立在师生平等和民主的基础上，教师和学生之间的感情融通包括情感和信息两个方面，感情和信息融通了，可以增强师生之间的相互信任和了解程度。这体现在教师对学生学习的评价，同时让学生在自我评价中不断得以成长，帮助学生认识自我、建立自信。

（2）鼓励式激励评价

这是教师经常运用的教育手段之一。现代管理学研究的结果表明，以勉励的口气布置任务，可以充分利用人的自尊心和荣誉感，使其潜在能力得到最大限度地发挥。生硬的命令式语言，一开始就剥夺了学生的主动性和创造性，降低了他们的活动热情。但是在课堂上语言评价不是唯一的，还可以结合教师的一些行为，如眼神（赞许、鼓励、期望等）、手势（肯定的、伸大拇指等）、体态语言（身体向前倾听学生的意见、点头肯定等）等等。

这样教师充分挖掘每一位学生的优势潜能，给予了肯定和赞赏，培养了学生的自尊和自信，即使对个别学生的不良行为，我们也要报以积极的态度，并要从多个角度去评价、观察和容纳学生，这样会给学生带来极大的心理安慰和激励作用。

（3）参与式激励评价

行为科学研究的结果表明，参与管理、参与决策，是人的一种自我实现的需要，是精神方面的一种自我实现的需要，是精神方面的一种高层次的需求。从这一原理出发，教师在备课和上课过程中就要倾听学生的建议，让学生献计献策，让学生参与备课。这样的课肯定是从实际出发，集思广益，教师教得自在，学生学得称心。也就是说你肯定了他的想法也就赢得了他的心。

（4）期望式激励评价

在体育教学中有这么一个现象，尤其是低年级的学生，在表现特别好的时候，最大的期望莫过于得到教师恰如其分的评价和鼓励；有某些过失的学生，最怕的莫过于受到老师的挖苦和冷遇。遇到上述情况，正确的做法应是：表扬不要言过其实，该表扬的就实事求是地给予表扬，并提出新的期望，鼓励其向更高的目标迈进；批评要讲究艺术，避免行为过激的做法。有过失的，改过要适度，动之以情，晓之以理，激发其补缺改过，尽量不要使用过激的语言和行为。总之，表扬要实事求是批评要动情晓理。

（5）宽容式激励评价

课堂上，师生之间产生矛盾是常有的现象。遇到这种情况，首先教师要能容人之短，不怀成见，敢于放下架子。教师的宽容是育人的前提，是妥善解决矛盾、融洽师生关系的基础。其次，教师对学生要热情教诲，以情感人。若采取以牙还牙的办法，必然激化矛盾，破坏师生关系，严重影响教学。

（6）影响式激励评价

影响式激励主要是在课堂上，课堂上利用教师榜样、学生个体榜样、小组群体榜样等，抓典型、树榜样、树先例。教师要善于发现典型学生，通过表扬对其他学生产生积极影响。教师自身的模范作用，同样会对学生产生影响。课堂上，教师如果懒懒散散，学生就会有令不行，有禁不止；教师的示范动作不伦不类，学生就会对学习失去兴趣。因此，教师应严于律己，勤于学习，练好基本功，要求学生做到的，自己首先做到。教师的表率行为，就会对学生产生很大的感召力和影响力并产生有效的情感激励作用。

阶段评价是在体育课堂教学活动的过程中，为使活动的效果更好而修正其本身轨迹而进行的评价。其主要目的是明确活动运行中存在的问题和改进方向，及时修正活动计划与活动方案、方法以期获得更加理想的效果，其主要任务有如下四点。

①调整学习活动的方案、方法：明确每个活动阶段的学习目标与活动任务，确定学习和练习的方法及分工与合作，并根据评价及时调整活动方法及分工与合作的方法。

②强化学习：上一阶段学习的内容与技术、战术、技能的展示与评析能使学生明确是否已达到了上一阶段的目标要求、存在的问题及下一阶段的努力方向，从而调动学生学习和练习的积极性，增强自信心，以便起到强化学习、活动的作用。

③发现存在的问题：根据上一阶段学习的内容与技术、战术、技能的展示与评析，可以找到产生错误的原因，为学生克服学习、练习中所遇到的困难提供有效的信息，同时也为确定下一阶段的学习练习提供必要的依据。

④提供学习矫正方法教师根据对存在问题的分析与评价，给学生以及时的辅导与帮助，使他们自觉改正，提高课堂教学效益。体育课堂教学阶段评价是调节课堂气氛与节奏、组织调动的重要手段。

（二）定性评价与定量评价相结合的原则

定性评价是对“质”的分析。一般多用于对情意的目标之中，如对学生运动参与的表现、心理健康的反映等情况，或者是对技能形成目标的评定，是通过比较、综合、归纳、分析的方法，给予质量上或等级上的评定，如下面的两个案例。

案例 7–2

一节课上完了，我的表现是： 班级：三（2）姓名：XX 20XX 年 XX 月 XX 日		
学习与表现	**评价**	**改进**
上课没迟到，听讲认真，活动积极	好（√）一般（ ）差（ ）	
知道立定跳远用双脚跳	好（ ）一般（√）差（ ）	
帮助其他同学	好（√）一般（ ）差（ ）	
与其他同学一起做操、做游戏	好（ ）一般（√）差（ ）	
用脚后跟用力走路不好	好（ ）一般（ ）差（√）	
我会用三种方法跳绳	好（√）一般（ ）差（ ）	
在比赛跳绳时我不紧张	好（√）一般（ ）差（ ）	
在比赛跳绳使我不妨碍别人，认真学习别人的跳法	好（ ）一般（√）差（ ）	

案例 7–3

健身拳评价标准（水平四，初中）

套路技评	优	动作规范、方法正确、路线清楚；动作协调、连贯；精神饱满、全神贯注；手眼相随、节奏明显、富有气势
	良	动作较规范、方法正确、路线基本清楚；动作协调、连贯一般；精神较饱满；手眼基本相随、节奏较明显，有一定气势
	中	动作较规范、方法基本正确、路线基本清楚； 动作协调、连贯一般； 精神较饱满；手眼基本相随
	差	动作不规范、方法、路线不正确、不清楚、不能把整套动作演练下来
学习态度评价	好	对健身拳的学练能严肃认真、主动、积极、自觉、自愿地参与。能加强武术基本动作的练习。有学习武术的信心和恒心。不怕苦、不怕累向自己挑战
	中	对健身拳的学练，基本严肃认真，但主动、自觉、自愿的参与意识不够。不能把握自己。学习态度较认真，有战胜困难的勇气，但没恒心
	差	对健身拳的学练不能严肃认真、不主动

定量评价是对“量”的分析，通常用于对学生体质健康测验，如学生的身体

素质、运动机能、运动能力的状况，是通过对数据量化，以时间、距离、次数、高度、长度、速度等度量。然后，依据标准中的量化表进行对照，来评判学生体育运动能力或身体素质的达标程度。如学生的体质健康标准档案等。

体育与健康课程的目标就是增强学生的身体、心理健康和社会适应等方面的健康，如果仅仅采用定量评价，这种评价方式是不能全面反映学生的学习情况的。根据《课程标准》的要求，体育与健康课程的目标与内容，采用学习成绩评价办法应该也必须是多元的。也就是说，应该制定一种定量与定性相结合的、衡量学生健康水平为主的评价体系。定量评价与定性评价相结合主要表现在两个方面：一是对某些因素进行量化以后，再对那些不能量化的因素进行定性评价。二是对某些因素进行量化得到的结果进行定性分析。应该注意的是，体育与健康课程强调定性评价，这不是对定量评价的简单否定与抛弃，而是定性评价应该内在地包含定量评价，且定性评价能更逼真地反映学生的真实情况。因此，定性评价从本质上并不排斥定量评价，而是把它统整于一身，在适当的评价内容情况下可以依然使用定量评价。

（三）他人评价与自我评价相结合的原则

他人评价与自我评价相结合的原则是指教师评价学生、学生间的相互评价、学生自我评价与他人评价的结合。

教师的评价具有权威性，心理学研究表明，学生在课堂上的点滴进步，能得到教师的评价，内驱力会成倍剧增。依据学生的学习目标达成度、行为表现和进步幅度等，考虑学生自我评价与组内相互评价的情况，对学生的学习成绩进行适时、正面、积极的评价。组内相互评价，让学生参与评价，能有效调动学习热情，营造赶、比、帮、超的学习氛围。

对学生学习过程中的评价是《课程标准》中非常提倡和重视的。这种评价可以采用以定性评价为主的方法，主要形式有学生的自我评价和学生间的相互评价。虽然这个评价是辅助性评价，评价本身因学生的认识存在分歧和偏差。但这种评价来自于学生对教学过程的“自省”，因此对于激发学生学习动机和培养学生的体育能力具有重要的作用，应该予以充分重视。

自我评价是学生对自己的运动技能、学习态度、情意表现与合作精神等进行的综合评价。如最常用的初中“学生运动参与评价用表”“学生情意合作与表现评价用表”。高中的“学习态度评价用表”“情意合作与表现目标评价表”“健康行为目标评价用表”，如案例 7–4。

案例 7–4

学习态度评价表									
班级	高二（4）	**小组**	五	13	**年**	5	**月**	18	**日**
评价指标	1. 养成良好的体育锻炼习惯（3 分） 2. 根据科学锻炼原理制定并实施个人锻炼计划（3 分） 3. 学会评价体育效果的主要方法（4 分）								
姓名	指标	周次（　）			周次（　）				总分
		自评	组评	师评	自评	组评	师评	合计	
	1								
	2								
	3								
情意合作与表现目标评价表									
班级	高二（4）	**小组**	五	13	**年**	5	**月**	18	**日**
评价指标									
姓名	指标	周次（　）			周次（　）				总分
		自评	组评	师评	自评	组评	师评	合计	
	1								
	2								
	3								

（四）形成性评价与终结性评价相结合的原则

形成性评价是指在学生学习活动运行的过程中，为更好地达到活动目的，而不断对自身的过程进行评估、修正的行为。

形成性评价的根本目的是促进学生的学习与发展，它实现评价的发展性功能的一个重要举措就是突出评价的过程，关注学生的个体差异。它是在教与学的过程中，为了使学习效果更好，并且有利于学生的各个方面的发展，及时、不断地进行评估，有助于教师及时了解学生、学生及时了解本身的进展情况、存在的问题，使教师的教学、学生的学习进行有效地改进和不断进步。形成性评价不仅仅可以使学生明确今后如何学，而且可以使教师明确今后怎么教，帮助教师完成既定的教学目标。只有通过多种评价形式的有机结合，才能真正准确而公正地评价一个学生的体育学习情况，既能保证评价结果的信度和效度，又能调动学生学习和教师教学的积极性。例如，排球单元教学相对于整个教学计划来说，它是其中的一个环节，处于教学的全过程中。当排球单元教学结束之后，教师对排球技术进行了考核，并根据学生的成绩进行分析评价和判断，这种评价就是形成性的。

案例 7–5

排球单元教学考核成绩表（2023 年 10 月 26 日）

姓名	自我测验	小组评议	教师评议	综合成绩
高 ×	优秀	优秀	优秀	优秀
周 × ×	良好	优秀	优秀	优秀
李 × ×	优秀	良好	优秀	优秀
姚 ×	良好	优秀	良好	良好
李 × ×	良好	良好	良好	良好
高 × ×	良好	及格	良好	良好
刘 × ×	良好	良好	努力	良好
刘 × ×	良好	努力	努力	努力

终结性评价是在学习活动后，为判断其效果而进行的评价。它注重的是结果，注重考察评价对象在某一时间点上是否达到了评价标准的要求，或所达到了最高水平如何，它突出了评价的甄别功能，失去了评价的有效反馈的全面性，对激励学生学习、提高教学效果、改进教与学的效果不大。

总之，遵循评价的原则是为了更好地实施评价，发挥评价的功能。评价的目的在于促进学生健康发展，绝不是简单地进行优劣高低的区分。通过客观的信息反馈过程，加强师生之间的沟通交流，是互相了解、互相学习的过程，也有助于自身发展。通过评价达到激励的功能，要把评价活动和过程当作为被评价者提供了一个自我展现的平台和机会，鼓励被评价者展示自己的努力成果，换个角度来看是向别人学习。如果评价恰当，形成积极的评比方式，评价将成为有效的激励手段。随着体育与健康课程标准的深入贯彻和体育教学评价的具体实施，评价活动和过程将会促进教师、学生的共同发展。

第二节　课堂体育学习评价与案例

一、学习目的的评价

学习目的即学习动机，是学习的意愿指向。体育与健康课程评价改革过程中对学生学习目的的评价应认真、切实贯彻“健康第一”的指导思想，从五个领域目标出发；从学生向学会做人、学会做事、学会合作、学会学习出发；从学生的终身体育意识出发；高中学生还应从学生的健康行为意识出发。

（一）从运动参与领域目标出发来评价学生的学习目的

运动参与是学生发展体能、获得运动技能、提高健康水平、形成乐观开朗的生活态度的重要途径。通过体育与健康课的学习，看学生是否能通过教师设置的形式多样的教学手段、丰富多彩的活动内容，逐步培养起自己参与体育活动的兴趣和爱好，形成坚持锻炼的习惯和终身体育意识及健康行为意识，并能通过体育与健康课的学习懂得科学锻炼身体的方法。

对初中学生来说，是否能通过体育与健康课的学习，形成自觉参加体育与健康课的学习及积极参与课外体育活动和充分利用各种条件进行体育活动，并且能知道合理安排锻炼时间的意义，合理安排锻炼时间。

对高中学生来说，是否能通过体育与健康课的学习，能描述有规律的体育锻炼对健康的益处及能定期进行体育锻炼，并且能懂得科学锻炼的基本原理，懂得如何设置体育锻炼的目标，还能根据自身的实际情况，制定个人训练计划并按计划坚持体育锻炼。

（二）从运动技能领域目标出发来评价学生的学习目的

运动技能学习领域目标体现了体育与健康课程是以身体练习为主的基本特征，运动技能的学习是实现其他领域目标学习的主要手段之一。从运动技能领域目标出发来评价学生学习体育与健康课的目的，就是看学生是否能通过运动技能的学习，学会多种运动技能，并在此基础上形成自己的兴趣和爱好，而且能有专长，提高终身体育意识及健康行为意识和能力。同时在学习过程中也能了解到安全地进行体育活动的知识和方法，并获得野外环境中的基本活动技能。

在初中阶段看学生是否能主动去了解基本技术和简单的战术知识，并了解所学运动项目的竞赛规则；是否能基本掌握所学球类运动项目中的技战术，完成所学武术套路或对练，技巧项目动作或器械体操动作，舞蹈或健美操，基本掌握所学田径运行技能，地域性运动项目的技术，并能对安全和不安全的运动行为作出区分和评价，在运动中避免粗野和鲁莽动作，并能用安全的方法运动作为自己的努力方向；以及积极了解野外识别方向的一般方法，并把掌握常见的野外运动方法和参加有组织的野外活动作为自己学习的目标；注重自己基本的运动知识、运动技能的掌握和运用，不过分追求运动技能的系统性和完整性，不苛求技术动作的细节。

对高中生来说，看学生是否能有意识地、有主见地去讨论竞技运动与健身运动的区别，并能认识多种运动项目的身体健康、心理健康和社会适应的价值。能够自己阅读报纸、杂志中的有关重大体育赛事的报道、收听或收看有关体育节目，并能发表自己的见解。能把较为熟练地完成所学球类运动项目中的技战术，所学有难度武术套路或对练，技巧项目动作或器械体操动作，舞蹈或健美操，主要的田径运动技能，地域性运动项目的技术和新兴的运动项目，作为自己学习的目标。把积极参加班级中的各种体育比赛，自编自练简单的舞蹈和健美操，参加有组织的较大型野外活动，以小组形式制定野外活动计划为己任。能够掌握常见的运动创伤的简易处理方法，了解学会常用的救生方法、野外生存的知识与方法，并能为自己所用。

（三）从身体健康领域目标出发来评价学生的学习目的

青少年正处在生长发育最旺盛的时期，这一时期他们的身体状况对他们的健康成长具有重要的影响，而体育活动是促进学生身体发展和健康的重要手段。从这一领域目标出发，评价学生的学习目的应该注意评价他们是否能在老师的引导下积极参与体育活动、发展体能的同时，注意了解营养、环境和不良行为对身体健康的影响，并形成健康的生活方式，有效的提高身体健康水平。

对初中学生来说，应注意评价他们是否能在体育与健康课的学习中主动发展位移速度、有氧耐力、反应速度和灵敏性；初步认识和理解体育锻炼对身体形态发展和身体机能的影响，根据自己的生理特点，了解在体育活动中应注意的事项；正确处理营养需求与年龄、性别、身体活动的关系；有目的地选择有利于健康的营养食品和适合运动需要的健康营养食品；学会通过饮食、体育锻炼控制体重，认识吸烟、酗酒和吸毒的危害。

对高中学生来说，应注意评价他们是否能在体育与健康课的学习中，主动通过多种练习方法提高心肺功能和有氧耐力、发展肌肉力量和耐力、柔韧性、控制体重。懂得体育活动是防治现代生活病的积极手段和方法，理解身体健康在学习、生活中的重要意义，树立良好的健康意识；能了解性病、艾滋病的传播途径和防御知识；注意合理的营养，经常进行体育锻炼，养成良好的睡眠和休息习惯，自觉做到不吸烟、不酗酒、远离毒品。

（四）从心理健康领域目标出发来评价学生的学习目的

体育活动不仅仅有利于身体健康，也能增进心理健康。从这一领域目标出发，评价学生的学习目的，应该注意评价他们能否通过体育活动来提高自己的自信心、意志品质和调节情绪的能力。在平日学习过程中，既重视基础运动技术、技能的学习，又重视心理健康目标的达成度，有意识地发展自己的心理品质；努力根据老师创设的一些专门的情景，采取一些特别的手段，促进自己的心理健康水平的提高。

在初中阶段应侧重于主动认识和体验体育活动对心理健康状况的影响，了解身心之间的关系，心理状态对身体健康的影响，运动与快感的获得对人们兼职体育锻炼的影响；认真理解自尊和自信的意义及体育活动对自尊、自信的影响；通过积极的体育活动，逐步增强自尊和自信，并在体育活动中表现出适宜的自信心；掌握主动的放松方法，如：自我暗示、呼吸调节等，并能够合理安排作息时间。

在高中阶段应侧重于能否主动运用体育活动的方法改变心理状态，能否有意识地在学习压力大时进行活动，并能参加充分展示自己能力的体育活动；能否正确选择参加有助于获得运动快感和有利于人际交往的体育活动；在体育活动中能否通过合理的设置目标，使自己在体育活动中不断获得成功，并在不断提高运动能力的过程中体验成功的感觉；能否运用所学的方法调控自己在体育活动中和在体育比赛中的情绪；能否体验到在困难环境中运动的乐趣，努力克服体育活动中的心理惧怕等现象，在具有挑战性的运动中体验到乐趣。

（五）从社会适应领域目标出发来评价学生的学习目的

体育活动对于发展学生社会适应能力具有独特的作用。经常参与体育活动的学生，合作、竞争意识、交往能力、对集体和社会关心程度都会得到提高，而且学生在体育活动中所获得的合作与交往能力迁移到日常学习与生活当中去。从这一领域目标出发，评价学生的学习目的，应注意评价他们是否能通过教师与他们共同营造的友好、和谐的课堂气氛，在所采取的有效的教学手段和方法中，注意培养自己的社会适应能力。

对初中生来说，应注意评价他们是否对运动角色和体育道德行为有所识别，能否注意培养自己对媒体体育与健康信息做出简单的评价能力；能否在体育比赛中，与同伴合理分配角色并能指出体育活动中不道德的行为；是否知道一些体育界名人并能对他们进行简单的评价，或对一两个体育节目或栏目进行简单的评价。

对高中生来说，要关注学生能否形成良好的体育道德与合作精神，是否对社会有责任感，并能通过多种途径获取现代社会中体育与健康知识与方法；能否在体育活动中不故意伤害他人，正确处理体育活动中竞争与合作、“场上对手”与“场外朋友” 的关系；能否利用与通过互联网获取体育与健康方面的知识。

二、学习成绩评价与案例

学生的课堂学习成绩评价是一种综合性的评价，它不仅是对评价对象的认识过程，还是对评价对象的激励、导向过程，也是对定量与定性评价结果的整合过程。这种评价减少等级，增加评价指标和评价次数，降低单项、单次评价对最终结果的影响，根据全过程中多指标、多次数评价的结果寻求可信值，是在实际中提高评价体系的可操作性误差的有效途径和方法。

根据体育与健康课程改革“健康第一”的指导思想，学生的学习成绩评定内容的确定，不仅要关注体育基础知识、基本技能的掌握与体能的发展，而且要关注学习过程中的学习态度、积极情感体验、与人合作技能的发展。同时应该关注个体，尊重个体差异，给予个体一个展现自我的机会，帮助学生表现自己，拥有自信。

（一）评价的内容和权重

传统的体育课程评价内容，突出表现为过分重视身体素质和运动技能的评价，相对忽视学生学习行为、交流合作、心理健康等方面的评价。因此，根据新课程标准的要求，新的评价要从学生的体能、知识技能、学习态度、情意表现和合作精神等方面对学生进行全面、合理、公正的评价。

（二）评价的形式和方法

根据课标的理念，评价的形式要多样化，学习自评、学生互评、师评相结合，打破以往采用单一的教师对照身体素质、运动技能评价标准对学生进行测试和打分。评价的方法既注意终结性评价，又重视过程性评价；既注意绝对性评价，又重视相对性评价；既注意定性与定量相结合的方法，又重视等级制与评语制相结合的方法。例如：在进行体能成绩评定时参照《国家学生体质健康标准》（绝对性标准），结合每一位学生基础成绩与提高幅度（相对性标准）进行评价。又如运动技能成绩采用定量（标准）与定性（创新提高）评价相结合的方法进行，学生的身体发育状况、学习的态度、性别、性格也要作为综合考虑的因素。结合等级制进行评价，又可采用定期与不定期评价，主要是发现问题，马上纠正，以便让学生正确认识自我，达到自我教育和相互教育、促进发展的目的发挥评价的教育功能（表 7–1）。

表 7–1 体育课评价内容与权重表

水平一（一、二）	水平二（三、四）	水平三（五、六）	水平四	权重
30 米跑	50 米跑	50 米跑，50 米 ×8 往返跑	50 米跑、立定跳远、仰卧起坐（女）、800 米（女）、1000 米（男）	40
立定跳远	跳远、立定跳远、跳高	跳远、立定跳远、跳高		
垒球、沙包、小实心球	垒球、实心球、沙包	垒球、实心球、沙包		
坐位体前屈	坐位体前屈	坐位体前屈、仰卧起坐		
能够掌握练习的动作，养成正确的身体姿势	会做简单的组合动作并能说出简单的动作术语	能够了解体育运动的营养卫生知识，初步掌握运动基本技术	了解基本技术、战术的知识，发展运动技战术能力	30
体育课上，学习和锻炼情况	能积极主动参与体育活动	主动参与运动，动作掌握有明显进步	自觉参加体育健康课学习，合理安排锻炼时间	15
课上与同伴合作，有克服困难的表现	能与同伴在活动中友好合作，在克服困难树立自信方面表现较好	体育活动中能尊重与关爱同伴，能体验到体育活动带来的快乐	建立和谐的人际关系，具有良好的合作精神和体育道德	15

（三）评价的标准

依据新课程的理念和《国家学生体质健康标准》结合本地实际制定标准（表 7–2）。

表 7–2　依据新课程的理念结合本地实际制定的标准

单位：分

评价指标	优秀	良好	一般	还应努力
综合评价成绩 100%	90 ~ 100	75 ~ 89	60 ~ 74	59 以下
身体素质与运动能力 40%	35 ~ 40	30 ~ 34	25 ~ 29	24 以下
知识与技能 30%	25 ~ 30	20 ~ 24	15 ~ 19	14 以下
学习态度与行为 15%	10 ~ 15	7 ~ 9	5 ~ 6	4 以下
情意表现与合作精神 15%	10 ~ 15	7 ~ 9	5 ~ 6	4 以下

学生学习评价应该注意的问题如下。

1. 评价要体现过程性

新课程评价方式的改革是重视对学生进行过程性评价，我们进行评价改革的目的，就是要改变单一的终结性评价方式，通过过程性评价来体现学生的主体地位，促进学生的健康发展。建议每周或隔周进行一次评价，使评价既能体现激励发展功能，又能体现重视评价的过程性。

2. 评价要体现全面性

《课程标准》明确指出，学生的学习成绩评定内容包括：体能、知识与技能、学习态度、情意表现与合作精神、健康行为等几个方面，建议把学生的学习成绩评定比例进行调整：体能知识与技能占 70%，学习态度、情意表现与合作精神、健康行为三项各占 10%，按模块进行综合评价，既体现体育的基本特征，又体现学习评价的全面性。

3. 评价要体现使用性

评价内容不要太复杂，学生知道如何操作，表格也不要太多，以免给教师统计带来难度。建议一个模块按评价内容每学习小组各设置一张评价表，每周（隔周）评价时发给小组长，由小组长组织根据评价指标进行自评、互评后交给老师。为了便于评价的操作，评价分值尽量不要精确到分数。根据小组内的相互评价中的比例，选择占比例打一个分值即可，没有必要去计算平均分，以免给教师操作带来麻烦。

4. 评价要体现自主性

评价的过程是由小组长组织学生进行自我和相互评价的，学生根据评价指标进行自我评价，体现了评价的自主性，同时让学生在评价中正确认识自我，达到自我教育和相互教育、促进发展的目的，能很好发挥评价的教育、激励功能。

（四）学习成绩评价的具体内容

学习成绩评定的内容与课程目标一致，特别要与学习领域目标一致，这样才能更好地促进学生的全面发展。

1. 身体素质与运动能力

发展体能既是体育与健康课程的重要内容，也是体育与健康课程的重要目标。体能的评定可根据各个学习水平的体能发展目标与内容框架，选择几项体能指标进行评价。可参照《国家学生体质健康标准》进行。在进行体质测试的同时，还应关注每位学生前后的成绩变化进行幅度评定，如：水平四初一某女生，学期开始测试立定跳远成绩为 1.56 米，期末测试成绩为 1.62 米，根据标准得分 23 分，进步幅度为 6 厘米。我们为了激励学生，规定学生每进步 2 厘米即可得 1 分，那么这个学生的立定跳远最终成绩为 23+3=26 分，为优秀等级。拿出 10% 的分数作为大多数学生的进步幅度奖励分。

2. 知识与技能

知识与技能的评定包括对学生健康知识和运动技能的评定。体育与健康知识成绩评价主要包括对体育与健康的认识，以及对体育与健康知识和方法的运用与掌握。切忌让学生死记硬背的知识考核，提倡探究性学习与日常生活结合的知识应用。评价的形式采用学生互评、师评相结合进行，评价方式采用问卷、提问、实践操作等。如：学生学习了营养、锻炼与控制体重后，让学生学会如何平衡膳食，用体育和营养手段来控制体重。

运动技能的评定，主要评价掌握符合一定水平目标要求的运动技能及运用与实践的情况，在评价时应把过程性评价和终结性评价相结合，师评、学生互评相结合。依据教学计划和《体育课程评价标准》进行评定。具体操作如下：15 ~ 20 分为优秀，10 ~ 14 分为良好，5 ~ 9 分为一般，不满 5 分还应努力。本部分设创新奖 5 分。如学习内容为前滚翻，某一个学生能够较好地完成前滚翻动作，得分为 14 分，并能再做一个动作（如挺身跳、纵叉等），根据学生的动作可以获得 5 分的创新奖励，那么这个学生的滚翻成绩为 14+5=19 分，为优秀等级（表 7–3）。

表 7–3　滚翻动作评定

等级	优秀	良好	一般	还应努力
技评内容	姿势正确，动作轻松、自然、协调优美、在生活中（走路摔倒等）熟练运用所学技术保护自己	姿势正确、动作较轻松、自然、协调，生活中（走路摔倒等）较好运用所学技术保护自己	姿势基本正确，动作不够轻松、自然、协调，生活中（走路摔倒等）能够运用所学技术保护自己	姿势不正确，动作紧张不协调，生活中（走路摔倒等）不能运用所学技术保护自己

3. 学习态度与行为

学生对待体育学习与练习的态度与行为如何，直接影响学生终身体育意识的培养，所以树立对体育与健康的正确认识，形成正确积极的体育态度非常重要。

学习态度与行为每学期每月评价 1 次，每次评定之前教师要根据评价的内容设计好评价表，发给小组长，由教师指导，主要从学生对待学习与练习的态度，以及锻炼活动中的行为表现，还有出勤（事假、病假学生应出具家长、班主任或医院证明）、着装、课堂纪律等面。先由学生自己进行评价，然后小组成员之间根据相互观察的情况进行相互价，反馈后交给教师。教师在课堂上的即时性评价主要抓两头，即优秀学生，较差学生，激励先进，鼓励后进。成绩计算公式：（自评 + 组评）÷ 2= 评价分数，评价分数总和 ÷ 评价次数 = 评价最终得分。

4. 情意表现与合作精神

新课程中的“健康”是由身体健康和心理健康两方面组成，学生通过学习不但应有健康的体魄，还应具备良好的心理素质和社交能力。所以提高学生的心理健康与社会交往能力也是体育与健康课的一个重要目标，这也是新课程区别于传统课程的最大特点。

情意表现与合作精神每月平均一次。每次平均之前教师发给小组长一张评价表格，主要从学生在体育学习中的情绪，自信心和意志表现，对他人的理解尊重，交往与合作竞争意识几个方面，先由自己进行评价，然后小组成员之间根据相互观察的情况进行相互评价打分。

（五）综合评价模式

根据体育与健康课程的目标与内容，评价方式注重了定量与定性相结合的评价。

（六）领域目标在评价中的量化

我们根据体育与健康课程标准的评价要求，结合学习实际，围绕领域目标，确立了运动参与，知识与技能，身体健康、情意表现与合作精神和提高幅度五个方面的评定内容。采用等级制与记分制相结合的办法进行评定（90 ~ 100 分为优秀；75 ~ 89 分为良好；60 ~ 74 分为及格；60 分以下为不及格）。

1. 运动参与

占总评分 15%。①具有积极参与体育活动的态度和行为；②用科学的方法参与体育活动。考察标准主要依据体育课、体育活动课、课间操出勤情况以及学校其他体育活动的参与情况（如参加校运会、校体育节、训练队外俱乐部等与体育有关的活动或组织）。此项评分每月一次，主要由本人评价，小组评价和教师评价三部分组成，一学期每月的平均值为本学期此项评价的得分（表 7–4）。

表 7-4　定量与定性评价模式表

姓名	体育与运动宿主 30%													运动技能 20%		课堂观察 30%		基础知识 20%	综合成绩	评价等级
	立定跳远				50 米跑				备用				积分	前滚翻	积分	学习态度 15%	合作及情意表现 15%			
	基础成绩	期末成绩	进步等级	得分	基础成绩	期末成绩	进步等级	得分	基础成绩	期末成绩	进步等级	得分		成绩						
王X	1.6	1.72	优秀	13	9.5	9.2	优秀	24					18.5	75	15	15	15	18	81.5	良好
高X	1.9	2.1	优秀	15	9.7	9.5	良好	18					16.5	90	18	12	13	19	78.5	良好
李XX	1.85	2.05	优秀	15	10.2	10.1	及格	6					11.5	90	18	13	14	14	70.5	及格
刘X	1.78	1.82	及格	15	9.3	9.4	不及格	20					17.5	80	16	15	15	16	79.5	良好
周XX	1.75	1.78	及格	15	9.4	9.2	良好	24					19.5	95	19	15	15	17	85.5	优秀

2. 情意表现与合作精神

这一项占总评分的 15%。①了解体育活动对心理健康的作用，认识身心发展的关系；②正确理解体育活动与自尊、自信的关系；③学会通过体育活动等方法调控情绪；④形成克服困难的坚强意志品质；⑤建立和谐的人际关系，具有良好的合作精神和体育道德；⑥学会获取现代社会中体育与健康知识的方法。考察标准主要依据在体育课上和其他体育活动中的表现。此项评价每月一次，主要由本人评价、小组评价和教师评价三部分组成，一学期每月评价的平均值为本学期此项评价得分。

3. 身体健康

这一项占总评分的 40%。①形成正确的身体姿势；②发展体能；③具有关注身体和健康的意识；④懂得营养，环境和不良行为对身体健康的影响，考察标准主要依据体质健康标准。此项目标准为每学期评价一次。评价用表同《国家学生体质健康标准》（表 7-5）。

对于特殊学生，经本人申请，学校体育组研究审批后可酌情进行降低几项或某项的成绩标准，或者免试。

4. 知识与技能

这一项占总评分的 30%。①获得运动基础知识；②学习和应用基本运动技能；③安全地进行体育活动；④获得野外活动的基本技能。考察标准主要依据体育课项目学习成绩。此项评价每单元一次，主要由本人评价、小组评价和教师评价三部分组成，一学期各单元评价的平均值为本学期此项评价得分。

表 7–5　体质健康成绩统计表

姓名	性别	身高（厘米）	体重（公斤）	肺活量（毫升）	高重（得分）	肺重（得分）	800 米		立定跳远		坐位体前屈		总分	等级
							成绩（分钟）	得分	成绩（分钟）	得分	成绩（分钟）	得分		
冯×	女	160	45	2600	9	12	3.3	20	1.6	15	14	17	73	及格
姚××	女	162	51	2500	15	11	3.4	20	1.8	15	13	16	77	良好
王××	女	157	45	2000	9	10	3.4	20	1.7	15	16	20	74	及格
钟××	女	155	54	2750	9	11	3.4	17	1.6	15	12	16	68	及格
李××	女	160	43	2000	9	10	3.4	20	1.8	15	18	20	74	及格
高×	女	158	52	2500	15	11	3.4	17	1.5	15	13	16	74	及格
陈××	女	164	43	2250	9	11	3.2	20	1.8	15	7	15	70	及格
李××	女	156	45	2250	15	11	3.4	17	1.6	15	9	15	73	及格

5. 进步幅度

这一项占体能目标的 10%（表 7–6）。考察标准主要依据《国家学生体质健康标准》测试成绩，具体操作如下：

得分 = ｛（本学期成绩 - 上学期成绩）/ 上学期成绩｝×100，最高分为 4 分，最低分为 0 分。（说明：学生成绩停留在原来水平上，或成绩与上学期相比有下降现象，该项均得零分。）

表 7-6　体能与素质提高幅度统计表

姓名	性别	上学期成绩	本学期成绩	提高幅度	得分
冯 ×	女	33	35	4.00%	4
姚 ××	女	31	34	8.51%	4
王 ××	女	33	37	10.00%	4
钟 ××	女	32	32	0.00%	0
李 ××	女	35	37	5.77%	4
高 ×	女	31	32	2.13%	2
陈 ××	女	29	33	13.64%	4

（七）最终评价结果的生成

学习成绩的评定对于教师而言，可以了解自己教学的效果，从而总结经验，改进教学，不断提高教学质量；对于学生，能够促使他们巩固和加深所学知识和技能，了解自己在学习上的进步与缺陷，明确努力方向，不断调高水平。新课程提出淡化评价的甄别选拔功能，强化其激励和发展功能，并采用适当的评价方法与形式，使学习评价真正成为促进学生达成学习目标的重要手段。

因此，在评定学生体育与健康学习成绩评定时，除了量化考核外，还结合自评、互评、师评的评价结果最终评价结果。大于 90 分为优秀；大于 75 分为良好；大于 60 分为及格；不及格为小于 60 分。

几点说明：

体育学习成绩评价系统共分运动参与、运动知识与技能、情意与合作、提高幅度、星级管理、教师用表、总成绩统计、成绩分析 8 个表格组成，8 个表格应用 Excel 管理，在总成绩统计表中的栏目中应用 Excel 的引用单元格方式，如“×××”的成绩统计是这样的：在总成绩统计表中的栏目中输入公式“=（运动参与！ F4+ 教师用表！ G4）/2”，同样的道理可以把运动知识与技能、情意与合作、提高幅度、星级管理、教师用表中的成绩都引用到总成绩统计表中。在总成绩统计表中的总分栏对应用单元格输入公式 =（G4+D4+G4+H4+I4+J4, 在等级栏对应用单元格输入公式 =IF（K4>=93.5，“优秀”，IF（K4>=82.5，“良好”，IF（K4>=66,“及格”“不及格”））。应用单元格引用还可以把“运动参与”表中的学生姓名引用到“运动知识与技能”“情意与合作”等表中区。在各个分表中也可以应用 Excel 的计算功能。如在“运动参与”表中的得分栏目中输入公式（B4+C4+D4+E4）/4；在等级栏目中输入公式 =IF（F4>=8.5，“优秀”，IF（F4>=7.5，“良好”，IF（F4>6，“及格”“不及格”））等。教师在平常工作中根据学生小组评价和平常考核，只把每个学生的成绩输入表格，最后就会在总成绩统计中自动生成学生成绩单，在成绩分析中自动生成分析图示。本方法看上去非常繁琐，但只要用计算机管理，加上体育教师平常考核成绩的及时输入，在应用起来非常方便，能真正体现评价的过程性和激励性。

（八）构建有效的激励制度

案例 7-6

1.“五最”评选

在小组、班级、级部、全校四个层次评选五个之最，标准是：

①体育课上学习态度最端正。②体育成绩进步最大。③参加课余锻炼最认真积极。④身体素质最棒。⑤单元学习（性能、技术）最优秀。

以上“五最”分四层，层层推选。第一层，小组“五最”每两周在小组内评选一次，具体由各小组长负责组织评选与记录；第二层班级，“五最”，每月评选一次，具体由各班体育委员负责组织评选与记录，具体操作：汇总本班一月来各小组评选出“五最”，评出本班“五最”；第三层，级部“五最”，每两个月评选一次，具体操作：由本级部的体育协会负责汇总本级部各班两月来评选出的“五最”，评出本级部“五最”；第四层，全校“五最”；每学期评选一次，具体操作：由校学生会负责汇总一学期来各级部评出的级部“五最”，评出全校“五最”。

2. 个人评价

在体育与健康档案中加上“五最”记录，并实行星级管理，一学期中被评为学校之最的五星级体育学习先进个人；一学期中两次被评为级部之最的为四星级体育学习先进个人；一学期中一次被评为级部之最的为三星级体育学习先进个人；一学期中四次被评为班级之最的为二星级体育学习先进个人；一学期中两次被评为班级之最的为一星级体育学习先进个人。

3. 集体评价

根据个人评价的原则进一步对集体进行评价，分三层进行星级管理。第一层在班内展开星级小组评选，由各班体育委员负责组织评选与记录，每月评选一次，依据各小组列班内之最的多少评选，分五星级，四星级，三星级，二星级，一星级体育学习先进小组。第二层在同一级部内展开星级班级评选，由各级部体育协会负责评选与记录，每两个月评选一次，依据各班级部内之最的多少评选，分五个星级体育学习先进班级。第三层在全校内展开星级级部评选，由学生会体育部负责组织评选与记录，每学期评选一次，依据级部名列全校内之最多少评选，分五个星级。

总之，评价作为教学活动的一部分，一定要树立以学生发展为目标的新的评价观，使评价标准呈现多元性，并注意评价手段、方法的多样性，引导学生正确评价自己与其他同学，并处理好教师与学生评价、能力与情感评价等方面的结合，以发展的眼光去科学评价学生的成绩。

（九）学生过程性评价与终结性评价案例

表 7-7 至表 7-9 可作为学生评价的参考。

表 7–7　学习态度与行为（15 分）一班二组

学习态度	1. 体育课上主动参与动作的学习，能够坚持完成任务，观看电视、现场体育比赛和表演	2. 体育课上遵守课堂纪律，有事请假，遵循运动规则	3. 穿戴适宜运动的服装，不带有害于身体的硬性物品，说出不同环境中可能面临的危险和避免办法
注：个人、小组评价能够做到 5 分，基本做到 3 分，做的不好还应努力 2 分			

姓名	项目	____月				____月				____月				____月				合计得分	个人得分
		自评	组评	师评	得分	自评	组评	师评	得分	自评	组评	师评	得分	自评	组评	师评	得分		
王×…	1	3	3	5	12	5	5	5	13	5	5	5	12.7	5	5	5	14.3	52	33
	2	2	2	5		3	5	5		2	3	5		5	5	5			
	3	5	5	5		3	3	5		3	5	5		3	5	5			

表 7–8　情意表现与合作精神（15 分）一班二组

情意表现	1. 努力向家人和同学展示自我，积极创新	2. 能够用正确的身体姿势进行学习、运动和生活，体验活动的心理感受和同伴在活动中的情绪表现	3. 能够独自活动并参与集体活动并完成任务，不妨碍他人活动，要按顺序进行练习，能够说出集体活动的感受
注：个人、小组评价能够做到 5 分，基本做到 3 分，做的不好还应努力 2 分			

姓名	项目	____月				____月				____月				____月				合计得分	个人得分
		自评	组评	师评	得分	自评	组评	师评	得分	自评	组评	师评	得分	自评	组评	师评	得分		
王×…	1	3	3	5	12	5	5	5	13	5	5	5	12.7	5	5	5	14.3	52	33
	2	2	3	5		3	5	5		2	3	5		5	5	5			
	3	5	5	5		3	3	5		3	5	5		3	5	5			

表 7–9　学生学期最终成绩评价表（100 分）

学校年级 20××—20×× 学年度第一学期体育课成绩综合评价表

班级 ________ 人数 ________ 任课教师 ________

姓名	体能与运动素质 30%													运动技能 30%		课堂观察 30%		基础知识 10%	综合表现	评价等级
	立定跳远				50 米跑								积分	前滚翻	积分	学习态度 15%	合作及情意表现 15%			
	基础成绩（米）	期末成绩（米）	进步等级	得分	基础成绩（秒）	期末成绩（秒）	进步等级	得分	基础成绩	期末成绩	进步等级	得分		成绩						
王×	1.60	1.72	优	30	9.5	9.2	优	24					27	25		15	15	8	90	优

续表

姓名	体能与运动素质 30%													运动技能 30%		课堂观察 30%		基础知识 10%	综合表现	评价等级
	立定跳远				50 米跑								积分	前滚翻	积分	学习态度 15%	合作及情意表现 15%			
	基础成绩（米）	期末成绩（米）	进步等级	得分	基础成绩（秒）	期末成绩（秒）	进步等级	得分	基础成绩	期末成绩	进步等级	得分		成绩						
单×	1.57	1.65	良	30	10	9.5	优	24					27	26		14	15	7	89	良
刘×	1.55	1.69	优	30	9.6	9.0	优	26					28	25		12	15	8	88	良
王××	1.50	1.55	良	26	10.1	9.5	优	24					25	22		13	15	9	84	良
冷××	1.47	1.52	良	26	9.0	8.9	优	26					26	25		14	15	7	87	良
高×	1.57	1.60	良	30	8.9	8.5	良	30					30	26		15	15	5	91	优
王×	1.35	1.48	良	24	9.7	9.1	优	26					25	23		12	15	8	83	良
李××	1.49	1.62	优	30	9.2	8.5	优	30					30	21		13	15	7	86	良

点评：

许多教师不知道新课程如何对学生进行教学评价，其实原来的评价方法不能全部废弃，只不过是改变了评价的方法。增加了评价的内容，重视学生的发展和过程评价，改变一把尺子衡量学生的单一评价方式。评价中应该关注学生对体育学习的态度、表现、要注重锻炼的结果，更要关注锻炼的过程，提倡多把尺子衡量学生的评价方式。以上评价既体现新的评价理念，又便于教师操作。

第三节　体育教师教学工作评价

课程改革为体育教师带来了全新的教师观，对体育教师也提出了更高的要求，因此，如何提高体育教师的素质培养和造就能够满足全面实施素质教育要求的体育教师，是关系到能否进一步深化体育与健康课程改革的重要环节。对体育教师作出客观准确的教学工作评价是实施新课程的关键环节之一。新的体育课程把教师教学评价定为课程评价的重要内容，对教师的体育教学活动和结果进行评价。体育教学相对其他学科来说是一种非常复杂的综合活动，任何一种评价测试方法都不可能适合所有的课堂教学，而恰当的考评方法对课堂教学有着质与量的影响。因此，仅仅用终结性的评价方法是无法反映教师教学能力和学生达成学习目标的。采用终结性与过程性相结合的评价方式，对学生进行自评、互评、师评相结合的方式，对教师采用专业素质和课堂教学两方面进行评价则显得更为合理、科学。通过多种教学评价手段的运用，达到促进、激励教师、学生发展的目的，以突出教师、学生的双主体地位。

一、体育教师评价的目的

在传统的教育背景下，体育教师评价的目的偏重“鉴定”“分等”，属于一种奖惩性评价，评价结果主要用作判断体育教师是否具备奖励或惩罚的条件，进而作出相应的晋级、加薪、降级或解聘等决定。这种单纯运用利益驱动机制的自上而下的评价，很难从根本上激励教师努力提高自身素质，改进工作的内在动机。素质教育观指导下的体育教师评价则着眼于体育教师素质的发展，目的是为体育教师提供必要的信息反馈，使其及时发现问题，总结问题，不断改进、优化自己的教育教学行为。也就是说，素质教育背景下的体育教师评价是促进体育教师发展、提高其自身素质的有效手段。

当然我们并不否认体育教师评价的鉴定和区分功能，但过于强化评价的鉴定功能而淡化其矫正和激励功能则是本末倒置的。这不符合素质教育的目标导向，因为“评价的目的不在证明，而在改进”，应该是通过评价结果的反馈，指导和激励体育教师不断探索，改进教育教学工作的效率和质量。由此可见体育教师评价是促进体育教师提高专业素养和体育与健康课程教学质量的重要手段。其目的主要表现为：

（1）了解体育教师的教学情况和能力，鉴定体育教师是否履行职责，是否达到了预定的教学要求。

（2）判断体育教师教学中存在的不足和问题，并分析其原因。

（3）为体育教师提高自身的素质和业务水平、改进教学、提高体育教学质量提供建设性的意见和建议。

需要强调的是，体育教师教学评价的目的主要不是为了将教师分为称职和不称职的，而是为了解体育教师的教学情况，帮助体育教师分析体育教学过程中的成败得失，为其改进体育教学工作，提高体育教学质量提供具体、准确地反馈信息，以促进体育教师的进一步发展。

二、体育教师评价的内容

体育教师评价是按照一定标准，对其教学活动及其相关因素进行系统描述，并作出相应的价值判断。能否建立一套科学的、完备的、切实可行的指标体系，是实施体育教师评价的关键，“它要求指标体系不遗漏任一重要的指标，指标系统能够全面地毫无遗漏地再现和反映教育目标和管理目标”。传统上对体育教师的评价内容既多又复杂，评价的可操作性较差。根据《课程标准》的基本理念，对体育教师的评价应侧重以下几个方面。

（一）学生喜欢体育课和参与体育活动的程度

在以往的体育教学中，教师关注的是自己教学的表演能力，扮演的角色是主角，至于如何激发学生的体育学习兴趣和积极性，促进学生坚持参与体育活动等方面，则很少考虑。《课程标准》对体育教师的评价将十分重视学生喜欢体育与健康课程和参与体育活动的程度。如果许多学生被动地应付体育与健康课程，也很少参与体育活动，那么，只能将这样的教师划分为较差一类的教师。因为体育与健康课程的最终目的是促进学生自觉地、主动地参与体育活动，并养成锻炼身体的习惯。只有这样，体育与健康课程的目标才能实现，学生的健康发展才能得到保证。

（二）体育教师的专业素质

体育教师专业素质的评价实际上是对其发展潜力的评价。体育教师的专业素质主要包括职业道德、教学能力与教育科研能力三个方面。

1. 体育教师职业道德的评价

体育教师的教学道德主要包括体育教师的价值观和人生观、社会意识和教师观念、师德素养以及对学生的态度等。一个人的行为准则、职业道德受控于世界观、价值观的取向，并最终成为行动指南。

2. 体育教师教学能力的评价

（1）体育教师理解能力的评价

体育教师的理解能力主要是指体育教师的专业基础知识以及对体育与健康课程的目标、内容的认识与理解。一位教师对体育与健康课程目标体系的理解如何，在很大程度上决定了他的工作方向。

（2）体育教师教学实践能力的评价

体育教师教学实践能力主要包括体育教师对于现代教育理论、教学方法的掌握以及实际运用的情况；掌握从事体育与健康课程教学必需的基本技能的情况，如教学设计、讲解、示范、提高、观察、组织教学和评价能力；创造性教学的能力，如运用现代化的教育技术的能力、开发和运用体育与健康课程资源的能力等。

（3）体育教师教学管理能力的评价

体育教师教学管理能力主要体现在善于疏导学生，掌握学生的心理、情感特征，激发和保持学生的运动兴趣，保持良好的师生关系等方面。

3. 体育教师教育科研能力的评价

体育教师的教育科研能力主要包括：根据教育发展的情况主动学习、不断充实和完善自身的能力；能够发现和提出与本课程内容有关的课题，并写出有一定内容和见解的科研论文；能够针对与实施本课程内容有关的问题进行调查研究，并写出调查分析报告；能够创编出有新意的教学活动方式、游戏或运动方法等等（表 7-10）。

表 7-10　教师专业素质评价表

评价内容	评价标准
职业道德	1. 教师的敬业乐业精神 2. 对学生热爱和尊重
教学能力	1. 吃透《课程标准》的精神，掌握教材内容 2. 能够掌握现代化教育教学理论并熟练运用 3. 能够掌握体育教学所必需的基本技能 4. 能激发和保持学生的运动兴趣，促进学生形成良好的体育锻炼习惯 5. 能够运用计算机和多媒体辅助教学以及开发和利用体育资源
教育科研能力	1. 具有孜孜不倦的学习精神 2. 具有乐于研究，善于研究的能力

三、课堂教学评价

课堂教学评价是对体育教师的教学过程与教学效果进行的评价，主要从教学目标、教学的组织、教学方法、师生间的交流和关系、教学思想和教学效果等。新课程标准下体育课类型千变万化，如果对新课程标准下的一节体育课进行评价，我们认为应从以下几个方面入手。

（一）对课的设计与构思进行评价

课的设计与构思是教师对一堂课的整体思路，从备课到上课以及本堂课的效果预计是一个有机整体，能充分体现出教师对一堂课的把握程度。因此在评课时主要看他的设计与构思是否明确，是否突出新的教学理念，是否运用多种评价方式，教法是否多样，体现教师的主体作用，学法是否能体现出学生的主体地位，是否能为学生的创新、协作留有较大的空间和时间，是否能贴近学生适合学生的生理、心理需要。

（二）对课的目标进行评价

教学目标是一堂课要达到的目的性文件，在评价时我们应从以下几个方面出发：

（1）看课的目标是否能统领本堂课的内容。

（2）看课的目标是否能符合“健康第一”的指导思想，以目标来管理教学内容。

（3）看课的目标是否既有知识、技能和能力目标，又能关注并发展学生的情感、态度、价值观和思想教育渗透。

（三）评价课的组织

一堂体育课的优与劣关键在于组织，评价课的组织我们应从以下两点入手：

（1）教法。首先，在新的课程标准下的一节体育课应该有灵活多变的教学方式，积极恰当运用现代信息技术，时刻重视学生运动兴趣的培养和其他领域知识的渗透。其次，应从学生已有的学习经验和生活体验出发创设情景，灵活导入，能够激发学生的学习兴趣和求知欲望。再次，应根据学生的年龄特点和教学内容的需要，让单调乏味的教材变得丰富有趣，激发学生学习的兴趣。最后，教师应针对性地组织教学，安全措施得当，教师既是指导者又是参与者。随学生思维活动发展的进程，及时合理指导、示范，激发学生的思维活动兴奋点，充分发挥教师的主导作用。

（2）学法。根据课堂需要为学生提供充足的观察、参与活动、选择性与表现性的活动机会，给学生充分的自主学习、自创性的问题，发表各自的见解，充分体现学生的主体地位，充分发挥学生的主动性、积极性和创造性。

（四）评价课的内容

新的课程标准给教师广阔的选择教材内容的空间，在评课时应注意以下几点。

（1）根据教学目标看教师的选材是否符合学生的生理、心理特点，是否能贴近学生实际因地制宜、因材施教。

（2）看教师的选材是否是在以新的课程标准为准的基础上去拓展。

（3）看教师的选材是否符合“健康第一”以人为本的指导思想的原则，是否有利于学生的创新、协作精神和探究学习等能力的培养。

（4）看能否有效落实课的目标，教学目标的落实离学生有多远，是课堂教学的关键。

（5）看是否促进学生的发展，课堂要充分体现以学生为主体，发展学生的个性、创造性，促进学生的身体健康、心理健康。

（五）对课的评价体系进行评价

新的课程标准对课的评价体系提出了更高的要求，我们在评价时应从以下三个方面入手。

（1）看课的即时性评价是否贯穿课的始终。课堂即时性评价是调节课堂气氛与节奏，是组织调动的重要手段；是渗透各种教育思想的重要途径；是技术、战术思想的贯穿于强化；是激励创新，鼓励先进的号角。

（2）看课的评价是否能够突出激励、发展功能，是否能促进身心和谐发展，提高课堂教学质量。

（3）看课的目标能否统领课的内容。

（六）其他

（1）评价课堂气氛和谐、活跃、民主、宽松，学生学习自主、主动与否。

（2）评价课前是否有目的地培养小组长和体育骨干，是否充分发挥小组长及体育骨干的助手作用。

（3）评价场地安排是否密切联系学生的实际、学校实际和教材内容合理安排场地、器械（简便、实用、有趣）。

（4）评价课的体能目标的达成程度如何（表 7–11）。

表 7–11　体育教师教学课堂教学评价量表

评价项目	权重分数	评价内容	评价等级				得分
			A	B	C	D	
教学准备（15分）	1. 教学目标（5分）	目标体系“健康第一”的指导思想：目标统领教学内容。目标既有知识、技能和能力，也要关注并发展学生的情感、态度价值观和思想教育渗透	5	3	2	1	
	2. 场地安排（5分）	密切联系学生的实际、学校实际和教材内容合理安排场地、器械（简便、实用、有趣）	5	3	2	1	
	3. 骨干培养（5分）	课前有目的培养小组长和体育骨干，能充分发挥骨干和小组长的作用	5	3	2	1	
教学过程（65分）	4. 教学方法	从学生已有的学习经验和生活体验中出发创设情景，灵活导入，能够激发学生的学习兴趣和求知欲望	6	4	3	2	
		教学方法灵活，教学方式和手段灵活多样，积极运用现代教育技术，时刻注重学生运动兴趣的培养和其他维度知识的渗透	6	4	3	2	
		根据学生的年龄特点和教学内容的需要，让单调乏味的教材变得丰富有趣，激活学生的学习兴趣	8	6	4	3	
	5. 教师组织（15分）	针对教学内容组织教学，学生思维、活动空间大，符合认知规律，安全措施得当。有适宜的师生互动，教师既是指导者又是参与者	8	6	4	3	
		随学生思维活动发展的进程，及时合理指导、示范，激发学生的思维活动兴奋点，充分发挥教师的主导作用	7	5	3	2	
	6. 师生活动（15分）	给学生充分自主学习，自我展示、合作交流的时间和空间，鼓励学生提出有挑战性与独创性的问题，发表各自的见解，体现学生的主体地位	8	6	4	3	
		面对课堂出现的问题，解决的途径多样化、趣味化，培养学生敢于质疑，主动参与独立思考的习惯	7	5	3	2	
教学过程（65分）	7. 教学思想（15分）	因材施教尊重学生人格，承认个体差异，根据差异情况确定不同目标和评价方法，满足不同学生自我发展的需要	8	5	3	2	
		针对课堂上学生的兴趣、表现、闪光点等及时作出评价，激发学生对体育活动的兴趣和爱好、树立克服困难的信心	7	5	3	2	
教学效果（20分）	8. 课堂气氛（5分）	课堂气氛和谐、活跃、民主、宽松、学生学习自主、主动	5	3	2	1	
	9. 技能掌握（7分）	学习目标能够在学生身上得以实现、课堂练习正确率高	6	4	3	2	
	10. 身心发展（8分）	学生的活动能有效地达到增强体质发展身心的目的	8	6	4	3	

四、教学评价建议与案例

传统的体育教育以“他评”为主要方法，评价主体有领导、同行和学生等。大量研究表明，单一的选择其中任何一种评价主体对体育教师进行评价，都会产生一定的局限性和片面性。如领导评价常常会凭借个人印象形成，有时对评价的公平性原则落实不到位，对被评的体育教师不能一视同仁，而且对体育教师还存在偏见；同行评价存在敷衍、走过场，或由于感情因素而产生的负面影响；学生评价则会由于对衡量体育教师优劣的标准掌握不当，出现凭个人喜好随意评价的做法，甚至有些学生会以此作为取悦和报复某位体育教师的手段等等。基础教育体育与健康课程改革中提出的发展性教师评价则注重体育教师对评价的积极参与，不仅让体育教师参与到评价过程中去，而且体育教师在评价项目或指标方面也拥有发言权。即使是他人评价，也强调评价者与体育教师之间的“平等和合作”关系，评价者不再是“法官”，而是合作的“伙伴”，是治病的“医生”。这种评价重在唤醒体育教师的主体意识，确定其主体地位，从而使体育教师正确地认识自我，把握自己今后发展方向和规律。因此，新的体育教师评价强调评价的多元化，将教师自评与领导评价、同行评价、学生评价有机地结合起来，一起对体育教师的发展进行全面而有效的评价。

（一）领导的观念转变是前提

由于受应试教育观念的影响，学校领导不同程度地存在重竞赛成绩轻体育课堂教学的现象，导致体育教师只“关心”特长生训练成绩，忽略了体育课大部分学生的提高。不但挫伤了实验教师的积极性，而且严重影响课改的正常实验，制约了课程改革的进一步发展，所以领导的观念转变是课程改革稳步推进的关键所在。

（1）加强学习，更新观念。在 3 年的体育课程改革的培训期间，我们认识到了领导的观念转变的重要性。

（2）加大体育经费的投入，保证课改实验工作的顺利进行。体育场地器材是加强素质教育，提高体育教育质量，增进学生健康的物质保证。每学年要按照国家制定的各级学校体育器材设施目录，有计划，有步骤地逐步配齐；对体育场地每学期进行一次修整，并在原有的基础上逐步改善。

（3）正确对待体育教师的工作量。基础教育课程改革实施以后，体育课时量增大，但体育教师配置没有变，体育教师与语文、数学、英语学科相比，工作量相对要大，要站在“多劳多得”的角度上，公正合理地对待体育教师，尊重体育教师劳动成果，体育教师就会全身心地投入实验工作，保证实验的质量。

（二）教师的观念转变是关键

传统的教育观念对教师教学的影响已经根深蒂固了，它把学生看作是被动接受知识的容器，学生在课堂上的主体地位得不到体现，抑制了学生身心健康的发展，新课程以“健康第一”为指导思想，以学生发展为本，尊重学生的主体地位，注重学生终身体育意识的培养。这就要求教师必须从一个全新的角度来看待学生在课堂中的地位、作用、权利。教师怎样成为学生学习的组织者、参与者、帮助者、引导者、促进者，成为课程的研究者、开发者、决策者。

新课程的重要任务是转变学生的学习方式，为学生构建起一个自主、体验、探究、合作、交往的学习平台。学习方式的转变期待教学模式的转变，教学模式的转变始于教师角色的转变。面对新课程，教师首先要转变角色，确认自己新的教学身份。对学生的学习来说，要由管理者变为组织者，由传授者变为参与者，由控制者变为促进者；对课程及教师自身发展来说，教师要由教书匠变为研究者，由实施者变为开发者，由执行者变为决策者。

1. 由管理者变为组织者

以往，作为高高在上的管理者，教师或多或少有这样的观点和做法：学生是不懂事的，生来就需要大人管，教师和学生的关系是管理和被管理的关系，而不是平等关系；服从管理的是好学生，不听话的是坏学生。新课程要求教师成为引导学生主动参与的组织者。这里所说的组织者，好比谈话节目的主持人，而不能像维持纪律、不断施压的监工。作为主持人，教师的首要任务是要营造一个接纳的、支持性的、宽容的课堂气氛，创设能引导学生主动参与的教育环境。研究表明，80% 的学习困难与过重压力有关，解除这些压力，明显有助于学习效率的提高和创造潜能的开发。当学生处于轻松愉快的状态时，视觉、味觉、嗅觉、听觉、触觉就更灵敏，记忆力会大大增强，联想也会更加丰富，学习效率会大大提高，学习潜力可以得到更大的发挥。对教师来说，是否能够为学生营造宽松愉快的成长环境，比自身学识是否渊博更为重要。当然，宽松并非不要纪律，不要学校管理准则和行为规范。教师要在营造宽松愉悦的环境的同时，让学生能够对自己的行为负责。要让学生自己参与和制定制度，参与管理过程参与评定结果，使学生产生责任心和使命感，使学生从自律走向自觉，走向成熟，走向成功。

2. 由传授者变为参与者

新课程要求，教师要由以教师为中心，居高临下、注重表演的传授者，转变为共同构建学习参与者。作为参与者，教师必须打破“敬师中心”，构建民主、平等、合作的教师“文化生态”，创设融洽和谐的学习气氛，学生自主表达和自主探究学习才可能成为现实；教师要放下“师道尊严”的架子，从居高临下的权威走向平等的位置，和学生一道去找真理，与学生们分享他们的感情和想法；教师不能只顾自己“导演”和“主演”，而应把学生尊为“主人”。教师自觉改变传统教学中“我讲你听”的教学模式。那种认为教师讲授越充分、越精细就越好的思想，非改不可；那种认为学生们只是被动听讲，越安静、越能跟着教师思维走就越好的观念，不变不行。教师要尊重学生的个性。个性与创造性密切相关，每个学生都是一幅生动的画卷。教师应当关注每一个学生的成长与发展的每一点进步，面对有差异的学生，要实施有差异的教育，实现有差异的发展。

（三）同行评价

同行评价是指体育教师与体育教师之间的相互评价。体育教师评价是一项专业性非常强的工作，尤其是涉及对体育教师学科水平、教育技能等方面的评价时，通常需要借助同行体育教师的评价，才能保证体育教育评价的有效度。同行评价的优势在于作为同行的体育教师对教学内容、科学思想非常熟悉，可以对教学计划、教学内容、教学结构提出中肯的建议，也可以相互交流工作经验，促进教学水平的提高。

（四）建立科学合理的评价机制是保证

新课程实验工作要求学校、教师在实验中边研究、边总结、边改善，实验工作量之大可想而知。这就需要建立科学合理的评价机制，来促进实验学校、教师的积极性，肯定实验工作的价值。

案例 7–7　××市××镇体育教学评价办法

为能够保障体育课程改革工作的全面实施，特建立体育评价机制和监督机制。分为教委评价学校、学校评价教师、学生评价教师三方面作为保障体育课程改革的主要手段。

1. 教委评价学校

（1）镇教委依据上级文件的精神和课程标准的有关要求，不定期地对实验学校进行检查。在检查中，如果发现不按国家规定教学计划落实课程方案，则记学校主要领导重大失误，并在学期评估中，扣除 10 分。反之则奖励实验学校 20 分。

（2）实验学校要让实验教师以实验工作为主，其他工作为辅，使实验教师腾出更多的时间进行实验工作，确保实验工作的质量。如发现随意加大体育的额外工作，则在学期综合评估中扣除 15 分。

（3）教委将对实验学校每学期进行检查、监导、评价，主要从学校实验管理体制、实验工作方案、实验工作的落实、学生从综合素质等方面进行。对在实验中，认真执行课程标准、教材，并作出突出贡献的学校进行表彰，并拨发一定的实验经费作为奖励。

（4）每学期镇教委将对实验学校进行“推门听课”，查看教案。如果发现不按改革思想进行教育，不能及时完成教学任务，教委将依据情节轻重，对其学校进行记过处分。

（5）实验教学要全面支持课程改革实验，把实验工作放在学校工作的首位。在督导中如果发现学校滞后实验工作，影响实验的各项工作发展，将对其全镇通报，记重大失误一次。

2. 学校评价教师

（1）实验教师要依据《课程标准》、教材认真搞好各项实验工作，其实验工作质量的优劣将作为评优晋级的主要依据。

（2）对于教师发表撰写的新课程优秀实验论文，按国家、省、市、县级分别奖励 300 元、280 元、180 元、100 元，被国家、省、市、县评为优秀实验教师分别奖励 500 元、400 元、300 元、200 元。

（3）学校对教师设立新课程实验奖学金，奖学金以实验成绩在全镇的排名来发放，但只发前两名，如果实验成绩太差，则在下学年聘任中降低其工作量。

3. 学生评价教师

（1）以问卷调查为主要形式，从教师的教学态度、教学组织、教学方法、教学效果、总体印象为主要评价方面，制定了具体的评价标准，最后把教师的得分划分为优、良、合格、不合格几个等级，并以此作为是否能够继续担任实验教师和评“先”选“模”、奖“优”罚“劣”，评职晋升的主要依据。

（2）抽查学生的综合素质，主要通过技能、体重、锻炼法、理论知识、保健知识等方面进行测试，作为聘任一级、二级、三级教师资格的主要依据。

附一：好课达成度调查表

好课达成度调查表

班级：　　　姓名：

请围绕今天体育课进行回答：

1. 在今天体育课上你是否学习了新知识？

（1）是（请回答是哪个教材）

（2）不是（请回答为什么）

2. 在今天的课中，你在技能方面是否有所提高？

（1）是（请回答在哪个技能方面）

（2）不是（请回答为什么）

3. 在今天的课中，你是不是有过“啊，明白了”“噢，对呀！”这样的想法？

（1）是（请回答在哪些方面）

（2）不是（请回答为什么）

4. 在今天的课中，你和同班或同组的同学是否相处得非常和睦？

（1）是（请回答在哪些方面）

（2）不是（请回答为什么）

附二：体育课教学效果调查表

体育课教学效果调查表

班级：　　　　　姓名：

回答下列问题，在你认可的答案处画“√”

1. 你觉得体育课愉快吗？

是（　　　）　　　不是（　　　）　　　说不好（　　）

2. 你在体育课中得到尽情和充分的运动了吗？

是（　　　）　　　不是（　　　）　　　说不好（　　）

3. 有令人难忘的和感动的体验吗？

是（　　　）　　　不是（　　　）　　　说不好（　　）

4. 学会一些新的技术了吗？

是（　　　）　　　不是（　　　）　　　说不好（　　）

5. 能自主地进行体育学习吗？

是（　　　）　　　不是（　　　）　　　说不好（　　）

6. 能按照自己的目标去充分练习吗？

是（　　　）　　　不是（　　　）　　　说不好（　　）

7. 在体育课上能和同学们相互帮助和相互学习吗？

是（　　　）　　　不是（　　　）　　　说不好（　　）

8. 体育课中能对同学和自己的表现进行评价吗？

是（　　　）　　　不是（　　　）　　　说不好（　　）

该调查表从体育教学的“成果”、学生参与学习的“动机”“学习方法”，学生的“互助”和学生之间的“评价”五个领域入手，共设 8 个问题。

附三：体育教师评价表

体育教师评价表

评价内容			评价标准				评定等级		
			优（90 分及以上）	良（75 ~ 89 分）	中（60 ~ 74 分）	差（59 分及以下）	上	下	总评
专业素质	领导	上							
		下							
	教师本人	上							
		下							
	学生	上							
		下							
课堂教学	领导	上							
		下							
	教师本人	上							
		下							
	学生	上							
		下							

续表

<table>
<tr><th colspan="2" rowspan="2">评价内容</th><th colspan="4">评价标准</th><th colspan="3">评定等级</th></tr>
<tr><th>优
（90 分及以上）</th><th>良
（75 ～ 89 分）</th><th>中
（60 ～ 74 分）</th><th>差
（59 分及以下）</th><th>上</th><th>下</th><th>总评</th></tr>
<tr><td rowspan="2">评价结论</td><td>上</td><td></td><td></td><td></td><td></td><td></td><td></td><td></td></tr>
<tr><td>下</td><td></td><td></td><td></td><td></td><td></td><td></td><td></td></tr>
<tr><td rowspan="2">整改意见</td><td>上</td><td></td><td></td><td></td><td></td><td></td><td></td><td></td></tr>
<tr><td>下</td><td></td><td></td><td></td><td></td><td></td><td></td><td></td></tr>
</table>